"十四五" 时期国家重点出版物出版专项规划项目

转型时代的中国财经战略论丛

# 基于马克思主义公平理论的税收调节收入分配政策研究

Research on Income Distribution Policy
under Tax Regulation Based on Marxist View of Fairness

许 可 曲顺兰 著

中国财经出版传媒集团

经济科学出版社
Economic Science Press

图书在版编目（CIP）数据

基于马克思主义公平理论的税收调节收入分配政策研究/许可，曲顺兰著． -- 北京：经济科学出版社，2023.7

（转型时代的中国财经战略论丛）

ISBN 978 - 7 - 5218 - 3234 - 1

Ⅰ．①基…　Ⅱ．①许…②曲…　Ⅲ．①税收调节 - 居民收入 - 收入分配 - 研究 - 中国　Ⅳ．①F812.423 ②F126.2

中国版本图书馆 CIP 数据核字（2021）第 249527 号

责任编辑：于　源　陈　晨
责任校对：刘　娅
责任印制：范　艳

**基于马克思主义公平理论的税收调节收入分配政策研究**

许　可　曲顺兰　著

经济科学出版社出版、发行　新华书店经销

社址：北京市海淀区阜成路甲 28 号　邮编：100142

总编部电话：010 - 88191217　发行部电话：010 - 88191522

网址：www. esp. com. cn

电子邮箱：esp@ esp. com. cn

天猫网店：经济科学出版社旗舰店

网址：http://jjkxcbs. tmall. com

北京季蜂印刷有限公司印装

710 × 1000　16 开　14.75 印张　231000 字

2023 年 7 月第 1 版　2023 年 7 月第 1 次印刷

ISBN 978 - 7 - 5218 - 3234 - 1　定价：63.00 元

（图书出现印装问题，本社负责调换。电话：010 - 88191545）

（版权所有　侵权必究　打击盗版　举报热线：010 - 88191661

QQ：2242791300　营销中心电话：010 - 88191537

电子邮箱：dbts@ esp. com. cn）

# 总　序

　　"转型时代的中国财经战略论丛"是山东财经大学与经济科学出版社在合作推出"十三五"系列学术著作基础上继续在"十四五"期间深化合作推出的系列学术著作，属于"'十四五'时期国家重点出版物出版专项规划项目"。自2016年起，山东财经大学就开始资助该系列学术著作的出版，至今已走过7个春秋，其间共资助出版了152部学术著作。这些著作的选题绝大部分隶属于经济学和管理学范畴，同时也涉及法学、艺术学、文学、教育学和理学等领域，有力地推动了我校经济学、管理学和其他学科门类的发展，促进了我校科学研究事业的进一步繁荣发展。

　　山东财经大学是财政部、教育部和山东省人民政府共同建设的高校，2011年由原山东经济学院和原山东财政学院合并筹建，2012年正式揭牌成立。学校现有专任教师1730人，其中教授378人、副教授692人，具有博士学位的有1034人。入选国家级人才项目（工程）16人，全国五一劳动奖章获得者1人，入选"泰山学者"工程等省级人才项目（工程）67人，入选教育部教学指导委员会委员8人，全国优秀教师16人，省级教学名师20人。近年来，学校紧紧围绕建设全国一流财经特色名校的战略目标，以稳规模、优结构、提质量、强特色为主线，不断深化改革创新，整体学科实力跻身全国财经高校前列，经管类学科竞争力居省属高校首位。学校现拥有一级学科博士点4个，一级学科硕士点11个，硕士专业学位类别20个，博士后科研流动站1个。应用经济学、工商管理和管理科学与工程3个学科入选山东省高水平学科建设名单，其中，应用经济学为"高峰学科"建设学科。应用经济学进入软科"中国最好学科"排名前10%，工程学和计算机科学进入 ESI 全球排名前 1%。2022 年软科中国大学专业排名，A 以上专业数 18 个，位居省属高校第 2 位，全国财经类高校第 9 位，是山东省唯一所有专业全部上榜的高校。2023 年软科世界大学学科排名，我校首次进入世界前 1000 名，位列 910 名，中国第 175 名，财经类高校第 4 名。

2016 年以来，学校聚焦内涵式发展，全面实施了科研强校战略，取得了可喜成绩。仅以最近三年为例，学校承担省部级以上科研课题 502 项，其中国家社会科学基金重大项目 3 项、年度项目 74 项；获国家级、省部级科研奖励 83 项，1 项成果入选《国家哲学社会科学成果文库》；被 CSSCI、SCI、SSCI 和 EI 等索引收录论文 1449 篇。同时，新增了山东省重点实验室、山东省重点新转智库、山东省社科理论重点研究基地、山东省协同创新中心、山东省工程技术研究中心、山东省两化融合促进中心等科研平台。学校的发展为教师从事科学研究提供了广阔的平台，创造了更加良好的学术生态。

"十四五"时期是我国由全面建成小康社会向基本实现社会主义现代化迈进的关键时期，也是我校合并建校以来第二个十年的跃升发展期。2022 年党的二十大的胜利召开为学校高质量发展指明了新的方向，建校 70 周年暨合并建校 10 周年校庆也为学校内涵式发展注入了新的活力。作为"十四五"时期国家重点出版物出版专项规划项目，"转型时代的中国财经战略论丛"将继续坚持以马克思列宁主义、毛泽东思想、邓小平理论、"三个代表"重要思想、科学发展观、习近平新时代中国特色社会主义思想为指导，结合《中共中央关于制定国民经济和社会发展第十四个五年规划和二〇三五年远景目标的建议》以及党的二十大精神，将国家"十四五"时期重大财经战略作为重点选题，积极开展基础研究和应用研究。

"十四五"时期的"转型时代的中国财经战略论丛"将进一步体现鲜明的时代特征、问题导向和创新意识，着力推出反映我校学术前沿水平、体现相关领域高水准的创新性成果，更好地服务我校一流学科和高水平大学建设，展现我校财经特色名校工程建设成效。我们也希望通过向广大教师提供进一步的出版资助，鼓励我校广大教师潜心治学，扎实研究，在基础研究上密切跟踪国内外学术发展和学科建设的前沿与动态，着力推进中国特色哲学社科科学学科体系、学术体系和话语体系建设与创新；在应用研究上立足党和国家事业发展需要，聚焦经济社会发展中的全局性、战略性和前瞻性的重大理论与实践问题，力求提出一些具有现实性、针对性和较强参考价值的思路和对策。

山东财经大学党委书记　王邵军

2023 年 8 月 16 日

# 前　言

　　党的二十大报告提出，中国式现代化是全体人民共同富裕的现代化。要完善分配制度，坚持按劳分配为主体、多种分配方式并存，坚持多劳多得，鼓励勤劳致富，促进机会公平，增加低收入者收入，扩大中等收入群体，规范收入分配秩序，规范财富积累机制。规范财富积累机制就是要避免和杜绝财富的大幅增长和积累，增强财富分配的公平性，达到缩小财富分配差距的初衷，而这就需要收入分配和再分配的政策手段来调节。

　　我国改革开放以来，伴随着经济社会的发展，综合国力的提升，城乡居民的收入也有了大幅度的提高。与此同时，基尼系数也在不断地攀升，收入分配差距呈现出不断扩大的趋势，分配不公已成不争的事实。缩小收入分配差距，已经成为社会各界的共同呼声，特别是利用税收手段调节居民收入分配，加大对高收入者的调节力度，缩小收入分配差距的呼声越来越高。收入分配关系到老百姓的切身利益，是重要的民生问题，历来为党和政府所重视。党的十九届五中全会在对 2035 年基本实现社会主义现代化远景提出建议时，明确提出"全体人民共同富裕取得更为明显的实质性进展"。2021 年 8 月，习近平总书记在《求是》发表的《扎实推动共同富裕》一文中强调："促进共同富裕，总的思路是，坚持以人民为中心的发展思想，在高质量发展中促进共同富裕，正确处理效率和公平的关系，构建初次分配、再分配、三次分配协调配套的基础性制度安排，加大税收、社保、转移支付等调节力度并提高精准性，扩大中等收入群体比重，增加低收入群体收入，合理调节高收入，取缔非法收入，形成中间大、两头小的橄榄形分配结构，促进社会公平正义，促进人的全面发展，使全体人民朝着共同富裕目标扎实迈进。"税收作为国际上公认的有效调节收入分配和贫富差距的政策手段之一，再度被置于舆论关注的中心。

本书依据马克思主义公平分配基本理论，在梳理国内外主要研究成果的基础上，以居民收入分配为主线，以税收调节为研究对象进行理论研究和实证分析，探寻税收介入居民收入分配的理论依据、作用机理、约束条件，对我国现行税收政策调节效果进行实证分析，找出原因，并提出政策优化措施。

本书包括以下主要内容：一是分析马克思主义公平分配理论的产生发展、形成、基本观点，探寻其在税收调节收入分配中的具体应用，提出按劳分配和按需分配的实现需要税收调节，社会必要扣除理论是税收介入收入分配的重要理论依据，马克思主义经典作家支持通过税收、社会保障等手段来调节初次分配出现的不公平等观点。二是剖析税收介入居民收入分配的理论依据，分别从市场失灵、国家职能与税收职能、税收本质属性等方面为税收介入居民收入分配寻求理论依据和进行准确定位，对税收调节居民收入分配公平的作用机理和约束条件进行分析，并以公平为核心，设计税收调节政策目标。三是在对我国居民收入分配状况进行分析的基础上，对现行税收政策调节效果进行实证分析与检验。四是在借鉴发达国家经验的基础上，提出我国税收调节居民收入分配的政策选择，提出应转变财税理念、坚持公平原则，优化税制结构，加快推进以调节收入分配为导向的直接税体系建设等建议。

# 目　录

# 第1章 导 论

本章首先是提出问题，并分析了本书的研究背景、研究意义以及对相关概念进行界定，同时对与本书相关的国内外文献进行综述，提出了创新点并对本书的研究内容、研究方法、结构安排、主要观点做简要介绍。

## 1.1 问题的提出

### 1.1.1 研究背景

收入分配关系到老百姓的切身利益，是重要的民生问题，历来为党和政府所重视。改革开放以来，我国的收入分配格局发生了重大变化。邓小平的"先富—共富思想"打破了长期以来的平均主义的收入分配格局，极大地调动了社会成员的生产积极性，推动了社会生产力的快速发展。但伴随着经济社会的发展，综合国力的提升，居民收入水平提高的同时，我国基尼系数也在不断地攀升，收入分配差距呈现出不断扩大的趋势，分配不公已成不争的事实。

近年来，我国城乡、地区、行业间的收入差距不断加大，收入分配格局失衡导致了部分社会财富快速向少数人集中，成为经济社会发展与和谐进程的主要障碍。从国家统计数字来看，21世纪前15年，我国居民收入分配差距出现了一个由升转降的过程。收入差距的基尼系数从2003的0.48上升到2008年的0.49，然后下降到2015年的0.464。然而，从2016年开始，收入差距又出现了小幅度反弹，到2018年回升到

0.469。这表明过去 10 年中居民收入分配差距基本上处于高位波动状态①。从城乡差距来看，2012 年，中国城镇居民人均可支配收入为 24565 元，而农村居民人均纯收入为 7917 元，前者是后者的 3.1 倍②。2019 年，中国城镇居民人均可支配收入为 42359 元，而农村居民人均纯收入为 16021 元，前者是后者的 2.64 倍，从数据来看，城乡收入差距有所缩小。但考虑到现实中的种种因素，比如教育、医疗、社保等，城乡居民收入差距实际可能更大。从不同收入群体差距来看，2019 年按全国居民五等份收入分组，高收入组人均可支配收入 76401 元，低收入组人均可支配收入 7380 元，前者是后者的近 11 倍③。从区域差距来看，2019 年城镇居民人均可支配收入水平呈现出明显的"东高西低"的现象，东部省区中北京、上海、浙江、江苏、广东、天津、福建，均高于全国水平，居前 7 位，后 5 位的黑龙江、吉林、甘肃、山西、青海，均属中西部和东北地区。最高的北京是 73849 元，最低的黑龙江是 30945 元，两者差距达到 4 万余元，为 2.39∶1④。从行业差距来看，近年来，最高行业和最低行业收入差距在加大，收入分配差距更加严重。按照国家统计局公布的城镇工资统计数据，2012 年，高收入行业和低收入行业平均工资之比为 3.96∶1，2018 年，高收入行业和低收入行业平均工资之比达到 4.05∶1，其中，最高的信息传输、软件和信息技术服务行业年平均工资为 147678 元，工资最低的农林牧渔业年平均工资仅为 36466 元，绝对工资差距由 2012 年的 67056 元增加到 2018 年的 111212 元。2019 年这一趋势在上升，收入差距还在加大，最高的信息传输、软件和信息技术服务行业年平均工资为 161352 元，最低的农林牧渔业年平均工资为 39340 元，前者是后者的 4.1 倍，绝对工资差距达

① 罗楚亮，李实，岳希明.中国居民收入差距变动分析（2013—2018）［J］.中国社会科学，2021（1）：33－54.

② 国家统计局.2012 年城镇居民人均可支配收入 24565，增长 9.6%［EB/OL］.（2013－02－22）［2020－01－03］.http：//finance.china.com.cn/news/gnjj/20130222/1293813.shtml.

③ 国家统计局.2019 年全国居民人均可支配收入 30733 元，比上年增长 8.9%［EB/OL］.（2020－05－15）http：//www.stats.gov.cn/tjsj/zxfb/202005/t20200515_1745763.html.

④ 统计数据中，东、中、西部以及东北地区的划分方法为：东部区包括：北京、天津、河北、上海、江苏、浙江、福建、山东、广东和海南。中部区包括：山西、安徽、江西、河南、湖北和湖南。西部区包括：内蒙古、广西、重庆、四川、贵州、云南、西藏、陕西、甘肃、青海、宁夏和新疆。东北区包括：辽宁、吉林和黑龙江。我国的香港、澳门和台湾地区由于数据缺失不在统计范围内。

到 122012 元，也就是说，信息传输、软件和信息技术服务行业职工一个季度的工资比一个农林牧渔业职工全年工资都要高，这么大的行业差距在国际上也是少见的。另外，国家统计局发布的 2013 年平均工资数据显示，全国城镇非私营单位就业人员年平均工资为 51474 元，城镇私营单位就业人员年平均工资为 32706 元，前者是后者的 1.57 倍①。从近年来看，这种状况越来越严重，2018 年，全国城镇非私营单位就业人员年平均工资是 82461 元，城镇私营单位就业人员年平均工资为 49575元，前者是后者的 1.66 倍；2019 年，全国城镇非私营单位就业人员年平均工资是 90501 元，城镇私营单位就业人员年平均工资 53604 元，前者是后者的 1.69 倍②。

另据 2012 年 6 月 1 日美国波士顿咨询公司发布的《全球财富报告》显示，2011 年，中国百万富豪家庭数量达到 143.2 万户，仅次于美国、日本，排名第三，而与排在第二位的日本不断拉小距离，只差 15 余万户，在 2010 年是 129.3 万户，2009 年为 85 万户，而这一数据在 2005年仅为 41 万户③。私人资产超过 1 亿美元的超级富豪家庭中国拥有 648户，世界排名第五④。而到了 2018 年，全球共有 2470 位资产超十亿美元富豪，其中中国就有 658 名，美国有 584 名资产 10 亿美元级富豪，中国超过美国，富豪人数全球第一。北京连续第四年成为"世界十亿美元富豪之都"，以 103 人领先于纽约的 92 人。《2019 胡润全球富豪榜》显示，2019 年全球资产 10 亿美元以上富豪数和中美两国的总人口我们大致能算出两国富豪占总人口的比例，中国 658 名资产 10 亿美元以上富豪，占人口比例的 0.47%（按总人口约 14 亿计算）。美国 584 名资产 10 亿美元级富豪，占人口比例的 1.79%（按总人口约 3.257 亿计算）。从中美人均收入来看，2018 年中国人均国内生产总值（GDP）64644 元、人均可支配收入 28228 元；2018 年美国人均 GDP 约为 6.2 万美元、是中国的 5.6 倍，人均可支配收入约为 41000 美元，大概是中国

① 你的"钱袋子"鼓了还是瘪了？国家统计局公布 2013 年全国平均工资数据——工资在涨，差距较大 [N]. 都市快报（新视界. 国内版），2014 - 05 - 28.

② 国家统计局. 2019 年全国城镇私营单位就业人员年平均工资为 53604 元 [EB/OL].（2020 - 05 - 15）http://www.stats.gov.cn/tjsj/zxfb/202005/t20200515_1745763.html.

③ 中国百万富豪家庭超 140 万 全球第 3 [N]. 法制晚报，2012 - 06 - 01.

④ 被拉升的距离 [N]. 第一财经周刊，2011 - 06 - 10.

的 10 倍①。我国目前收入分配差距急剧扩大，而这样也将产生一定的后果：一是影响到不同群体特别是社会弱势群体的主观生活质量，而使他们产生"仇富""仇官"乃至暴力等行为，从而影响到社会稳定。另外，收入分配的富裕阶层也会由于这种不稳定的生存环境而降低幸福效应，引发社会危机。二是财富集中在少数人手里，穷人有消费欲望但没有消费能力，导致社会有效需求不足，无法达到拉动消费促进经济增长的目标。

这些数据说明，当前，我国发展不平衡不充分问题仍然突出，城乡区域发展和收入分配差距较大。《关于〈中共中央关于制定国民经济和社会发展第十四个五年规划和二〇三五年远景目标的建议〉的说明》中提到，"当前，我国发展不平衡不充分问题仍然突出，城乡区域发展和收入分配差距较大"②。缩小收入分配差距，已经成为社会各界强烈的共同呼声，特别是利用税收调节居民收入分配，加大对高收入者的征收额度，缩小收入差距的呼声越来越高。高培勇（2013）认为，收入分配问题主要缘于调节手段不足，实现收入分配改革目标需优化现有税收格局。刘元春（2021）认为，我国目前消费不足的问题仍然存在，消费潜力没有发挥出来的一个很重要的原因是，我们的居民收入占 GDP 的比重过低；第二个很重要的原因是，中国居民收入不平等问题很严重。李实和杨修娜（2021）认为，到 2019 年中国低收入人口比例仍在 60% 以上，而中等收入人口不足 40%。这种收入阶层现状也是使得收入差距高居不下的一个原因。我们的再分配政策调节力度太弱，使得我们的收入差距最近一直保持在一个较高水平上。如果再分配政策能够进行较大的调整，进一步加大调节力度，那么收入差距会有一定幅度的缩小③。贾康（2021）认为，再分配的主要运行机制，一是要特别注重发挥财政的转移支付作用，扶助弱势群体和欠发达区域。二是互助共济的基本社会保障，在此之上还要积极发展更丰富的多样化机制，比如企业年金和职业年金以及商业性养老保险。而收入分配制度改革的重要托底

① 2019 胡润全球富豪榜出炉！马云 2600 亿问鼎华人首富［EB/OL］. 东方财富网, 2019 - 02 - 28.

② 习近平. 关于《中共中央关于制定国民经济和社会发展第十四个五年规划和二〇三五年远景目标的建议》的说明［N］. 人民日报, 2020 - 11 - 04（002）.

③ 李实, 杨修娜. 中国中等收入人群到底有多少？［EB/OL］.《财经》新媒体, 2021 - 04 - 29.

手段之一则是税收改革。蔡昉（2017）认为，在再分配领域，政府应以改革措施和法律手段，通过税收、劳动立法和执法、转移支付、社会保障和其他基本公共服务供给等公共政策途径，合理规范收入分配秩序并调节初次分配结果，承担体制改革和结构调整中的转型成本，保护弱势群体的劳动力市场权益。

　　党的十八大以来，我国持续深化收入分配改革，全国居民人均可支配收入年均实际增长和经济增长保持同步，并且采取了连续提高最低工资和企业养老金标准、调整个人所得税税率和起征点、增加专项扣除、增加对低收入群体的转移支付、加大对"三农"的扶持力度以及持续的减税降费等措施调整收入分配结构，取得了一定的效果。党的十八大报告在提出"收入倍增"目标的同时，明确要求"着力解决收入分配差距较大问题""实现发展成果由人民共享，必须深化收入分配制度改革"。习近平总书记在《决胜全面建成小康社会　夺取新时代中国特色社会主义伟大胜利》的报告中指出，要"坚持按劳分配原则，完善按要素分配的体制机制，促进收入分配更合理、更有序"，并要求"履行好政府再分配调节职能，加快推进基本公共服务均等化，缩小收入分配差距"[1]。党的十九大报告把提高人民收入水平作为逐步实现全体人民共同富裕时代目标的重要内容，报告指出，坚持在经济增长的同时实现居民收入同步增长、在劳动生产率提高的同时实现劳动报酬同步提高。坚持按劳分配原则，完善按要素分配的体制机制，促进收入分配更合理、更有序。鼓励勤劳守法致富，扩大中等收入群体，增加低收入者收入，调节过高收入，取缔非法收入。党的十九届五中全会提到了二〇三五年基本实现社会主义现代化远景目标之一是"人均国内生产总值达到中等发达国家水平，中等收入群体显著扩大，基本公共服务实现均等化，城乡区域发展差距和居民生活水平差距显著缩小""人民生活更加美好，人的全面发展、全体人民共同富裕取得更为明显的实质性进展"。要坚持按劳分配为主体、多种分配方式并存，提高劳动报酬在初次分配中的比重，完善工资制度，健全工资合理增长机制，着力提高低收入群体收入，扩大中等收入群体。这些都说明，从中央层面都认识到缩小收入差距的任务仍然非常艰巨。

5

---

　　[1]　习近平. 决胜全面建成小康社会　夺取新时代中国特色社会主义伟大胜利 [N]. 人民日报，2017 - 10 - 28（001）.

2013 年，国务院批转发改委等部门报送的《关于深化收入分配制度改革的若干意见》中，对我国未来收入分配制度改革提出多项具体指导意见，多次强调税收在加快健全再分配调节机制方面的作用，明确将加大税收调节力度，形成有利于结构优化、社会公平的税收制度。十八届三中全会通过的《中共中央关于全面深化改革若干重大问题的决定》中也强调，要"完善以税收、社会保障、转移支付为主要手段的再分配调节机制，加大税收调节力度。建立公共资源出让收益合理共享机制。完善慈善捐助减免税制度，支持慈善事业发挥扶贫济困积极作用"，形成合理有序的收入分配格局。2020 年《中共中央关于制定国民经济和社会发展第十四个五年规划和二〇三五年远景目标的建议》和党的二十大报告又进一步强调要"完善再分配机制，加大税收、社保、转移支付等调节力度和精准性，合理调节过高收入，取缔非法收入。发挥第三次分配作用，发展慈善事业，改善收入和财富分配格局"。

税收是政府宏观调控的重要工具，也是再分配的重要手段，理应在收入分配公平上发挥其应有作用。所以，如何利用税收政策来调节居民收入分配，如何强化税收调节，缓解分配差距过大的矛盾是一个理论性和实践性都很强的重大课题，但从资料检索来看，我国还缺乏这方面专门理论与实证相结合的系统研究，这为本书的研究提供了一定空间。

本书以居民收入分配为主线，以税收调节为研究对象进行理论研究和实证分析。将马克思主义公平理论作为税收调节收入分配的理论基础，重新探寻税收调节居民收入的理论依据、作用机理、约束条件和政策目标，并以新的政策目标为标准对现行税收政策实施效果进行评估检验，得出结论，并以此为依据，构建基于马克思主义公平理论的居民收入分配税收调节政策框架，从政策主体、政策内容、政策环境等方面提出建议。

## 1.1.2  研究目的和研究意义

本书的研究进一步拓展马克思主义理论对现实的指导空间，也有利于推动税收调节研究领域的发展，对改革我国分配制度、制定调节收入分配相关税收政策具有重要决策参考。

（1）在新的时期丰富和发展马克思主义公平理论，推动收入分配问题研究和税收调节研究领域的发展。本书将马克思主义公平理论、西方经济学、制度经济学和公共政策理论等多学科综合运用到收入分配研究中，分析收入分配中税收调节的理论依据、作用机理和激励效应，有助于在新的时期丰富和发展马克思主义分配公平理论和西方经济学关于税收调节收入分配等理论，推动马克思收入分配的公平理论研究和对实践的指导以及税收调节研究领域的发展。

（2）为政府决策部门改革分配制度、制定调节居民收入分配相关税收政策、缩小收入分配差距提供理论依据和决策参考。在上述理论分析的基础上，依据相关数据和分析方法，对我国现行居民收入分配税收政策的实施效果进行实证分析，并根据分析结果，提供具有可操作性的政策建议，可为我国目前过高的收入分配差距的缓解拓展一些解决思路，为政府决策部门改革收入分配制度、制定调节收入分配的相关税收政策提供理论依据和决策参考。

## 1.2 相关概念的界定

7

### 1.2.1 收入分配

收入分配是指一国国内各收入阶层之间个人收入的分配状况。习近平总书记指出，"从分配看，高质量的发展应该实现投资有回报、企业有利润、员工有收入、政府有税收，并且充分反映各自按市场评价的贡献"①。马洪和孙尚香（1985）等认为，收入分配是指国民收入在各生产要素之间的分配，或是指国民收入在居民之间的分配。马源平（1992）认为，收入分配是指社会在一定时期内创造出来的产品或价值按一定标准分配给消费者的活动过程。张晓芳（2011）认为，收入分配是将社会生产成果按照生产要素在生产过程中所做贡献的大小在生产要素之间，以及要素所有者拥有要素的多少在生产要素所有者之间进行分配的一种活动。洪银兴（2018）论述了改革开放40年来发展理念对

---

① 习近平. 习近平谈治国理政（第三卷）[M]. 北京：外文出版社，2020：238 - 239.

收入分配的影响。认为富起来时代改革偏重效率，以按劳分配为主体多种分配方式并存，允许一部分地区和一部分人先富起来；进入强起来时代，要继续深化收入分配制度改革，根据社会主义共同富裕的要求，偏重公平正义，缩小收入差距，使人民共享发展成果。孔涵（2021）认为，收入分配是民生之源，是让改革发展的成果惠及最广大人民的最直接方式，是迈向共同富裕过程中必不可少的现实举措。

本书认为，收入分配是对生产的最终成果国内生产总值的分配，也即国民收入分配，是国民收入在国民经济各部门、各生产单位和非生产单位以及居民中的分配过程。可从分配内容和分配环节上来划分。

（1）从分配内容来看，可分为要素收入分配和居民收入分配两个层次。

要素收入分配，也称功能性收入分配，是从收入来源的角度来研究一国劳动、资本、土地等生产要素所有者按投入要素数量和贡献获得相应的收入份额的问题。它是指国民收入在各生产要素之间的分配，即收入在劳动、资本和土地等生产要素之间的分配，主要涉及的是各种生产要素的贡献与其所得之间的关系。

居民收入分配，也称规模性收入分配，是指民收入在居民个人之间通过要素收入分配得到的收入数量，即在富人、穷人和中产阶级之间的收入转移。也可以说是居民参与国民收入分配，并最终形成个人可支配收入的过程。我们通常所说的收入分配，主要是指居民收入分配，由于它直接影响到居民之间的收入差距与分配公平问题，影响社会和谐与稳定，所以，多年来一直成为政府和学界关注的重点，也是本书利用税收调节的主要对象。

一般来说，居民收入分配的多少与要素收入分配直接相关。高收入者的收入来源主要是资本要素收入，低收入者的收入来源主要是劳动要素收入，当在国民收入中增加劳动要素收入份额或是政府对劳动所得低税时，或是对资本所得征高税时，会降低最高收入者的相对收入，改善居民收入分配状况，当在国民收入中增加资本要素收入份额时，会加剧收入分配差距。张车伟和赵文（2020）认为，劳动报酬具有收入均等化的作用，劳动报酬偏低，居民收入差距就容易扩大，必然制约居民消费，阻碍国民经济良性循环。

（2）从分配环节来看，可分为国民收入初次分配和国民收入再分配两大环节。

国民收入初次分配也称第一次分配，是国民收入在物质生产领域内部进行的分配，是在产品和劳务的生产过程中，按照各生产要素主体对产出直接作出贡献的大小给予的补偿，形成了国家、企业或集体、劳动者个人的原始收入，初次分配实质上就是通过市场实现的收入分配，会由于个体禀赋的差异而出现收入差距。安体富和任强（2007）认为，初次分配为生产成果在生产要素之间的分配，其分配原则是根据生产要素对产品生产所作贡献的大小来分配，以体现效率原则，分配结果形成初次收入分配格局。吕冰洋（2010）认为初次分配是生产活动形成的净成果在参与生产活动的生产要素的所有者及政府之间的分配，此时劳动力所有者因提供劳动而获得劳动报酬，土地所有者因出租土地而获得地租，资本所有者因资本的形态不同而获得不同形式的收入，借贷资本所有者获得利息收入，股权所有者获得红利或未分配利润，政府因直接或间接介入生产过程而获得生产税或支付补贴。贾康（2020）认为，初次分配，应该更多注重规则和过程的公平。要以激励创新、注重效率来"做大蛋糕"，这是整个社会的"发展底盘"。而规则和过程越体现公平，越有利于促进效率，越有利于发展。

9

国民收入再分配也称第二次分配，安体富和任强（2007）认为，收入再分配是对初次分配的收入进行的再调节，以保证低收入者或没有劳动能力的社会成员有生存的权利，从而体现结果公平原则，分配结果形成收入再分配格局。是政府在国民收入初次分配的基础上，对初次分配后的国民收入进行的再次调节，主要通过税收、社会保障、转移支付等再分配调节机制发挥作用，最后形成生产单位、非生产单位和居民的最终收入或称可支配收入。张车伟和赵文（2020）认为，初次分配是市场自发分配的结果，包含了一些不公平的因素，需要政府加以调节，这就是再分配。李实（2020）认为，收入分配分为初次分配和再分配，经过两次分配后居民才会得到可支配收入作为最终分配结果。收入差距是基于居民的可支配收入计算出来的基尼系数来衡量的，在居民获得可支配收入之前，首先获得的是工资性收入、经营性收入、财产性收入等，即分别通过市场、就业得到的收入，这属于初次分配后的收入。初次分配收入之后还要经过再分配过程，在这个过程中政府起着很重要的作用。通过税收和转移支付、社会福利，整个社会的收入分配差距缩小，这就是一个再分配的过程。

也有人认为除了初次分配和再分配，还有第三次分配，称为"慈善事业机制"，即以募集、自愿捐赠等慈善公益方式对社会资源和社会财富进行的第三部门分配。"第三次分配"理论是由厉以宁（1994）最先提出来的。三次分配理论认为，第一次分配通过市场来进行，是按效率原则来进行；第二次分配通过政府税收、政府支出、转移支付、社会保障等机制实现，是按公平与效率相兼顾的原则，侧重公平来进行的；个人出于自觉自愿，在道德和公平偏好的影响下捐赠出自己可支配的一部分收入，可称作"第三次收入分配"。也就是说，在第一次分配和第二次分配之后，社会发展方面依旧会留下一些空白，需要第三次分配来填补[①]。成思危（2006）认为，要缩小贫富差距，就应当有三次分配：初次分配一定要讲求效率，也就是说要让那些有知识、善于创新并努力工作的人得到更多的劳务报酬，首先富裕起来；二次分配要讲究公平，政府应当利用税收等手段来帮助那些弱势群体和贫困阶层，建立系统、全面、公平、适度和有效的社会保障体系；三次分配要讲求社会责任，富人们应当在自愿的基础上拿出自己的一部分财富，帮助贫困人群改善生活、教育和医疗的条件。辜胜阻（2016）认为，第三次分配是通过个人收入转移和个人自愿缴纳和捐献等自觉自愿的方式再进行一次分配，主要内容是慈善捐赠，包括扶贫、助学、救灾、济困、解危、安老等形式。靳环宇（2012）认为，慈善捐赠对于收入差距的调整具有重要作用。他认为，慈善捐赠属于收入分配的第三次分配的范畴，慈善捐赠是收入分配关系调整的重要力量，并且慈善捐赠的核心功能就是调整收入分配关系，缩小收入分配差距。刘渝琳和王志珏（2014）综合梳理了学界有关第三次收入分配的概念，认为国外文献中很少有关于"第三次收入分配"的提法，但"第三次收入分配"所涵盖的内容本质上是慈善捐赠。

本书认为，国民收入分初次分配，再分配和第三次分配，分别体现效率原则、公平原则和社会原则。再分配是对初次分配的重要补充形式，是以政府调节来弥补市场分配的不足，在调节收入分配方面发挥着重要的作用。税收对居民收入分配的调节主要是体现在再分配过程中。第三次分配是国民收入前两次分配的有益补充，是以民间捐赠来弥补政

---

① 厉以宁. 通过三次分配解决收入分配难题［EB/OL］. 甘肃省非公有制经济组织党建网. http：//big5. xinhuane. 2012.

府调节的不足，对于帮助低收入者和无劳动能力者进而影响和缩小社会贫富差距方面，具有不可替代的作用，是现代社会实现收入分配公平的重要一环。

## 1.2.2 税收调节

税收属于分配范畴，是国家凭借公共权利对社会产品实行一定比例的占有，税收具有调节经济的职能，是国家宏观经济调控的重要经济杠杆，具有不可替代的独特作用。

税收调节是指税收作为一个国家重要的经济杠杆对社会经济运行进行的引导和调整，通过税收的多征、少征或免征，可以从多方面作用于微观经济活动，使之符合于宏观经济运行的目标。也就是说税收的调节作用，是要凭借国家强制力，借助正确的税收政策，优化的税收制度及具体税种的多征、少征或免征来体现。税收调节的目的在于通过各种税收政策和制度作用并影响微观经济活动，使其从经济上权衡自身的行为是否符合国家的有关政策、法规和意向性的要求，促使其行为尽可能符合国家宏观决策的要求和目标。运用税收调节杠杆对社会经济运行进行引导和调整，是税收的基本职能之一。

张永忠（2010）认为，税收调节是税收的一种职能，是税收本身所固有的功能，是税收对经济社会自行发生的作用，是作为一个基本的市场要素和一种重要的经济杠杆而存在的，并且其调节方向是长期稳定的。它可以在所有制结构，企业和居民收入分配，产品和产业结构，生产和居民消费等方面发挥不可替代的作用。而调节居民收入分配是税收调节、参与国民收入再分配的重要内容。安体富和任强（2007）认为，税收调节在缩小收入分配差距中具有积极的作用，税收的调节作用在初次分配、再分配和第三次分配中均能体现出来，但不同税种作用侧重点是不同的。岳希明和张玄（2021）认为，税收会通过多种方式影响居民的收入分配。个人所得税直接改变居民的可支配收入，增值税、消费税等间接税通过影响商品和服务的价格以及居民的消费结构决定其税负分配，企业所得税影响要素收入的分配情况，财产税则可以调节居民的财富分布差距。

关于"税收调节"与"税收调控"两个概念，目前理论界没有严格的区分，在研究税收调节功能时，有使用"税收调节"的，也有使用"税收调控"的，也有混用的。张永忠（2010）认为，税收调控与税收调节是两个不同的概念，税收调控范围是特定的，仅为经济方面，而且调控目标永远是唯一的，即熨平经济波动。税收调控是作为某种财政政策一部分的具体实施，其调控对象只能是经济总量，即总供给和总需求的均衡，其调控措施是临时的。而税收调节范围不仅限于经济领域，而且还涉及社会领域，因而其调节目标除经济目标外，还追求社会财富的公平分配和其他社会政策目标，税收调节对象是经济结构和收入分配，而不是经济总量。税收调节是具体针对不同的产业、不同的部门和纳税人的收入，从而影响各经济主体的经济行为，其调节过程和效应都是长期的。

本书完全认同张永忠对税收调控与税收调节概念的区分，所以，本书使用"税收调节"的概念。本书认为，税收调节是指税收作为一个重要的经济杠杆，通过各税种的组合、征税和免税，税率和征税范围等的不同参与经济和国民收入分配，调节各经济主体的经济利益，从而影响各经济主体的经济行为，引导经济运行朝着既定的方向发展。市场经济越发达，税收调节的这种杠杆作用就越重要，这一作用来源于税收具有调节经济与收入分配的职能。

税收调节收入分配是指国家通过税收分配手段，对高收入者过高的收入征税，以再分配的方式（转移支付和社会保障）转移给低收入者，通过低收入者的福利水平的提高，来改善整个社会的福利状况。

从国民收入三次分配来看，税收调节能够渗透到国民收入三次分配的各个环节。税收作用于初次分配，主要是通过流转税对企业利润发生作用，因为流转税是价内税，在价格一定的情况下，税多则利润少，税少则利润多。税收调节收入分配作用的发挥主要集中在再分配领域，这也是本书的主要研究内容。通过所得税、财产税和社会保障税实现"抽肥"，再通过转移支付实现"补瘦"，用以暗补穷人，形成富人纳税养国家，国家财政支出暗补穷人的稳定三角结构，对缩小收入差距实现社会公平起到了很大作用。税收作用于第三次分配，主要是通过税收减免，激励捐赠者自愿捐赠，实现高收入者收入向低入者转移，对于缩小贫富差距具有正效应。

从具体税种调节来看，税收调节包括直接调节和间接调节，属于直接调节的税种有所得税与财产税，属于间接调节的税种有商品税。在所得税中，个人所得税能从根本上体现对高收入者多课税，对低收入者少课税或者不课税的量能课税原则，能有效地缩小收入分配差距，达到调节收入分配差距的目的。社会保障税也可以对收入分配差距进行调节。在财产税中，房产税、遗产税和赠与税都具有重要的调节收入分配差距的功能，而遗产税和赠与税实行累进税率，有扣除额的规定，对获得遗产或赠与财产多者多征税，对获得遗产或赠与财产少者少征税或者不征税，因而对缩小收入分配差距更具调节功能。在商品税中，增值税是相对中性的，通常不具有调节收入分配差距的功能；而对某些特殊消费品或消费行为课税，一般能起到调节收入分配差距的作用。

### 1.2.3　马克思主义公平理论

马克思主义公平理论有广义和狭义之分。广义上的内容，既包含马克思、恩格斯的有关公平正义的观点和学说体系，还包含其他遵循马克思主义立场、观点和方法的马克思主义者的有关公平观点和学说体系，是一个不断完善扩展系统的思想理论体系。而狭义的马克思主义公平理论只是马克思、恩格斯的有关公平正义的观点和学说体系，是马克思、恩格斯关于社会公平正义思想的深刻思考，是科学的社会公平正义思想理论体系。

本书所指马克思主义公平理论是狭义的马克思主义公平理论，主要涉及的是马克思与恩格斯在其著作中对社会公平的思想论述的系统总结。

## 1.3　国内外文献综述

### 1.3.1　马克思主义公平理论及在分配公平中的应用研究

马克思主义公平理论是马克思主义理论体系的重要组成部分，对现实有着重要的指导意义。公平问题一直以来都是国内外学者们关注的重要话题，特别是近年来，随着收入差距的逐步扩大，学者们对马克思主义公平理论及其在分配公平中的应用进行了深入的研究，相关研究成果颇丰。

（1）关于马克思主义公平理论的研究。

当前对马克思主义公平理论的研究主要有两条主线，一是通过解读和研究马克思主义公平理论来分析其内涵与构成，并指出马克思主义公平理论是在批判蒲鲁东和拉萨尔等的思想过程中发展起来的；二是分析马克思主义学者通过不断的交锋和论战展示出了马克思主义公平理论的丰富内涵。艾伦·伍德（1972）提出在马克思和恩格斯的著作中存在着一个悖论性的问题，一方面他们对资本主义社会制度的不公正性进行了严厉的批判，但是，另一方面，他们又明确地反对蒲鲁东、拉萨尔等社会主义思想家的正义理论。给人的印象是，在马克思看来，"资本主义虽有种种明显的缺点，但就正义而言，不能算错""无论资本主义是什么，它似乎都不是非正义的"。艾伦·伍德认为，在马克思恩格斯的理论中，公平作为道德或法律中的一环是由"特定的生产方式"决定的，一般来说，公正的标准是内在于特定的生产方式之中的，只要与其相一致就是公正的，由于"资本主义生产中交易的公正建立在其与资本主义生产方式充分一致的基础上"，因此，"资本对劳动的剥削不仅与资本主义生产方式相一致，而且没有这种剥削，资本主义甚至是不可能的。因此，资本主义剥削是公正的"①。

凯·尼尔森（1985）以马克思主义历史发展为主要线索，提出"激进平等主义"的公平路径，认为对资本主义进行彻底变革才能实现真正平等公平的社会，但是不能把这种社会公平的要求强加于人民，而只能是一种道德与政治的吁求。他提出的"激进平等主义"主要有：一是关于平等正义的社会制度的设定。认为"在一个充分正义的社会里，人们无论是在政治上，法律保护上，还是在社会经济地位上都是完全平等的"。二是提出了有关社会主义国家中收入分配正义领域的基本原则。他认为，这种收入分配的正义原则最基本的要求就是以社会物质财富极大丰富为前提，最大限度实现每个公民的自身利益的满足。三是社会主义社会中实现平等正义所应该采取的途径的问题。他指出，"要

---

① Allen Wood. Karl Marx [M]. Routledge and Kegan Paul, 1981：136.

走向平等的社会，必须对资本主义进行彻底的变革"①。

张啸尘（2008）认为马克思公平思想是在批判蒲鲁东"超验的公平观"、资产阶级和空想家"永恒的公平观"、拉萨尔"不折不扣的公平分配观"等观点基础上确立起来的。谭贵全（2009）提出马克思主义社会公平观的核心思想包括三个方面：社会公平是历史的和相对的；社会公平其性质和内容是由经济基础决定的；真正的公平只有在共产主义的高级阶段才能彻底实现。袁贵仁（1992）提出，马克思的公正观就是认为个人与个人之间、个人与国家之间在所得与应得、所付与应付上具有"相称"的关系。具体有三方面，即贡献和满足之间的相称，权利与义务之间的相称，自由与责任之间的相称。陈学明（2011）提出，在资本主义制度下，资产阶级所奉行的是"形式上的公平"，而在马克思主义公平理论下消除两极分化的唯一途径是将市场经济这种资源配置的手段与社会主义价值目标结合起来，实现"事实上的公平"代替"形式上的公平"。江胜珍（2012）认为，公平是马克思毕生所追求的伦理品格，它是共产主义社会的最好注脚。姜涌（2016）认为，理解利益是把握公平正义的基础。公平正义本质上是一种利益关系。利益的本质体现公平正义的本质。公平正义思想是对一定社会利益关系的反映。赵云伟（2017）认为，在资本主义生产资料私人占有制的社会关系中，工人的自由劳动转化为异化劳动，成为资本家榨取剩余价值的条件，从而使工人处于不正义的悲惨境遇。只有消灭生产资料私有制，才能获得真正的公平正义。汤兆云（2017）认为，马克思的社会保障正义思想揭示了资本主义社会保障的实质是维护阶级统治的手段，其形式公平的背后掩盖着实质上的不公平，根源在于生产资料私人占有制。他认为，马克思追求的社会保障公平是基于社会主义公有制的真正公平。

（2）关于马克思主义公平理论在分配公平中应用的研究。

李惠斌（1998）认为按照马克思的理论，我们把按劳分配理解为按照劳动的价值量进行分配，这就是说，劳动者不仅领回再生产他自身的那部分社会必要劳动时间，即劳动力价值——以工资的形式反映出来，而且参加分割一定份额的剩余价值。孙蚌珠（2005）认为，公平作为价值判断，是对现实分配关系与利益关系的一种评价。正确处理社

---

① K. Nielsen. Equality and Liberty：A Denfense of Radical Equalitarianism ［M］. Rowman and Allanheld，1985：311.

会主义初级阶段收入分配领域的公平需要把握以下几点：生产决定分配，不能离开生产谈收入分配领域的公平；公平是一种价值判断，不能离开最广大的人民利益谈收入分配领域的公平；公平不是抽象的，公平的实现要通过制度安排来实现。刘斌（2005）则从人类社会发展进程、未来社会公平分配性质的决定因素及未来社会公平分配实现形式的发展性三个角度概括了公平分配观的核心思想。朱勋春（2007）认为，坚持和发展马克思主义公平观是实现收入分配公平的理论基础。成谢军（2008）认为，马克思的公平观是要在社会经济的一切领域保证不同群体与个人所面临的环境、制度、规则完全一致，同时也承认公平是建立在承认人天生不公平的基础上的，应尽可能地缩小差距保持人们的公平感。

习近平总书记强调，要"加紧建设对保障社会公平正义具有重大作用的制度，逐步建立以权利公平、机会公平、规则公平为主要内容的社会公平保障体系"①。刘德定（2011）认为，分配正义是马克思、恩格斯公平思想的重要环节等。崔执树（2011）以马克思的公平观的发展轨迹研究为基础，梳理出马克思对如何坚持社会公平理论阐述的原则，坚持以人为本的原则，坚持生产资料占有和机会平等的原则，坚持按劳分配原则，坚持社会调剂原则。万玉（2012）认为，马克思主义公平观是我国社会主义社会收入分配体制改革的指导思想，从初次分配过程、再分配过程及第三次分配过程三个方面考察，马克思主义公平观都给我们以诸多深刻启示，它启迪我们结合现实国情，提出正确对策，化解失衡矛盾，为构建社会主义和谐社会提供有力保障。吴忠民（2014）认为，中国共产党的公平正义观以马克思主义公平正义理论为支撑，对推进公平正义具有重大现实意义。第一，能够克服"丛林法则"的严重弊端，让人民群众共享发展成果，从而凝聚更多发展共识，维护社会和谐稳定，保障国家安全运行；第二，推进社会主义公平正义，消除社会成员在身份、区域、就业、社保等方面的不公平现象，提升社会成员的主人翁地位，激发人们的创造精神和发展活力，促进社会的持续、健康发展。李楠和潘学良（2016）对公平的源头解读并提出分配制度如果存在极大的不公，就会直接或间接地引起广大劳动人民的不满。经济

① 习近平．习近平谈治国理政［M］．北京：外文出版社，2014：96．

是社会发展的根本动力，作为顶层设计的经济制度必须体现公平，同时指出只有实施生产资料的"公有制"及"按劳分配"的经济制度，才能促进社会和谐稳步发展。段伟伟（2019）认为，共享发展是马克思主义公平正义观的时代体现，应当以马克思主义公平正义观指导共享发展，在优化分配制度、保障群众多重利益诉求、统筹兼顾经济社会两方面的过程中促进共享发展，以更好地维护社会公平正义。孔涵（2021）认为，收入分配方式的前提和基础是劳动，劳动创造出可供分配的价值，如果没有新价值创造出来，分配就会失去来源。马克思的收入分配理论是以劳动价值论为基石，以劳动力商品理论、剩余价值论和资本积累论为理论支点，以按劳分配为原则的科学的收入分配理论。

### 1.3.2 税收对收入分配调节的理论研究

最早关于税收对居民收入分配调节的研究是在 18 世纪，伴随着对税收职能的研究开始的，并且随着西方经济实践的发展演变，政府作用的变化，国家宏观政策不断调整和完善而逐步加强的。从 19 世纪末 20 世纪初期到 20 世纪 50 年代再由 90 年代至今，税收作用及税收政策目标经历了效率税收→公平税收→最优税收的过程，政府通过税收调节居民收入分配的作用和地位成为广泛共识并被广泛采用。但是，对于税收调节居民收入分配的作用，也有一些不同的理解和看法[①]。

在古典经济学的研究中，收入分配理论的研究主要集中在生产要素的功能分配上。因而，关于税收对于居民收入分配的调节问题的讨论处于次要地位。关于税收收入分配的代表性人物主要有阿道夫·瓦格纳（Adolf Wagner）、埃奇沃思（Edgeworth）、阿尔弗雷德·马歇尔（Alfred Marshall）和阿瑟·庇古（Arthur Pigou）等。阿道夫·瓦格纳（1882）认为，税收可以影响社会财富分配，以至影响个体相互之间的社会地位和阶级之间的相互地位。税收的负担应当在个体和各个阶级之间进行公平的分配，即要通过征税矫正社会财富分配不均，贫富两极分化的弊端，从而缓和阶级矛盾。埃奇沃思（1897）认为，税收的结果应该使

---

① 曲顺兰，许可. 居民收入分配与税收政策研究国内外文献述评 [J]. 山东经济，2011（6）：105 – 109.

每个人的边际收入获得的边际效用相等，即每个人的可支配收入应相同，为了使社会福利最大化，应将富人的收入通过个人所得税转移给穷人，实现收入的均等化。阿尔弗雷德·马歇尔（1890）则极力主张使用累进税收来调节，"以便为他们的穷兄弟们提供有利身体健康与智力发展的物质基础"。阿瑟·庇古（1920）主张课征遗产税和累进的收入税，同时辅以补贴等措施来改善收入分配差距，提高民众社会福利水平。

20世纪20年代末到30年代初，凯恩斯主义悄然兴起，凯恩斯主张对战后税收制度进行变革，以加强税收对居民收入分配的有效调节。他主张用直接税代替间接税，改变税制结构，增加国家财政收入，再通过政府转移支出分配给穷人，达到"劫富济贫"的效果。新凯恩斯学派认为，税收对收入分配的调节作用主要表现在两个方面：一是累进税制的"内在稳定器"作用；二是"相机抉择的税收政策"。新古典综合派的代表人物萨缪尔森认为"围绕收入分配的问题在全部经济学中是最具争论性的。国家应该通过税收和政府转移支付来行使收入再分配权力"。新剑桥学派则主张通过合理的有效的税收制度来改进收入分配不均的状况。制度学派认为累进税制对解决社会分配不均问题有一定积极意义，且累进性越大，对稳定和均衡所起的作用也就越大。弗里德曼提出"负所得税"理论，严格来讲，弗里德曼的"负所得税"是一种财政转移支付制度。

从20世纪70年代开始，西方学者更加注重税收的经济增长作用，对税收收入分配作用和政策目标的选择也发生了转变。此时，最为重要的税制理论为税制优化理论，税制优化理论从对税收制度中税种之间的相互关系分析入手，论证实现优化税收制度的税种结构和组合，税制优化理论强调了效率问题，而忽略了收入分配问题。米尔利斯（Mirrlees, 1971）发展了维克里（Vickrey）于1946年利用非对称信息建立的税收均衡的模型，提出了倒U形优化所得税税率模式。他认为，高累进税率不仅有损效率，而且不利于再分配目标的实现。莱姆嫚（Lampman, 1987）认为，税收在"劫富"方面有效，而在"济贫"方面效用很小。开普罗和塞尔（Louis Kaplow & Stephen Shavell, 2002）认为，由于公平的概念复杂且人们的理解存在差异，税制调节收入分配的结果难以实现公平的目标。哈夫勒（Haufler, 2009）认为，经济一体化趋势将导致公司税税率下降，而工资税税率上升，这会促使资本分配份额上升而劳动分配份额下降。亚当（Adam，2015）研究表明税制结构会影响收入分配，相对于对劳动所得征税，更多地对资本所得征税会导致收入分配不公平；收入不平等程度越高，政府对资本税依赖度越高，对劳动税依赖度越低。菲斯特等（Fuest et al.，2018）发现，企业所得税可能导致企业资本税后回报降低，进而通过减少劳动力需求与劳动者工资的方式降低劳动要素收入份额。

国内大部分学者都充分肯定了税收具有调节收入分配的功能。郭庆旺（1995）认为，税收作为一种调整收入分配的有力工具越来越受到关注是必然，也是必需的，因为政府税收，不仅可以对高收入者课以高税，而且通过筹集足额的财政资金，把资源用于有益于贫困者的支出上，为明显改善收入分配状况提供可能。同时，他还讨论了税收对收入分配公平的效力，并对调控收入分配的税种体系进行了分析。吴云飞（2001）指出，税收作为政府重要的宏观调控手段应加强其对居民收入的调控。高培勇（2002）指出，当前中国应充分地利用财税手段，充分地挖掘财政税收政策"潜能"是在再分配层面解决收入分配差距问题的极好通道。同时，高培勇（2015）认为我国现行税制既无机制，又无渠道，基本不具备胜任调节收入分配使命的条件，存在着功能和作用"漏项"，系当下中国收入分配领域的"卡脖子"地带。提出以增加自然人直接税为主要着力点，以现代税收征管机制转换为配套措施的政策主张，以税收改革奠基收入分配制度改革。郭庆旺和吕冰洋（2011）认为，政府在征税时，无论是直接税还是间接税，不可避免地参与或者说干扰了生产要素的分配过程，税收具有较强的收入分配效应。郭庆旺和吕冰洋等（2014）认为，企业所得税影响收入分配的主要途径是对要素收入份额产生影响。如果不考虑税负转嫁，企业所得税会降低资本要素收入份额，相应的劳动要素收入份额会提高。无论是在初次分配还是再分配过程中，劳动要素收入份额上升都会缩小城乡居民收入差距，资本要素收入份额上升的影响则相反。胡怡建（2019）认为，国家治理下的税收是在市场对个人收入分配已经决定的前提下，对个人收入进行的再分配，以弥补市场分配缺陷，实现社会公平正义的目标。所以，国家治理下的税收应以社会公平正义为导向，以保障和改善民生为重点，更好发挥调节收入分配的作用，建议进一步优化税制结构、完善税

19

收制度。田志伟和汪豫（2020）通过测算个人所得税、企业所得税、增值税和消费税四大税种的收入分配效应，研究了中国税制对城镇居民收入分配的影响，认为四大税种整体的收入分配效应呈累进性，对居民收入分配起到了一定的正向调节作用。

也有学者提出了与多数国内学者相悖的观点，周文兴（2005）对收入分配中税收调控即提出最优资本税率为零，主张税收应该主要来源于资本以外，我国收入分配差距形成主要根源在于初次分配环节，政府对分配收入的调控政策重点是建立、健全初次分配的制度与政策，如消除垄断、消除城乡二元结构等。岳希明和张斌等（2014）利用城乡居民住户调查数据和资金流量表测算不同家庭税负情况，认为从总体上看，中国税制整体处于累退状态，虽然个人所得税等直接税是累进的，但不足以抵消间接税的累退性。我国收入分配政策在改善居民收入差距方面的作用明显提高，但整体调节力度依然偏低（李实等，2018）。蒋震和安体富等（2016）认为，改革开放之后到经济新常态之前，我国税收的主要职能是服务于经济增长大局，税制没有有效发挥收入分配调节作用。经济进入新常态后，按照供给侧管理的要求，应通过转变税制结构，强化税收在调节收入分配方面的作用。刘尚希（2021）认为，通过再分配环节的累进税来缩小贫富差距，短期有效，长期看是无效的。促进共同富裕，需要从初次分配环节的起点公平、机会公平和规则公平入手，从人的能力和群体性鸿沟的缩小入手，仅仅依赖税收调节作用是无济于事的。

### 1.3.3 直接税调节居民收入分配的研究

（1）直接税能够有效地调节居民收入分配。

维克里（Vickrey，1947）利用非对称信息创造性地建立了一种使所得税的效率与公平目标均衡的模型；之后，莫里斯（Mirrlees，1971）发表了系列论文，发展了这一模型，他认为，政府可以采取较低的累进所得税率来促进收入再分配目标，高累进不仅有损效率，而且不利于再分配目标的实现。史特力和哈兹马克（Steuerle & Hartzmark，1981）通过对1947～1979年美国联邦个人所得税和居民收入分配的相关性分析，认为非应税所得、税收抵免和税率是影响个人所得税分配效应的重要因素。卡克瓦尼和兰伯特（Kakwani & Lambert，1998）设计出一种评估税收公平的新方法，对税收妨碍收入公平的三种原因进行分解，并以澳大利亚的所得税为例进行验证，得出结论，1984 年澳大利亚的所得税使收入分配的基尼系数由 0.3113 下降到 0.2873，下降了 2.4 个百分点，但如果能够消除现行税制中存在的三种不公平因素，所得税减少基尼系数的潜力可以提高 13.82 个百分点，并且最大的税收不公平因素来自横向不公平，即同等收入的人缴纳的税款不同①。米兰诺维奇（Branko Milanovic，1999）研究了 79 个国家和地区进行初次分配与再分配后的基尼系数发现，在发展中国家个人所得税对缩小收入分配差距的贡献为减少了 0.063 的基尼系数，而在发达国家则减少了 0.078。维比斯特（Verbist，2004）采用了税收—转移支付模型（Tax – Benefit Model），对 15 个欧洲国家的个人所得税的再分配效应进行了比较，并集中直接税进行了效应分析，给出了平均税率和累进性对于缩小收入差距的贡献率。他认为由于个人所得税实行累进的税率结构，因而是减少不平等的最主要手段。田玉敏和张雅光（2006）指出，由于遗产税和赠与税的起征点比较高，中低收入者一般达不到起征点，因而其征收对象主要是高收入者，因此是缩小贫富差距的重要手段。贾康（2011）认为，不动产税会对现在人人都在谈论的收入分配的优化产生非常明显的正面作用。田志伟和汪豫（2020）测算了个人所得税和企业所得税两大直接税的居民收入分配效应，认为随着收入水平的升高，直接税整体对居民收入再分配起到正向调节作用，缩小了收入分配差距。其中，个人所得税具有明显的累进性，企业所得税收入分配效应比较有限。

（2）直接税调节居民收入分配的作用有限。

佩奇曼（Pechman，1972）指出，由于大量减免税特殊条款的存在侵蚀了税基，导致名义税率与实际税率相差甚远，并以 1966 年美国税收与收入分配数据为例，发现尽管两大所得税均体现出累进性的特点，但以劳动所得为主要收入来源的家庭承担的个人所得税负担大大超过同等收入水平但以财产所得为主要收入来源的家庭的税负；而公司所得税由于只对财产所得课税，其累进性大大超过个人所得税，税制的累进性绝大部分归因于公司所得税。菲利克斯（Felix，2007）通过对 19 个发

① 万莹，史忠良. 税收调节与收入分配：一个文献综述 [J]. 山东大学学报（哲学社会科学版），2010（1）：40 – 45.

达国家的税收数据进行分析发现，公司税非但无法起到收入再分配的作用，还会带来巨大的超额负担，降低经济效率。应对劳动课税，而不是对公司课税，这样才更有利于提高税制的累进性，从而改善公平，提高效率。万莹（2008）认为，个人所得税的低收入现状使我国利用个人所得税调节收入分配差距缺乏现实基础。在个人所得税收入来源中，对工薪收入的过分关注和对财产性收入调节的缺位为未来税制改革提供了改革的方向。在财产保有层面，中国基本处于无税状态，导致政府对社会贫富差距的调节明显乏力。李文和王佳（2020）认为，居民收入分为不同种类，按照国家统计局口径，包括工资性收入、经营性净收入、财产性收入和转移性收入。财产性收入是造成居民收入分配差距的重要因素，而我国税制对财产性收入的调节存在失当之处，财产性收入总体税负偏低、税率水平单一等问题，其成因是对原有税制的路径依赖。李林木和汤群群（2010）分析了1994年税制改革以来我国直接税的收入分配效应，其结论是：我国的个人所得税、财产税和社保费等直接税在税收收入中的比重虽然总体上在提高，但结果并没有如理论上预期的那样起到缩小居民收入分配差距的作用。岳希明和徐静（2012）认为，与其他国家相比，我国个人所得税在收入分配方面的效应较弱，一个重要原因是我国个人所得税的规模很小——不管是从个人所得税收入占税收总收入的比重来看，还是从其占 GDP 的比重来看，都几乎低于所有的 OECD 成员国。田志伟和胡怡建等（2014）在对个人所得税城镇居民收入分配效应进行测算论证的基础上，认为我国个人所得税在调节城镇居民收入分配方面具有重要作用，但由于平均税率相对较低，调节作用有限。

（3）直接税调节居民收入分配作用的发挥需要相关条件的完善。

中国税务学会课题组（2003）认为，由于灰色收入以及税收偷逃的存在而形成了一批富裕阶层，这些巨额财富已经逃过了个人所得税的调节，如果在最后的财富转让和继承环节同样不加以调节，将永远不会有机会实现社会的公平。高培勇（2005）指出，我国目前并不存在真正意义上的财产税，他认为，居民之间的贫富差距是通过流量与存量表现出来的，并且作为基础的存量在一定程度上决定着流量，我国只有尽快地开征财产税，结束财产保有环节的无税状态，才能建立起全方位调节居民收入差距的税收体系。周亚和刘海龙等（2006）通过分析征税行为对征税前后的基尼系数的影响，讨论了个人所得税的收入分配效应。认为，一般来讲，征收个人所得税有助于促进收入分配公平，但是如果个人所得税的税收总量占总收入的比重较小，则个人所得税政策的收入分配效应有限，只有当税后基尼系数大于税前基尼系数时，征收个人所得税才能对收入分配起到调节作用。曲顺兰（2011）认为，我国现行税制中，收入调节功能较强的税种在税收总额中所占比重整体过低，富有调节分配功能的遗产税和赠与税的缺失，社会保障税的缺位等，成为税收调节收入分配总体效果不理想的主要原因之一。岳希明和张斌等（2014）认为，从我国税收收入构成看，间接税在税收总收入中的比重远高于个人所得税，导致个人所得税的累进性不足以抵消间接税的累退性。因此，我国税制整体上是累退的，不利于改善居民收入分配不公平情况。阳芳和何冬明等（2018）测度部分省份 2006～2011 年三次个人所得税改革的收入分配效应，结果显示三次改革均使得我国个人所得税收入占税收总收入的比重下降，也证实了三次改革均对收入分配起到了逆向调节的作用。

## 1.3.4　间接税调节居民收入分配的研究

（1）间接税的累退性研究。

弗里德曼（Frideman，1980）指出"在日常消费中，高收入者消费性支出占其收入的比重低于低收入者，流转税施行比例税率必将导致高收入者流转税税负占其收入的比重低于低收入者，从而呈现出累退性的特点"。佩奇曼（Pechman，1974）对美国税收的配置进行了研究，通过统计分析得出结论："美国的营业税和消费税具有明显的累退性。"刘怡和聂海峰（2004）利用城市住户调查资料考察了我国增值税、消费税和营业税在不同收入群体中的负担情况，得出结论：间接税是累退的，间接税的这种累退性恶化了收入分配，因此当前我国以间接税为主体的税收体系，很可能是整体累退的。闻媛（2009）认为，我国以间接税为主体的税制结构表明，政府税收收入主要是通过社会公众消费含有较高间接税负的消费品来实现的。这种税负分布机制因为高收入者的边际消费倾向低于低收入者的边际消费倾向以及奢侈品的高替代性特征，造成低收入者税负高于高收入者税负，强烈的累退性质显然不利于实现社会公平的目标。汪昊（2016）认为，营业税改征增值税有利于改善收入分配不公平。倪红福和龚六堂等（2016）认为，我国"营改增"后，随着税收征管的完善，增值税的累退性更显著。增值税税率调整方面，无论是简并税率还是税率下调，都不是针对低收入者消费占比高的产品进行的。因此，税率调整在改善增值税累退性方面的效果也很有限。田志伟和汪豫（2020）使用投入产出法测算我国增值税、消费税对居民收入分配的影响，认为随着收入水平的升高，居民的税负水平逐渐下降，表明间接税呈现一定的累退性，间接税整体对居民收入再分配起到逆向调节作用，加大了收入分配差距。

（2）间接税具有调节收入分配的功能。

扬格等（Younger et al.，1999）通过分析税收在不同人群之间的分布、税收对于收入分配的影响，利用消费者支出调查数据研究了马达加斯加的间接税对收入分配的影响，分析表明，间接税随收入变化的情况不总是累退的。阿尔蒂希（Altig，2001）研究了用像增值税这类综合比例销售税取代美国现行税制的影响，结果发现会"增加9%左右的个人长期收入"。李绍荣和耿莹（2005）认为，在现行的税收结构份额中，行为类税收和特定目的类税收，在调节社会公平中的税收职能发挥得反而较好，但二者的调节作用却完全不同。特定目的税类在总税收收入中的份额增加，会减少资本的产出效率，同时增加劳动的产出效率，进而减少资本的收入份额和增加劳动的收入份额。孙玉栋（2009）就我国主体税制的税收政策对居民收入分配的调节作用进行分析，认为自1994年税制改革以来我国主体税制的税收政策对调节居民收入分配差距起到了一定作用。刘成龙和牛晓艳（2018）认为，增值税简并税率可以缩小居民收入差距，但不能改变增值税的累退性。万莹和陈恒（2020）认为，增值税改革、税率的下调能够缩小城乡内部的收入差距，但也会扩大城乡间收入差距，所以，从全国层面来看是具有累退性的。

## 1.3.5 税收政策与其他政策对收入分配效用的比较

有研究表明转移支付等财政支出政策对于收入分配的调控作用要大于税收（Kakwani，1977；Immeroll，2005；Bird & Zolt，2007；Kim & Lambert，2009）。卡克瓦尼（Kakwani，1977）通过对美国、英国、加

拿大、澳大利亚四国税收和政府公共支出再分配效果的比较，指出任何
级次政府的公共支出不仅是有利于缩小收入差距的，而且效果均优于税
收。赫维希（Herwig，2005）分析并比较了欧盟 15 国的所得税、社会
保障税和现金转移支付的再分配效果，发现总体上各国的税收——转移
支付体系都是重要的收入再分配机制，其中面向所有国民的公共养老金
支出再分配效果最为明显，其次是个人所得税，第三是专门面向低收入
群体的补助支出，第四是社会保障缴款。沃尔夫和撒迦利亚（Wolff &
Zacharias，2007）收集了美国 1989 年和 2000 年政府净支出的数据，研
究了财政支出对社会福利改善的影响，研究表明改善收入差距的主要作
用来自转移支付，税收虽然有改善收入分配功能，但是一些累退的税
种，如工薪税、消费税等抵消了其收入分配的职能。金姆和兰伯特
（Kim & Lambert，2009）分析了美国 1994 ~ 2004 年的收入分配，认为
在全部收入再分配净效应中，转移支付贡献的份额约占 85%，税收贡
献的份额只有 15% 左右，税收调节收入分配的功能远远小于转移支付
的作用。

　　曾国安（2002），李实和张平（2000），陆宁、彭毓蓉和甘家武
（2009）认为中国的收入分配差距原因不能完全归咎于政府的再分配政
策，农业税的减免政策实施滞后、社会保障制度不完善等是收入分配扩
大趋势没能及时、有效控制的重要原因之一。匡小平和吴智峰（2009）
认为，财税政策对收入差距的调节应该尽量避免损害效率，在其作用的
范围内进行调节，兼顾调节过程的公平与效率等。财税政策的作用领域
主要在再分配领域，以税收调节中高收入，以转移支付和社会保障提高
低收入。燕洪国（2010）提出虽然税收是调节收入分配的重要工具之
一，但其不是“万能的”，并进一步阐述了税收在调节收入分配过程中
的作用空间及局限性。并且税收调节是一种事后调节，政策具有时滞
性。当运用税收调节收入分配时，会对一部分纳税人产生扭曲效应，因
此在进行税收调节收入分配的制度安排时，应该尽可能使其效率损失最
小。蔡萌和岳希明（2016）利用历年 CHIP 数据研究发现，政府收入再
分配政策失效是导致我国居民收入分配差距过大的主因，应加大转移支
付等再分配政策力度以缓解居民收入不平等。解垩（2018）认为，中
国 90% 以上的再分配效应是通过公共转移支付来实现的，税收和社会
保障缴费在再分配中的作用不到 10%。贾康（2020）认为，再分配的

主要运行机制，除了税收，还要特别注重发挥财政的转移支付作用，扶助弱势群体和欠发达区域。还有互助共济的基本社会保障，在此之上还要积极发展更丰富的多样化机制，比如在基本养老之外，还要有第二支柱和第三支柱——第二支柱是企业年金和职业年金，第三支柱就是个人自愿选择、形成个人养老金账户的商业性养老保险。

## 1.3.6　完善我国居民收入分配调节税收政策的研究

（1）完善居民收入分配税收政策的取向。

李本贵（2004）提出，我国调节个人收入分配税收政策的重点是适当加大对高收入者的税收调节力度，减轻中低收入者的税收负担，重点是减轻低收入者的税收负担。安体富和王海勇（2006）提出，在"公平优先、兼顾效率"的财税理念指导下，应该以公平为导向优化调整税制结构，完善调节个人收入分配的税收体系，适当提高直接税的比重，降低间接税的比重。岳树民和李建清（2007）认为，我国应当建立起以所得税和商品税为主的双主体税制结构模式，所得税是调节收入分配方面的良税，而商品税在资源配置效率方面的作用也不是所得税所能替代的。马国强（2002），匡小平和吴智峰（2009），陈铁山（2011）认为，对个人收入的税收调控，必须逐步确立以个人所得税为主体、以财产税和社会保障税为保障、以其他税种为补充的体系，实施动态全过程调节和监控。贾康（2018）指出应通过税制改革进一步调节收入分配，逐步构建和完善直接税体系，进一步改革个税，尽快开征房产税，从中长期来看要研究开征遗产和赠与税。岳希明和张玄（2021）认为，我国个人所得税收入规模偏低是限制其收入分配效应的主要原因。因此，提高个人所得税收入规模是提高其收入分配效应的主要途径。

（2）直接税政策的完善。

高培勇（2000）认为，我国应当逐步增加所得税所占比重的同时相应减少流转税的比重，从而提升我国税收调节贫富差距的功能。中国税务学会课题组（2003）认为应从重新设计费用扣除标准、改革分类计税模式、调整优化税率结构等方面来完善个人所得税；开征遗产税和社会保障税，建立全面、综合、系统的个人收入调节体系。刘尚希（2004）则认为，累进税率强化了偷逃税动机、增加了征收成本、降低了税收征管的透明度，反而加剧了收入分配的不公平，单一税率与我国税收环境更具适应性，是实现个人所得税调节功能的现实选择。刘尚希（2021）认为，个人所得税与退休年龄延长、养老第三支柱的建立应当关联起来设计。对老年人，应尽快提供一个法律基准，个人所得税按照老年人的法律基准免税，退休弹性，缴税刚性，自愿选择。对资本所得、金融资产和实体资产升值的资本利得征税安排，也是如此考虑，用于养老的实行递延纳税。杨宜勇（2005）指出，可以通过提高个人所得税费用扣除标准来增加中低收入阶层的福利水平，在总体上要提高个人所得税占全部税收收入的比重。谷成（2010）认为，个人所得税的设计应该在合理确定劳动所得和资本所得税负水平的基础上，还须根据纳税人家庭人口数量及就业状况对费用减除标准加以细分，从而体现生计扣除的科学性和家庭税负的公平性。加强对高收入阶层的税收征管力度，建立完善的收入申报和纳税评估体系，对高收入阶层多样化的收入来源规定更细致和更具有可操作性的征管办法。田志伟和汪豫（2020）认为，对直接税而言，考虑到收入分配差距更多体现为以家庭为单位的收入分配差距，而非以个人为单位的收入分配差距，因此，可以考虑将个人所得税的纳税单位调整为家庭与个人相结合，对个人与家庭设置不同的免征额与税率表，从而使个人所得税更加充分考虑家庭特点，减轻家庭之间的收入分配差距。应逐步将投资收益、股息收益等资本利得收益纳入个人所得税综合征收的范围。

（3）间接税政策的完善。

杨宜勇（2005）认为，可以通过拓宽对奢侈消费品等项目的税基、制定合理的税率和建立有效的征管机制来调低过高的收入，在总体上要提高消费税占全部税收收入的比重。徐进（2006），唐婧妮（2010）主张通过全面降低增值税税率，对微、小型企业实行增值税、营业税的税收优惠以实现减轻低收入阶层税收负担的目的，通过调整消费税的征税范围和税率增加高收入阶层的税收负担和减轻低收入阶层的税收负担。杨虹（2010）认为，我国应当重新考虑流转税税率的设计，在兼顾公平与效率原则的基础上，对大多数商品制定统一的增值税“基准税率”，对一般的生活必需品制定低于“基准税率”的较低税率，对奢侈品则在“基准税率”的基础上，加征较高税率水平的消费税。谷成（2010）认为，可以考虑对普通药品、婴幼儿食品和用品、低档服装等日常生活必需品和农业生产资料免征增值税；扩大消费税的税基，将更多奢侈品纳入消费税的征收范围；此外，还可以通过更具有针对性的面向低收入者的支出计划降低收入分配的不公平或解决贫困问题。刘尚希（2021）认为，增值税改革应与消费税等税种改革关联起来。增值税也是广义的消费税，今后将演变为普遍征收的零售环节的消费税。同时，我国特种消费税的演变趋势也将是零售环节的消费税，也就是说，零售环节的消费税将成为一个替代增值税的主体税种。零售环节的消费税税基宽广，有稳定税源，而且随着生活水平和生活品质提高还会不断扩大。消费多，多缴税；高消费，多缴税，也蕴含调节分配的功能。他认为，"十四五"期间，可考虑扩大消费税征收范围，有害品的消费税、奢侈品消费税以及资源性产品的消费税，都有较大增税空间。同时，弱化增值税的收入功能，两者实行联动的替代性改革。岳希明和张玄（2021）认为，调节收入分配是我国消费税的目标之一，但不是唯一。因此，消费税改革也并不必然是出于调节收入分配的目的而进行的，但每次改革又不可避免地影响到消费税的收入分配效应。比如，通过扩大消费税奢侈品征税范围和提高奢侈品消费税税率，可以提高消费税的累进性和收入分配效应。

（4）其他方面。

卡克瓦尼（Kakwani，1977），曾国安（2002），伯德（Bird，2007），金姆和兰伯特（Kim & Lambert，2009），陆宁和甘家武等（2009）认为，政府财政能力相对较弱，税收制度、社会保障制度有待完善，转移支付存在缺陷等是造成当前收入分配差距过大的一个重要原因，应从个人所得税、社会保障体系、转移支付、就业及增加农业收入等方面采取措施。刘丽坚和姚元（2008）提出，要对低收入者实施积极的税收扶持政策，包括完善支持农业发展的税收政策、加大对中小企业的扶持力度、加大对就业和再就业的支持力度、开征社会保障税等。关于税收对慈善捐赠的激励作用，查尔斯（Charles，2012）分析了美国的慈善捐赠以及相应的税收政策，认为美国的税收政策对慈善捐赠和非营利组织的优惠较高，不仅免征所得税以及财产税，而且对于他们的捐赠来源对象无论是个人还是企业都可以进行税收减免，这也极大地刺激了个人、企业甚至一些大学的慈善捐赠。黄桂香和黄华清（2008）主要利用无差异曲线和消费者预算线分析的方法，对慈善捐赠行为的税收激励进行了分析。他们认为对捐赠支出进行全额扣减，对捐赠者的激励效应更大。谢娜（2012）将慈善动机分为内在动机和外在动机，与部分利他主义论有异曲同工之妙。在合理的税收激励政策指引下，个人慈善捐赠行为将能发挥更大效用。张晓丽和蔡秀云等（2015）运用数据包络分析法对2013年中国31个省份的税收激励慈善捐赠事业的效率进行评价，提出政府财政支出对捐赠者的慈善捐赠显现出了正的激励效果，但慈善捐赠的税收价格弹性还有待于进一步提高。彭飞和范子英（2016）运用倍差法，对2008年慈善捐赠企业所得税税前扣除政策调整实证研究发现，新实施的慈善捐赠抵税政策降低了企业捐赠成本，对企业的捐赠力度产生了显著的正向效应，但是对企业捐赠的"扩展边际"影响较小。企业捐赠的抵税效应在捐赠规模较小的企业中更加显著。曲顺兰和武嘉盟（2017）运用断点回归设计的方法，以2008年企业所得税中慈善捐赠税前扣除标准调整为时间断点，选用2003～2014年A股交易的2809家上市公司作为样本企业，对2008年前后的慈善捐赠企业所得税税前扣除政策进行效果评价，得出结论：2008年慈善捐赠企业所得税税前扣除标准的调高显著提高了企业慈善捐赠的税收优惠规模，极大地激励了企业慈善捐赠行为。不同类型企业的慈善捐赠所得税激励效应存在差异，需放宽税收优惠条件，丰富税收优惠形式，制定差异化税收优惠政策。

### 1.3.7 文献评述

通过上述总结和梳理，可以看出，对于收入分配税收调节问题，国内外学者们从不同角度和层面进行了研究，从公共财政角度，对于税收调节收入分配的理论依据、功能、作用机理、直接税间接税政策设计及政策建议等也进行了定性研究，取得一些研究成果。其共同特点是，无论是从国家职能、税收的职能角度，还是从公平与效率配置的角度，大部分学者都肯定了用税收来调节收入分配公平的必要性，并且认为应努力把税收调节作用发挥出来，应充分发挥直接税和财产税的作用。包括个人所得税、社会保障税、财产税、遗产税和赠与税等税种，税率应尽量采用累进税率，调控效果会更好，这些研究成果成为本书研究的基础。

29

当然，国内外对于税收调节收入分配的研究，还有相当大的差别。

一是国外对于税收调节收入分配的理论研究已经比较成熟，实践运用中也已形成比较完善的税收制度体系，而我国的研究多是介绍性的、借鉴这些理论基础和实践应用经验。

二是我国对于税收调节收入分配的研究多属于问题定性研究和政策性研究，定量研究较少，缺乏对政策实施效果的评估及在此基础上构建有效的政策框架，由此调节政策难以达到协同性和有针对性的目标。而且，现有为数不多的定量分析，由于数据的不易获取和国家层面数据统计基础的不断调整，无论从规范性还是从准确性上，与国外的研究都有明显的差距。

三是国内现有的研究多属于纯粹从税收政策本身研究收入分配的效应，没有考虑到现实中的一些问题，比如税收流失、征管效率等。

四是研究视角相对较窄，较少地考虑到相关政策的"整合"作用，较少地运用交叉学科的优势进行研究。比如，税收调节收入分配的主要目的在于实现公平，是马克思主义现实研究的一个重要问题，学界有关马克思主义公平问题和税收调节收入分配各自领域的研究成果很多，但缺乏两个学科"整合"，即运用马克思主义公平分配理论作为税收调节收入分配的理论基础进行相关研究。

因此，以税收调节居民收入分配政策为研究对象，以实现收入分配公平为目标，以马克思主义公平理论作为研究基础设计税收调节目标，以此对现行政策效果进行评估，构建基本马克思主义公平理论下的税收调节居民收入分配的政策框架，本书力求在这方面有所突破。

# 1.4 研究思路及技术路线

## 1.4.1 研究方法和基本思路

1. 研究方法

（1）理论分析法。

以马克思主义分配公平理论为研究基础，分析税收调节居民收入分配的理论依据、作用机理、约束条件和政策目标，建立调节居民收入分配的税收政策框架。

（2）数据统计分析法。

以1994年以来收入分配税收政策为研究对象，利用《中国统计年鉴》和《中国税务年鉴》中反映收入分配差距指标与税收指标的大量数据资料，比较几次大的税收调节前后基尼系数变化状况、最高收入和最低收入差距变化及总的调节效果，以检验税收政策对收入分配差距调节效果。

2. 基本思路

第一，按照马克思主义公平理论，重新探究税收介入居民收入分配的理论依据，作用机理和约束条件，并以公平为核心，设计税收调节政策目标；第二，对我国目前居民收入分配状况分析判断，按马克思主义公平理论下设定的税收政策目标对现行税收政策实施效果评估检验，比较税收调节前后基尼系数变化状况、最高收入和最低收入差距变化及总的调节效果；第三，构建基于公平理论的收入分配税收调节政策框架，从政策主体、政策内容、政策环境等方面提出建议。

## 1.4.2　研究内容及框架结构

1. 框架结构

本书的技术路线，如图1-1所示。

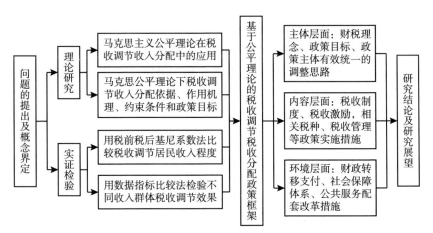

**图1-1　本书技术路线**

2. 主要研究内容

（1）马克思主义公平理论及在税收调节居民收入分配中的应用。

阐析马克思主义公平分配理论的产生发展、形成、基本观点，探寻其在税收调节收入分配中的具体应用，包括马克思的社会必要扣除是税收调节收入分配的理论依据、按劳分配与按需分配的实现需要税收调节、公平分配的实现应遵循的原则，收入分配公平与税收调节、税收负担、量能负担等马克思主义税收思想及对税收调节的指导意义。

（2）马克思主义公平理论下税收调节居民收入分配的理论依据作用机理及政策目标。

按照马克思主义公平理论，重新探究税收介入居民收入分配的理论依据、作用机理和约束条件，设计税收调节政策目标。本书分别从市场失灵和收入分配外部性、国家职能与税收职能、税收本质属性等方面为税收介入居民收入分配寻求理论依据和进行准确定位，对税收调节居民收入分配公平的作用机理和约束条件进行分析，并以公平为核心，设计税收调节政策目标。

（3）公平目标下我国现行税收调节居民收入分配政策效果实证检验。

本书在对我国目前居民收入分配状况进行分析判断，并对其产生的原因进行系统分析的基础上，对现行税制体系、税收政策及主要税种情况进行了阐述，并按马克思主义公平理论下设定的税收政策目标对现行税收政策实施效果进行评估检验，得出结论，为创新税收政策提供理论依据。

（4）马克思主义公平理论下税收调节居民收入分配的政策选择。

为实现基于马克思主义公平理论的税收政策目标及政策设计和实施的有效衔接，使其更具公平性，本书在理论研究和对现行税收政策评估分析结果的基础上，借鉴发达国家税收调节居民收入分配的成功经验，构建我国税收调节居民收入分配的政策框架：主体层面，包括财税理念、政策目标、政策主体有效统一调整思路；内容层面，包括税收制度、税收激励，相关税种、税收管理等政策实施层面相关要素的具体措施；环境层面，从财政转移支付、社会保障体系、公共服务等对收入分配税收政策的实施进行配套改革的措施。

3. 主要观点

第一，马克思主义公平理论认为，政府应参与分配，通过集中一部分收入和社会保障，缓解社会分配的不公正，从社会道德和人类文明所要求的公正目标出发，为一部分特殊社会成员提供基本物质生活需要，以求得国民收入分配的公平性。

第二，税收具有调节收入分配功能，但税收调节受一定条件的局限。

第三，我国现行税收政策对居民收入分配调节总体效果不理想，特别是对高收入群体的调节效果不明显，甚至出现"逆调节"。

第四，以公平为目标，构建主体层面、内容层面和环境层面等多指标协同的政策框架，促进税收理念、税收制度、税收管理等的优化。

## 1.5　创　新　之　处

本书将马克思主义公平理论作为税收调节居民收入分配的理论基础，并以此设计税收调节政策目标，构建我国税收调节居民收入分配的政策框架：主体层面，包括财税理念、政策目标、政策主体有效统一调整思路；内容层面，包括税收制度、税收激励，相关税种、税收管理等政策实施层面相关要素的具体措施；环境层面，从财政转移支付、社会保障体系、公共服务等对收入分配税收政策的实施进行配套改革的措施。进一步拓展了马克思主义理论对现实的指导空间，也有利于推动税收调节研究领域的发展，对改革我国分配制度、制定调节收入分配相关税收政策具有重要决策参考。

（1）以马克思主义收入公平分配理论为研究基础。

本书以马克思主义收入公平分配理论作为研究基础，将税收介入收入分配的理论分析与实证研究、马克思的收入分配公平与西方经济学税收公平及公共政策问题纳入一个有机整体进行多学科交叉研究，极大地提高了研究的规范性、分析的针对性和政策建议的可操作性。

（2）对现行税收调节居民收入分配政策效果进行实证评价。

本书对现行税收调节居民收入分配效应实证评价中，以近年来收入分配税收政策为对象，利用《中国统计年鉴》和《中国税务年鉴》中反映收入分配差距指标与税收指标的大量数据资料，比较居民税前收入和税后收入，税前基尼系数和税后基尼系数及居民最高收入和最低收入差距变化，找出问题，并提出政策建议，使政策建议更具可靠性和可操作性。

（3）得出的结论可为政府决策提供依据和参考。

本书中，通过税收介入居民收入分配的理论研究和实证分析所得出的结论：税收在调节居民收入分配中能够起到其他经济手段不可替代的作用，特别是收入再分配领域，税收的作用更直接、更有效，但现行税收政策作用效果不理想，需要进一步完善的结论，为政府进一步加强和完善税收调节收入分配决策提供了理论依据。

# 第2章 马克思主义公平分配理论在 税收调节收入分配中的应用

本章分析马克思主义公平分配理论的产生发展、形成、基本观点，探寻其在税收调节收入分配中的具体应用，包括马克思的社会必要扣除是税收调节收入分配的理论依据、按劳分配与按需分配的实现需要税收调节、公平分配的实现应遵循的原则，收入分配公平与税收调节、税收负担、量能负担等马克思主义税收思想及对当代的指导意义。

## 2.1 马克思主义公平分配理论的 形成及基本观点

### 2.1.1 马克思、恩格斯公平分配理论的形成

马克思、恩格斯的公平分配理论是在批判了以萨伊为代表的资产阶级经济学家和拉萨尔等机会主义者的分配思想，扬弃了空想社会主义者的公平分配思想后，通过历史唯物主义的方法论构建起来的，它对人类社会已有的不合理的分配观进行了革命性的变革。马克思关于共产主义社会的分配思想以萌芽的形式第一次出现是在《〈政治经济学批判〉导言》一书中。后来，马克思在《资本论》中发展了这个思想，继而在1875年撰写的《哥达纲领批判》中全面形成了它的科学的公平分配理论。

1. 马克思、恩格斯公平分配理论的产生

（1）马克思、恩格斯公平分配理论形成的萌芽时期。

在1850年以前，马克思与恩格斯对公平分配的研究，还局限在抽

象的、超历史的层面上，研究的重点集中于公平分配实现形式应该是"按劳分配"还是"按需分配"的争论上。比如，在马克思和恩格斯的早期作品《德意志意识形态》中，他们批判空想社会主义者圣西门的"按能力计报酬，按工效定能力"①的分配观点，肯定了"按需分配"的思想，他说，"但是共产主义的最重要的不同于一切反动的社会主义的原则之一就是下面这个以研究人的本性为基础上实际信念，即人们的头脑和智力的差别，根本不应引起胃和肉体需要的差别；由此可见，'按能力计报酬'这个以我们目前的制度为基础的不正确的原理应当——因为这个原理是仅就狭义的消费而言——变为'按需分配'这样一个原理，换句话说：活动上，劳动上的差别不会引起在占有和消费方面的任何不平等，任何特权"②。马克思和恩格斯在这里虽然肯定了"按需分配"，但是这里的"按需分配"还并不是马克思1875年在《哥达纲领批判》中所说的那个共产主义高级阶段的按需分配，而是"以研究人的本性为基础的"③共产主义，是针对格奥尔基·库尔曼所提出的"真正的社会主义"。在库尔曼的"真正的社会主义"中，他借用了圣西门的"按能力计报酬"的观点，认为劳动是思想和本能的表现，而需要也是以它们为基础的。资本家剥削工人的劳动是真正的、而且是工效最高的"劳动"，理应得到最高的报酬。而生下来就应该享有特权的人是天资最高、能力最大的，因而理应要比普通劳动者生活得好。马克思、恩格斯对此一针见血地指出，库尔曼所主张的"按能力计报酬"的分配原则，是为了替封建贵族和资本家的特权而辩护的，是伪善地掩饰起来的享乐欲望的神秘外壳，是对一切卑鄙行为的装饰，是无数丑行恶事的根源。虽然马克思和恩格斯在这部著作中对空想社会主义者的分配理论作了批判，但这也仅仅是批判，他们并没有对未来共产主义社会的分配提出看法，他们只是提出了问题，并继续对这些问题进行探索与研究。可以说，这一时期是马克思、恩格斯公平分配理论的最初萌芽时期。

（2）马克思、恩格斯对公平分配理论问题的提出。

从1850以后，马克思开始对资产阶级政治经济学进行了系统的研

---

① 马克思恩格斯全集：第3卷［M］. 北京：人民出版社，1960：598.
② 马克思恩格斯全集：第3卷［M］. 北京：人民出版社，1960：637－638.
③ 马克思恩格斯全集：第3卷［M］. 北京：人民出版社，1960：637.

究，他把分配问题开始放到了一定的生产方式中去阐明，初步说明了分配方式与生产方式的辩证关系。马克思在《〈政治经济学批判〉导言》中，从历史唯物主义的观点出发，明确提出了生产结构决定分配结构，尖锐地批判了庸俗资产阶级经济学家撇开资本主义生产关系来谈分配形式的思想，精辟地阐明了生产、分配、交换与消费之间的内在联系。他说道："如果看看普通的经济学著作，首先令人注目的是，在这些著作里什么都被提出两次。举例来说，在分配上出现的是地租、工资、利息和利润，而在生产上作为生产要素出现的是土地、劳动、资本。说到资本，一看就清楚，它提出了两次：（1）当作生产要素；（2）当作收入源泉，作为决定一定的分配形式的东西。因此，利息和利润本身，就它们作为资本增长和扩大的形式，因而作为资本生产本身的要素来说，也出现在生产中。利息和利润作为分配形式，是以资本作为生产要素为前提的。它们是以资本作为生产要素为前提的分配方式。"[1] 同样，"地租——我们直接来看地产参与产品分配的最发达形式——的前提，是作为生产要素的大地产（其实是大农业），而不是通常的土地，就像工资的前提不是通常的劳动一样"[2] "个人以雇佣劳动的形式参与生产，就以工资形式参与产品、生产成果的分配"[3]。所以，分配关系和分配方式只是表现为生产要素的背面，在资本主义社会中，利息和利润是以资本的存在为前提的，工资是以雇佣劳动的存在为前提的，地租是以大地产的存在为前提的，资本主义的分配方式就是以资本主义的生产方式为前提的。由此，马克思指出"分配的结构完全决定于生产的结构。分配本身就是生产的产物，不仅就对象说是如此，而且就形式说也是如此。就对象说，能分配的只是生产的成果，就形式说，参与生产的一定形式决定分配的特定形式，决定参与分配的形式"[4]。

马克思进一步指出分配对生产结构的形成与调整有着制约的作用。马克思在谈到分配作为生产要素的分配时说："照最浅薄的理解，分配表现为产品的分配，因此它仿佛离开生产很远，对生产是独立的。但是，在分配是产品的分配之前，它是：（1）生产工具的分配，（2）社会成员在各类生产之间的分配（个人从属于一定的生产关系）……这种分配包含在生产过程本身中并且决定生产的结构，产品的分配显然只

---

①　马克思恩格斯选集：第2卷 [M]. 北京：人民出版社，1995：12 – 13.

②③④　马克思恩格斯选集：第2卷 [M]. 北京：人民出版社，1995：13.

是这种分配的结果。"① 也就是说，产品的分配方式是由生产条件的分配决定的②，显然，马克思这时已经找到了研究分配方式的方法，即从生产条件的分配出发来研究分配方式。但是，这种决定生产本身的分配究竟和生产处于什么样的关系呢，以至于这种分配既包含在生产的过程中又决定着生产的结构？这样一来，不就很容易让人产生分配先于生产的想法？马克思解释道："生产实际上有它的条件和前提，这些条件和前提构成生产的要素。这些要素最初可能表现为自然发生的东西。通过生产过程本身，它们就从自然发生的东西变成历史的东西了，并且对于这一个时期表现为生产的自然前提，对于前一个时期就是生产的历史结果。……例如，机器的应用既改变了生产工具的分配，也改变了产品的分配。"③ 从上我们可以看到，所谓的生产条件的分配，就是指生产要素在社会成员之间的分配，以及在生产过程中生产要素采取什么形式，在什么范围内结合的问题。这是进行生产活动的先决条件。通过生产条件的分配，确立生产资料和劳动力的所有权问题，决定在生产过程中人与人之间的关系和地位，没有这种生产要素的分配，就不能进行生产，也就没有产品的分配，生产要素（生产条件）分配的方向、规模和结构，直接制约着生产结构。生产要素的分配作为生产的一个要素是包括在生产之中的。这就是"消费资料的任何一种分配，都不过是生产条件本身分配的结果，而生产条件的分配，则表现生产方式本身的性质"④。

马克思的这一思想，不仅贯穿于他研究资本主义生产方式的全过程，而且还由此最终得出了公平分配的原则与规律。

在《经济学手稿（1857-1858）》中，马克思第一次提出了关于按劳分配的思想。而在共同生产的基础上，劳动在交换以前就会被设定为一般劳动⑤。生产的共同性一开始就使产品成为共同的、一般的产品⑥。共同生产作为生产的基础的共同性是前提。单个人的一开始就成为社会劳动。因此，不管他所创造的或协助创造的产品的特殊物质形式如何，他用自己的劳动所购买的不是一定的特殊产品，而是共同生产中的一定

① 马克思恩格斯选集：第2卷 [M]. 北京：人民出版社，1995：14.
② 田杨群. 经济增长与收入分配互动研究 [D]. 武汉：武汉大学，2004.
③ 马克思恩格斯选集：第2卷 [M]. 北京：人民出版社. 1995：15.
④ 马克思恩格斯选集：第3卷 [M]. 北京：人民出版社，1995：306.
⑤⑥ 马克思恩格斯文集：第8卷 [M]. 北京：人民出版社，2009：66.

份额①。

可以说，在 19 世纪 50 年代，马克思不仅提出了研究分配关系的科学的方法论，而且提出了按劳分配的观点，所以，这一时期是马克思公平分配理论的初步产生时期。

2. 马克思、恩格斯公平分配理论的丰富

马克思、恩格斯公平分配理论形成的第二阶段是从 19 世纪 60 年代到 70 年代，马克思在对资本主义生产方式的产生、发展和灭亡的规律作了长时间的研究之后，初步完成了对剩余价值理论的研究，进而基本形成了自己的公平分配思想。在《资本论》第 3 卷中，马克思进一步分析了生产关系决定分配关系，分配关系是生产关系的反面的一般原理。马克思说："分配关系本质上和这些生产关系是同一的，是生产关系的反面。"② 从广义上讲，分配关系是生产关系性质的决定因素，一种新的生产方式总是从另一种新的分配方式的出现开始的，分配关系反映的人与人之间的关系是在经济上的集中表现。分配过程，在形式上表现为物与物交换的过程，实质上则是通过物与物之间的交换关系反映人与人之间的社会关系，这种社会关系不是由分配关系本身决定的，而是由生产关系所决定的。分配所反映出的这种人与人之间的社会关系是生产关系在分配过程中反映的人与人之间的关系的同一性表现③。"一定的分配形式是以生产条件的一定的社会性质和生产当事人之间的一定的社会关系为前提的。因此，一定的分配关系只是历史规定的生产关系的表现。"④ 在社会再生产过程中，分配是由生产决定的，生产关系决定分配关系这是人类社会经济过程中的一种客观必然性。

在马克思《资本论》的第 1 卷中，他肯定了以劳动作为分配尺度的新型分配方式。他说："设想有一个自由人联合体，他们用公共的生产资料进行劳动，并且自觉地把他们许多个人劳动力当作一个社会劳动来使用。在那里，鲁滨孙的劳动的一切规定又重演了，不过不是在个人身上，而是在全社会范围内重演。鲁滨孙的一切产品只是他个人的产品，

①　马克思恩格斯文集：第 8 卷 [M]. 北京：人民出版社，2009：66.

②　马克思. 资本论：第 3 卷 [M]. 北京：人民出版社，2004：994.

③　赵万江. 社会主义收入分配理论与社会主义初级阶段收入分配制度 [D]. 北京：中国社会科学院，2002.

④　马克思. 资本论：第 3 卷 [M]. 北京：人民出版社，2004：998.

因而直接是他的使用物品。这个联合体的总产品是一个社会产品。这个产品的一部分重新用作生产资料。这一部分依旧是社会的。而另一部分则作为生活资料由联合体成员消费。因此,这一部分要在他们之间进行分配。这种分配的方式会随着社会生产机体本身的特殊方式和随着生产者的相应的历史发展程度而改变。仅仅为了同商品生产进行对比,我们假定,每个生产者在生活资料中得到的份额是由他的劳动时间决定的。这样,劳动时间就会起双重作用。劳动时间的社会的有计划的分配,调节着各种劳动职能同各种需要的适当比例。同时,劳动时间又是计量生产者个人在共同产品的个人消费部分中所占份额的尺度。在那里,人们同他们的劳动和劳动产品的社会关系,无论在生产上还是在分配上,都是简单明了的。"① 在这里,马克思指出了,未来社会是共同占有生产资料、共同劳动的一个自由人的联合体。在这个联合体中,由于消灭了私有制,排除了商品生产,人与人之间的关系不再被物与物之间的关系掩盖,人们同他们的劳动和劳动产品的社会关系,无论是在生产上还是在分配上,都是简单明了的。每个生产者在生活资料中得到的份额是由他的劳动时间决定的,劳动时间是按劳分配的尺度。马克思在论述作为生活资料的产品在联合体成员之间是按照什么原则分配的问题时,他认为,不能简单地规定一个固定的分配原则。因为"这种分配的方式会随着社会生产机体本身的特殊方式和随着生产者的相应的历史发展程度而改变"②。对于未来无人知晓的社会,究竟社会生产方式和与之相应的生产者会有什么样的变化,虽然马克思并没有具体提出,但是他的这一论述已经包含了分配方式不是绝对的,一成不变的思想。

在《资本论》第2卷中,马克思设想了未来的共产主义社会将实行以劳动券的方式来进行分配。他说:"在社会公有的生产中,货币资本不再存在了。社会把劳动力和生产资料分配给不同的生产部门。生产者也许会得到纸的凭证,以此从社会的消费品储备中,取走一个与他们的劳动时间相当的量。这些凭证不是货币。它们是不流通的。"③ 这与空想社会主义者欧文的"劳动货币"相类似。

① 马克思. 资本论:第1卷 [M]. 北京:人民出版社,2004:96-97.
② 马克思. 资本论:第1卷 [M]. 北京:人民出版社,1975:95.
③ 马克思. 资本论:第2卷 [M]. 北京:人民出版社,1975:397.

3. 马克思、恩格斯公平分配理论的确立

1875 年马克思撰写了《哥达纲领批判》，在这部著作中，马克思批判了拉萨尔机会主义者的分配观点，创立了公平分配理论的科学体系。

（1）马克思驳斥了拉萨尔关于劳动者在社会主义条件下将领取"不折不扣的劳动所得"观点，第一次正面阐述了社会主义社会总产品的分配原则。他指出，在社会主义社会中，劳动者生产的社会总产品在进行分配之前，应首先进行必要的扣除，这些扣除应是："第一，用来补偿消费掉的生产资料的部分。第二，用来扩大生产的追加部分。第三，用来应付不幸事故、自然灾害等的后备基金或保险基金。"[1] 这三项扣除者是社会经济发展所必需的生产基金，扣除后的剩余部分才是作为消费资料在个人之间进行分配的，而在进行个人分配之前还应扣除："第一，和生产没有关系的一般管理费用。……第二，用来满足共同需要的部分，如学校、保健设施等。……第三，为丧失劳动能力的人等等设立的基金，总之，就是现在属于所谓官办济贫事业的部分。"[2] 马克思认为，只有在社会总产品中扣除了这几项后，才能谈得上哥达纲领在拉萨尔的影响下偏狭地专门注意的那种"分配"，才谈得上在集体中的个别生产者之间进行分配的那部分消费资料。

（2）通过对拉萨尔的批判，马克思提出了共产主义社会具有两个发展阶段的理论及其在这两个阶段中所实行的不同分配方式的思想。马克思说："我们这里所说的是这样的共产主义社会，它不是在它自身基础上已经发展了的，恰好相反，是刚刚从资本主义社会中产生出来的，因此它在各方面，在经济、道德和精神方面都还带着它脱胎出来的那个旧社会的痕迹"[3]。所以，"在资本主义社会和共产主义社会之间，有一个从前者变为后者的革命转变时期"[4]。而这个转变时期被马克思称为"共产主义社会第一阶段"，即社会主义阶段。在确立了共产主义社会将经历两个发展阶段后，对于在这两个阶段实行怎样的分配原则，马克思指出："每一个生产者，在作了各项扣除之后，从社会各方面正好领回他所给予社会的一切。他所给予社会的，就是他个人的劳动量。……

① 马克思恩格斯选集：第 3 卷 [M]. 北京：人民出版社，1972：9.
② 马克思恩格斯选集：第 3 卷 [M]. 北京：人民出版社，1972：9 - 10.
③ 马克思恩格斯选集：第 3 卷 [M]. 北京：人民出版社，1972：10.
④ 马克思恩格斯选集：第 3 卷 [M]. 北京：人民出版社，1972：21.

他以一种形式给予社会的劳动量，又以另一种形式全部领回来。"① "生产者的权利是和他们提供的劳动成比例的；平等就在于以同一的尺度——劳动——来计量。"② 马克思认为社会主义阶段，在它经过长久的阵痛刚刚从资本主义社会里产生出来的形态中，还具有资本主义社会的"痕迹"，具体表现在：生产力发展水平还不高，公有制的公有化程度不高，旧社会的分工、脑力劳动和体力劳动之间的本质差别还存在，劳动仍是谋生的手段。所以，在这期间，个人消费品的分配只能采取等量劳动领取等量产品的原则，也就是说，共产主义初级阶段的分配只能实行按劳分配的原则，这样的原则在这样的历史时期才是最公平的分配原则，这是因为生产者获得平等分配的权利"永远不能超出社会的经济结构以及由经济结构所制约的社会的文化发展"。但是，在共产主义社会的高级阶段，旧社会的痕迹将被消除，按劳分配将随着社会生产力的发展而日益获得更广阔的物质基础，它终将被"各尽所能，各取所需"的按需分配原则所取代。

（3）在《哥达纲领批判》中，马克思通过批判拉萨尔把所谓的分配看作事物的本质和重点的观点，提出了生产条件的占有方式与分配方式具有密不可分的联系。马克思认为，对生产条件的占有，是参与分配的前提和依据，不占有生产条件者，无权参与任何形式的分配。"消费资料的任何一种分配，都不过是生产条件本身分配的结果。而生产条件的分配，则表现生产方式本身的性质。例如，资本主义生产方式的基础就在于：物质的生产条件以资本和地产的形式掌握在非劳动者的手中，而人民大众则只有人身的生产条件，即劳动力。既然生产的要素是这样分配的，那么自然而然地就要产生消费资料的现在这样的分配。如果物质的生产条件是劳动者自己的集体财产，那么同样要产生一种和现在不同的消费资料的分配"③。资本主义不合理的分配方式是由其不合理的生产方式决定的，要改变这种不合理的分配方式，就要消灭资本主义生产资料的私有制，建立社会主义公有制。消费者的分配是由生产方式的本身性质所决定的。

纵观马克思、恩格斯公平分配理论的产生、发展和形成的三个历史

---

① 马克思恩格斯选集：第 3 卷 [M]. 北京：人民出版社，1972：10 – 11.
② 马克思恩格斯选集：第 3 卷 [M]. 北京：人民出版社，1972：11.
③ 马克思恩格斯选集：第 3 卷 [M]. 北京：人民出版社，2009：13.

阶段，我们可以从中概括出马克思、恩格斯正是在对生产与分配、生产关系与分配关系的相互作用的研究与阐述中，确立了他们的公平分配理论，它是整个分配理论的核心思想。"所谓分配关系，是同生产过程的历史规定的特殊社会形式，以及在人们在他们生活的再生产过程中互相所处的关系相适应的，并且是由这些形式和关系产生的。这种分配关系的历史性质就是生产关系的历史性质，分配关系不过表示生产关系的一个方面。"[①] 紧握这一思想脉络，才是我们研究马克思、恩格斯公平分配理论的基本出发点。

## 2.1.2　马克思、恩格斯公平分配理论的基本观点

1. 不能离开生产来抽象地谈论分配，生产与分配有着密切的内在联系

在《哥达纲领批判》中，马克思在讨论什么是"公平"的分配时，说道："除了上述一切之外，在所谓分配问题上大做文章并把重点放在它上面，那也是根本错误的"[②]。因为生产决定分配，分配的结构完全取决于生产的结构。在谈论任何社会、任何时期的分配关系时，都不能脱离该社会该时期的生产方式。生产与分配的内在联系主要体现在两个方面，一是指生产关系的性质决定分配关系的性质，"消费资料的任何一种分配，都不过是生产条件本身分配的结果；而生产条件的分配，则表现生产方式本身的性质。例如，资本主义生产方式的基础是：生产的物质条件以资本和地产的形式掌握在非劳动者手中，而人民大众所有的只是生产的人身条件，即劳动力。既然生产的要素是这样分配的，那么自然就产生现在这样的消费资料的分配。如果生产的物质条件是劳动者自己的集体财产，那么同样要产生一种和现在不同的消费资料的分配"[③]。二是指社会总产品生产的多少决定着分配方式。

恩格斯说道："在《人民论坛》上也发生了关于未来社会中的产品分配问题的辩论：是按照劳动量分配呢，还是用其他方式。人们对于这个问题，是一反某些关于公平原则的唯心主义空话而处理得非常'唯物主义'的。但奇怪的是谁也没有想到，分配方式本质上毕竟要取决于有

---

① 马克思恩格斯选集：第 2 卷［M］．北京：人民出版社，1995：586．
②③ 马克思恩格斯全集：第 25 卷［M］．北京：人民出版社，2001：20．

多少产品可供分配，而这当然随着生产和社会组织的进步而改变，从而分配方式也应当改变"①。就是说，分配方式归根到底是由生产力的发展水平决定的。根据生产力与生产关系的辩证原理，分配虽然是由生产方式决定的，但分配也能反作用于生产方式，它可以促进和阻碍生产力的发展。

2. 公平分配是一个历史的问题，而且是发展的，不同的生产方式应该有不同的公平分配方式

公平和分配公平是马克思主义理论中的基本的概念和价值观。当年，拉萨尔把公平分配写入《哥达纲领》时，遭到马克思的批判。首先必须肯定，马克思当时对于拉萨尔的批判是完全正确的。当然，在不同的生产方式条件下，分配方式和分配公平的内容是不相同的，这是马克思试图表明的一个重要内容②。在研究公平分配的过程中，马克思与恩格斯在最初还没有把公平分配看成一个历史问题，而是抽象地在讨论。随着马克思、恩格斯公平分配思想的成熟，他们指出了公平的分配是随生产力和与其相适应的生产关系的变化而变化的，即公平是一个历史的范畴。恩格斯曾指出："希腊人和罗马人的公平观认为奴隶制度是公平的；1789 年资产阶级的公平观则要求废除被宣布为不公平的封建制度……关于永恒公平的观点不仅因时因地而变，甚至也因人而异。"③因此，我们应该把公平正义放在一定的历史条件和历史环境中来讨论。恩格斯说："如果群众的道德意识宣布某一经济事实，如当年的奴隶制或徭役制，是不公正的，这就证明这一经济事实本身已经过时，其他经济事实已经出现，因而原来的事实已经变得不能忍受和不能维持了。"④既然分配的性质是由生产关系决定的，那么当一定社会的生产力和生产关系，经济基础和上层建筑发生矛盾时，就会产生适应生产力发展的新的生产关系，新的经济基础和上层建筑，当然也就会产生新的公平的分配方式。因此，公平具有历史性，而且是发展的，不存在适用于一切社会形态的永恒的公平分配方式。

3. 社会主义阶段的公平分配是形式上的公平，事实上的不公平

按劳分配理论的主要理论依据是马克思在《哥达纲领批判》中表

---

① 马克思恩格斯文集：第 10 卷 [M]. 北京：人民出版社，2009：586.
② 李惠斌. 如何理解公平正义 [J]. 红旗文稿，2007（2）：11 - 12.
③ 马克思恩格斯全集：第 18 卷 [M]. 北京：人民出版社，1964：310.
④ 马克思恩格斯全集：第 21 卷 [M]. 北京：人民出版社，1965：209.

述的分配思想。马克思在这里同时指出，按劳分配的原则在这里"仍然是资产阶级权利"。马克思和恩格斯在《哥达纲领批判》中指出，在实行按劳分配的社会主义阶段，因为每个人除了自身的劳动，不能为社会提供其他任何别的东西，所以公平的分配便是以劳动为尺度进行个人消费品的分配，即等量劳动领取等量产品，但是这一尺度本身的无法衡量性，即每个人的智力和体力是有差别的，能提供的劳动的数量和质量不同，造成了分配事实上的不公平。同时，因为每个人所要赡养的家庭人口的数量不同，即使付出相同数量和质量的劳动，所得到的报酬在实际人均生活水平中也有所不同。即按劳分配的一个必然结果是会出现收入有差别的问题。有的人劳动能力强一些，对社会的贡献就会多一些，从而得到的消费资料就会多一些；另外，供养人口少的劳动者也会更富裕一些。

另外，在市场经济的条件下，一旦一部分劳动者把多余的消费资料转化为生产资料，这就会出现马克思讲的劳动者利用生产资料为他们自己的劳动增值的问题，也就会出现财产性收入[①]，这部分人就会更富裕些。那么，这种不公平是由于还是共产主义社会第一阶段，由社会主义阶段生产力发展水平决定的，在这里"仍然是资产阶级权利"，仍然存在着不平等的权利，存在着脑力劳动与体力劳动的差别，劳动还只是一种谋生的手段，而不是人生活的第一需要[②]。"权利决不能超出社会的经济结构以及由经济结构制约的社会的文化发展。"[③] 也就是说，尽管这里存在着不平等，但是，这种按劳分配的原则，正是作为共产主义初级阶段的社会主义的分配原则。这是它的特征，是它区别于马克思讲的"共产主义高级阶段"的和"决不能超出"的特征[④]。

4. 公平的分配是有所扣除下的分配

马克思在《哥达纲领批判》一文中强调了在财富的分配问题上要实现真正的公平，而这种公平的实现需要在进行个人消费品分配之前作六项扣除，即用来补偿消耗掉的生产资料的部分；用来扩大生产的追加

①　李惠斌. 一种马克思主义的分配正义理论是否可能 [J]. 中共中央党校学报, 2010 (12): 37–41.

②④　李惠斌, 周凡, 朱昔群. 马克思主义经典著作基本观点研究 60 年中的主题转换 (下) [J]. 理论视野, 2010 (4): 10–14.

③　马克思恩格斯全集: 第 25 卷 [M]. 北京: 人民出版社, 2001: 19.

部分；用来应付不幸事故、自然灾害等的后备基金或保险基金。另外还须扣除同生产没有直接关系的一般管理费用；用来满足公益事业共同需要的部分，如学校、保健设施等；为丧失劳动能力的人等设立的基金，总之，就是现在属于所谓官办济贫事业的部分①。马克思认为，一方面在作了这些必要的扣除以后，劳动者从社会领回的，正好就是他提供给社会的劳动量；另一方面所做的这些必要扣除，就是官办济贫事业的部分，就是为了保证社会不同层次的人群能够共同分享社会财富，在社会财富的二次分配上实现公平，这样的分配才是公平的分配。马克思在这里主要说明了在社会再生产的过程中，劳动者的劳动一方面为自己的养老、疾病和各种福利性质的享受作好物质准备，另一方面也为社会上丧失劳动能力的人作好物质准备，从而为社会再生产过程中劳动力的再生产创造条件。任保平（1999）认为，马克思这一论述从社会产品分配的高度概括了社会保障制度的性质和内容，提出了广义的社会保障学说，明确了建立社会保障基金的必要性及其基金来源，成为社会保障实践的重要理论依据。

## 2.2 马克思主义公平分配理论对税收调节的指导作用

### 2.2.1 按劳分配和按需分配的实现需要税收调节

马克思把未来社会划分为两个阶段，即"共产主义社会第一阶段"和"共产主义社会高级阶段"，并系统地阐述了他关于未来社会的分配理论。他认为与共产主义社会第一阶段相对应的分配原则是"按劳分配"，而与共产主义社会高级阶段相对应的分配原则是"按需分配"②。而"按劳分配"与"按需分配"都需要在税收调节的作用下才能实现，

① 王格芳. 马克思《哥达纲领批判》对社会发展进程的预见 [J]. 理论学刊，2009（7）：9-12.

② 李惠斌. 一种分配正义理论是否可能 [J]. 学术研究，2010（8）：40-45.

所以这对制定行之有效的税收调节举措有着十分重要的指导作用①。

1. 按劳分配与税收调节

"按劳分配"是初次分配过程中的公平分配问题，其原则和理论依据是马克思的剩余价值理论。李惠斌（1998）认为，所谓按劳分配，就应该是劳动者按照自己向社会提供的劳动量，不但拿到用于保证他最低生活必需条件的工资部分，而且参与分割一定数额的、由他自己创造的剩余价值（利润部分）。这是社会主义的分配方式与资本主义分配方式的根本区别所在②。事实上，马克思所致力坚持的共产主义第一阶段社会的所有制形式不是我们通常所说的简单的生产资料公有制，而是联合起来的劳动者的个人所有制，也有的称其为社会所有制③。恩格斯曾经对这种所有制的特征作过的表述是这样的，即"一方面由社会直接占有，作为维持和扩大生产的资料，另一方面由个人直接占有，作为生活资料和享受资料"④。这是一种"以现代生产资料的本性为基础的产品占有方式"⑤，即社会占有方式⑥。与这种占有方式相对应的是分配方式上的等量劳动要获得等量分配的按劳分配原则。马克思在对于这种分配方式的描述是这样的："每一个劳动者，在作了各项扣除以后，从社会领回的，正好是他给予社会的。他给予社会的，就是他个人的劳动量……他从社会领得一张凭证，证明他提供了多少劳动（扣除他为公共基金而进行的劳动），他根据这张凭证从社会储存中领得一份耗费同等劳动量的消费资料。他以一种形式给予社会的劳动量，又以另一种形式领回来。"⑦

这就是马克思所说的等量劳动获得等量分配的"按劳分配"原则。而这一原则实际上是给税收调节提供了理论依据，即国家以税收的形式从生产者集中的一部分收入，又以提供公共产品和公共服务的形式返还

---

①　曲顺兰，李惠斌. 马克思分配正义语境中的税收调节理论及其现实指导意义 [J]. 北京行政学院学报，2016（4）：75 – 84.

②　李惠斌. 社会主义初级阶段与按劳分配问题 [J]. 马克思主义与现实，1998（1）：13 – 20.

③　李惠斌. 一种马克思主义的分配正义理论是否可能 [J]. 中共中央党校学报，2010（12）：37 – 41.

④⑤　马克思恩格斯全集：第 25 卷 [M]. 北京：人民出版社，2001：409.

⑥　李惠斌. 一种分配正义理论是否可能 [J]. 学术研究，2010（8）：40 – 45.

⑦　马克思恩格斯全集：第 25 卷 [M]. 北京：人民出版社，2001：18.

给生产者，即税收本质上是"取之于民，用之于民"，每个生产者将他的劳动给予社会，即以税收的形式上缴给国家，领回一张缴税凭证，又以这张凭证从社会中得到国家提供的公共产品和公共服务，即他以一种形式给予社会的劳动量，又以另一种形式领回来了。当然，这里提到的通过税收调节的按劳分配，不但应该包含劳动的工资性收入，而且应该包含李惠斌（2010）提出的劳动的财产性收入、知识、技术、管理、风险等生产性要素分配的内容，而且按照累进税政策，在初次分配中，企业主和高知识人群等的收入越高，适用税率越高，上缴国家税款越多，通过税收调节的幅度越大，劳资分配比例将进一步缩小，真正的按劳分配通过税收的调节和相应的社会保障、转移支付等措施必然会导致共同富裕①。

2. 按需分配与税收调节

"按需分配"是马克思所描述的共产主义社会分配方式，是与共产主义社会高级阶段相对应的分配原则，完整的表述应该是"各尽所能各取所需"，也就是说，按需分配是根据人的"需求"进行分配，而不是根据人的"欲望"进行分配，在这时人们都能自觉地、尽其所能地为社会劳动，社会则按每个人的合理需要分配消费品。这里涉及的是收入再分配过程中的公平分配问题，在马克思看来也同样是十分重要的问题。这里是思想家们讲的共产主义的初级形式。在这里税收政策的制定和实施本身是一个非常重要的分配正义问题。

首先，要按需分配，整个社会的生产力就要高度发达。因为生产决定分配，分配方式是由生产力发展水平决定的，分配好坏取决于有多少产品可供分配，也就是说要把蛋糕做大，社会有足够的财富可供人们满足需求。马克思曾指出，在刚刚脱离资本主义，人们的思想还带有旧的思想残余的情况下，在物质仍不充裕的情况下，是不能实行按需分配的。也就是说，马克思设想的共产主义高级阶段的按需分配是建立在一定的经济基础之上，以生产力高度发达、社会产品极大丰富为前提的，这就需要在当下通过税收调节的力量，调整现行生产方式和经济结构，鼓励战略性新兴产业和高附加值企业的发展，通过高科技手段和先进的管理方法为社会多创造财富。

---

① 曲顺兰，李惠斌. 马克思分配正义语境中的税收调节理论及其现实指导意义 [J]. 北京行政学院学报，2016（4）：75-84.

其次，要按需分配，就需要通过税收"劫富"集中一部分收入，用于"济贫"支付像社会保障等方面的支出。在这里，个人与组织之间、个人与个人之间的收入分配差别得到充分调节，劳动能力强的个人和组织也必将通过自己能力的发挥对社会作出更大的贡献。在这里，把集中的更多的税收收入用于解决低收入或无收入者阶层的生存问题和社会保障问题，摆脱贫穷，是社会再分配过程中实现分配正义的基本取向。随着社会财富总量的不断增加，这部分人的基本需求满足程度应该得到不断提高①，到那时，富人和穷人的基本需求同样得到满足。

在当今，各国所实施的形式多样的社会保障制度，尤其是最低生活保障制度，可以说是由资本主义社会产生的未来共产主义社会里的物质生活资料按需分配的最初萌芽。这种最低生活保障制度将会随着生产力水平的提高得到扩大和发展，最终这种保障将扩大到社会中的每一个人，由"摇篮"到"坟墓"，无论他有没有工作，都能无差别地供给一定量的货币，让他在市场上自由选择所需要的产品，以期实现满足社会中每个个人基本的衣食住行，以及教育、失业、医疗、养老的需要，实现无差别的社会保障制度。而社会保障制度实施的资金来源就是依靠税收筹集财政收入的分配职能②。

## 2.2.2 坚持社会公平分配应遵循的原则

马克思主义公平理论的实践要求在社会公平分配中应遵循以下原则。

1. 坚持以人为主体的原则

马克思对于社会公平正义的评判有个基本维度，一是看能否推动生产力不断发展，二是看能否促进人的全面发展，二者要相辅相成、相互促进③。马克思指出："全部人类历史的第一个前提无疑是有生命的个人的存在。"④ 因此，在社会存在中，每一个社会成员都应该具有相应的尊严和最基本的权利。由于生产力水平不高和阶级剥削制度存在等原

---

① 李惠斌. 一种分配正义理论是否可能 [J]. 学术研究，2010（8）：40－45.

② 曲顺兰，李惠斌. 马克思分配正义语境中的税收调节理论及其现实指导意义 [J]. 北京行政学院学报，2016（4）：75－84.

③ 杜琳琳. 马克思主义公平观视角下的共享发展理念探析 [J]. 沈阳师范大学学报（社会科学版），2019（3）：38－43.

④ 马克思恩格斯选集：第 1 卷 [M]. 北京：人民出版社，1995：67.

因，人的尊严和基本权利不可能得到完全保障①。因此，恢复人的基本尊严、摆脱非人的状态，应当是工人阶级的重要任务，"英国工人在他们所处的那种状况下是不会感到幸福的；在这种生活状况下，无论是个人或是整个阶级都不可能像真正的人一样地劳动、生活、感觉和思想。显然，工人阶级应该设法摆脱这种非人的状况，应该争取良好的比较合乎人的身份的状况"②。

2. 坚持生产资料占有和机会平等的原则

要解决分配不公平问题，不能依赖于诉诸道德和法的做法，而必须根据社会生产力发展所能够提供的条件来确定分配的水平及其公平程度，也就是说有了基本的"蛋糕"，才能决定如何切是公平的。马克思在《哥达纲领批判》中讨论关于什么是"公平的分配"这一问题时尖锐地批判了"分配决定论"，他指出："消费资料的任何一种分配，都不过是生产条件本身分配的结果；而生产条件的分配，则表现生产方式本身的性质。"③ 马克思将公民个人对社会生产资料的占有和机会的平等放在社会发展中的核心地位。他认为："一切人，或至少是一个国家的一切公民，或一个社会的一切成员，都应当有平等的政治地位和社会地位。"④ 平等的实现是一个过程，但马克思认为真正的、充分的自由，只有在高级的社会形态中才能实现，"随着社会生产的无政府状态的消失，国家的政治权威也将消失。人终于成为自己的社会结合的主人，从而也就成为自然界的主人，成为自身的主人——自由的人"⑤。

3. 坚持按劳分配的原则

在共产主义社会第一阶段，阶级差别已经不存在，具有平等社会地位的劳动者在进行个人消费资料分配时，只能以"劳动"为同一尺度进行公平的分配。这种分配方式，一方面，劳动者的权利是平等的，尽管这种平等的权利还只是形式上的而不是事实上的平等；另一方面，这

---

① 崔执树. 马克思公平观的发展轨迹及其当代意义 [J]. 科学社会主义，2011（2）：117-120.

② 马克思恩格斯全集：第16卷 [M]. 北京：人民出版社，1964：500.

③ 马克思恩格斯全集：第25卷 [M]. 北京：人民出版社，2001：20.

④ 马克思恩格斯选集：第3卷 [M]. 北京：人民出版社，2021：480.

⑤ 马克思恩格斯全集：第19卷 [M]. 北京：人民出版社，1963：247.

样一种以等量劳动与等量劳动相交换的分配是公平的分配①。这是共产主义社会第一阶段分配"公平"的主要表现形式②。

4. 坚持政府适时调剂的原则

为了消除社会中不公平现象和提升整个社会的发展水准，马克思重视社会的普遍调剂，马克思在《共产主义原理》中也提出了无产阶级将建立的"民主的国家制度"所应采取的一些措施③。如"用累进税、高额遗产税、取消旁系亲属（兄弟、侄甥等）继承权、强制公债等来限制私有制"④；"在国家农场、工厂和作坊中组织劳动或者让无产者就业，这样就会消除工人之间的竞争，并迫使还存在的厂主支付同国家一样高的工资"⑤；"在国有土地上建筑大厦，作为公民公社的公共住宅"⑥。在《共产党宣言》中就资本主义社会向共产主义社会的过渡，也提出了许多具体措施。如，"剥夺地产，把地租用于国家支出"⑦；"征收高额累进税"⑧；"把农业和工业结合起来，促使城乡对立逐步消灭"；"对所有儿童实行公共的和免费的教育"⑨ 等。

## 2.2.3　社会必要扣除理论是税收调节收入分配的理论依据

根据马克思主义公平分配理论，价值创造出来后，要经历至少两次分配过程，一是社会财富按照生产关系分配给生产要素的所有者；二是由政府出面调节社会劳动在不同部门的分配，平衡国民收入的分配。

马克思在其《哥达纲领批判》一文中阐述道，社会总产品在分配之前应作以下三项扣除："第一，用来补偿消耗掉的生产资料部分。第二，用来扩大生产的追加部分。第三，用来应付不幸事故、自然灾害等的后备基金或保险基金。"⑩ 剩余的社会总产品是作为消费资料的，但

---

① 崔执树. 马克思公平观的发展轨迹及其当代意义 [J]. 科学社会主义，2011（2）：117-120.

② 梁丽萍. 我们应当重视对马克思主义公平观的研究——访中共中央党校副校长李君如 [J]. 中国党政干部论坛，2007（1）：5-8.

③ 李启英. 以马克思恩格斯公平理论为指导解决社会和谐中的矛盾 [J]. 当代经济研究，2007（10）：12-16.

④⑤⑥　马克思恩格斯选集：第1卷 [M]. 北京：人民出版社，1995：240.

⑦⑧　马克思恩格斯选集：第1卷 [M]. 北京：人民出版社，2012：421.

⑨　马克思恩格斯选集：第1卷 [M]. 北京：人民出版社，2012：422.

⑩　马克思恩格斯选集：第3卷 [M]. 北京：人民出版社，2012：361-362.

在进行个人消费品分配之前还必须作如下扣除："第一，同生产没有直接关系的一般管理费用。……第二，用来满足公共需要的部分，如学校、保健设施等。……第三，为丧失劳动能力的人等等设立的基金，总之，就是现在属于所谓官办济贫事业的部分。"① 依据马克思的这一理论，在国民收入的初次分配当中要进行必要的扣除，用来应付发生不幸事故、自然灾害等突发事件的后备基金和保险基金，以满足社会生产的正常进行。而在再分配的过程中还要进行以下扣除，即"用来满足公共需要的部分，如学校、保健设施等"；"为丧失劳动能力的人设立基金"等②。以满足社会稳定的需要。也就是说，在国家存在而且要发展的情况下，对社会总产品必须作各项必要的扣除，这是对国民收入的分配。这几项扣除都是在分配过程中由政府进行的，即通过税收形式进行必要的调节，以满足社会稳定的需要。马克思的这一论述从社会产品分配的高度概括了政府与税收在社会产品分配中的重要性，成为税收介入收入分配的重要理论依据③。

接着马克思又指出："虽然从一个处于私人地位的生产者身上扣除的一切，又会直接或间接地用来为处于社会成员地位的这个生产者谋利益。"④在此，马克思是结合按劳分配来说明这个问题的，由于个人禀赋的不同，马克思看到了这种按劳分配事实上的不平等，为了弥补这一不平等而出现的贫困差距，就必须从消费资料中进行一些必要的扣除，然后再通过财政转移支付和社会保障的形式，来满足社会成员的基本公共福利，同时，也给丧失劳动能力的贫困者提供相应的援助和社会救济⑤。以上论述可以从以下几方面理解⑥。

（1）一定扣除和保障的实质是国民收入的分配与再分配。马克思公平分配理论通过社会总产品的六项扣除，实际上是论证了国民收入的初次分配和再分配过程。马克思论述的社会总产品中的第一次扣除就是

①④　马克思恩格斯选集：第 3 卷［M］. 北京：人民出版社，2012：362.

②　余志成. 社会保障税的理论基础［M］//邓大松，李珍主编. 社会保障问题研究（2005）——养老基金管理与生活质量国际论坛论文集. 北京：中国劳动社会保障出版社，2006：128 – 135.

③⑥　曲顺兰，李惠斌. 马克思分配正义语境中的税收调节理论及其现实指导意义［J］. 北京行政学院学报，2016（4）：75 – 84.

⑤　任保平. 马克思主义的社会保障经济理论及其现实性［J］. 当代经济研究，1999（4）：34 – 38.

当今社会理解的国民收入初次分配，而第二次扣除则主要涉及了社会成员共同需要和享受的养老、国民教育、卫生保健和公共福利以及属于丧失劳动能力的人的社会救济金等，这些同属于国民收入的再分配。

（2）一定的扣除和保障可以缓解社会分配不公。根据马克思公平分配的思想，为了实现国民收入的合理分配，国家政府应当参与分配，通过集中一部分收入和社会保障资金，缓解社会分配的不公正状态，从社会道德和人类文明所要求的公正目标出发，为一部分特殊的社会成员提供基本物质生活需要，以求得国民收入分配的公平性。

（3）一定的扣除和保障的责任主体是国家和政府。也就是说国家和政府是扣除与保障、分配的责任主体。国家和政府可通过税收和社会保障、转移支付等形式来进行。从马克思主义经典论述中可以看出，一定的扣除和保障、分配必须通过国家政府的权威性以及立法的形式来实施，才能保证其统一性、平等性和有效性，并通过立法的形式付诸实施。这是国家义不容辞的责任，任何个人或团体都难以而且无法替代，而税收是唯一通过法的形式来筹集财政收入的渠道。

（4）把社会公平作为进行扣除和保障的目标。马克思公平分配理论在论述"扣除"理论时，主要是结合按劳分配理论说明的，在论述按劳分配时，马克思看到了按劳分配事实上的不平等（也就是初次分配的不平等），为了弥补这种事实上的不平等和贫困差距，从而实现社会公平，他主张从消费资料中进行一些扣除，并通过转移支付和社会保障的形式给需要帮助的低收入者。

## 2.3　马克思主义税收思想及其现实意义

马克思主义有关税收及其公平调节的论述很多，包括税收的本质、作用、税收与国家的关系、税负转嫁、收入分配与税收公平调节等，其中绝大部分是他们在论述其哲学、经济学以及科学社会主义理论观点和进行政治斗争及批判资本主义制度过程中提出的，主要包括以下几方面。

### 2.3.1　关于公平与税收调节

马克思认为"公平"是以"劳动"为依据的，符合这一尺度是公平的。马克思指出"生产者的权利是同他们提供的劳动成比例的，平等在于以同一尺度——劳动——来计算"①。马克思的公平观首先是劳动权利的公平，每个劳动者都拥有参加劳动的公平权利。同时"每一个生产者，在作了各项扣除以后，从社会领回的，正好是他给予社会的。他给予社会的，就是他个人的劳动量"②。劳动者不可能拿到自己的全部劳动所得，必须有一部分在个人分配之前进行必要扣除，扣除的部分恰恰既不是为了积累，也不是为了消费，而是用于补偿和分摊社会劳动者和无劳动能力及其贫困者的意外风险，体现收入的分隔与转移，缓减或消除社会不平等，维护和实现社会公平。马克思认为，无论在不同社会阶段上分配方式如何不同，总是可以像在生产中那样提出一些共同的规定来，可以把一切历史差别混合和融化在一般人类规律之中。例如，奴隶、农奴、雇佣工人都得到一定量的食物，使他们能够作为奴隶、农奴和雇佣工人来生存。靠贡赋生活的征服者，靠税收生活的官吏，靠地租生活的土地所有者，靠施舍生活的僧侣，或者靠什一税生活的教士，都得到一份社会产品，而决定一份产品的规律不同于决定奴隶等等的那一份产品的规律③。

税收是国家提供社会生产过程一般条件的扣除方式。马克思认为，税收的存在不仅是维护国家公共权力、提供公共产品和公共服务的需要，而且是国家为社会提供生产过程一般条件的需要。"这是个人在维持其生存所必需的直接劳动之外一定要完成的剩余劳动。"④ 而这种"处于直接生产过程之外的生产过程的这些条件"⑤，是不能提供价值的，"不构成国家财富的源泉，也就是说，补偿不了它自己的生产费用"⑥，因此，为了维持这种社会生产的正常运行，就需要国家采取强制性、无偿性的这种税收手段，把社会生产过程中的一部分剩余产品或剩余劳动转变成社会生产过程的一般条件⑦。

① 马克思恩格斯选集：第19卷 [M]. 北京：人民出版社，2012：364.
② 马克思恩格斯选集：第3卷 [M]. 北京：人民出版社，2012：363.
③ 马克思恩格斯文集：第8卷 [M]. 北京：人民出版社，2009：11.
④ 马克思恩格斯全集：第30卷 [M]. 北京：人民出版社，1995：523.
⑤⑥ 马克思恩格斯全集：第30卷 [M]. 北京：人民出版社，1995：522.
⑦ 孙飞. 马克思主义税收思想及其现实意义 [J]. 当代经济研究，2006 (6)：10-13.

## 2.3.2　关于税收含义及其本质

关于税收的含义及本质，马克思主义国家税收学说认为，税收既是一个与人类社会形态相关的历史范畴，又是一个与社会再生产相联系的经济范畴；税收的本质实质上就是指税收作为经济范畴并与国家本质相关联的内在属性及其与社会再生产的内在联系。他们认为，税收是社会再生产过程中的一种分配方式，税收是对剩余产品或剩余价值所进行的分配。一般来说，国家对社会产品分配有两种权力，一种是财产权力，另一种是政治权力。利润、利息、地租等剩余价值或剩余产品的分配都是依据财产权力进行的，而税收这种分配方式，则是凭借的国家政治权力（或是公共权力），即国家政权的力量，是与国家所有制联系在一起的。马克思指出："税收的来源是国民的劳动"[①]。税收是"从一个处于私人地位的生产者身上扣除的一切，又会直接或间接地用来为处于社会成员地位的这个生产者谋福利"[②]。根据这一理论，税收作为分配范畴与国家密不可分，马克思认为"赋税是政府机器的经济的基础，而不是其他任何东西的经济的基础"[③]"国家存在的经济体现就是捐税"[④]。恩格斯也指出："为了维持这种公共权力，就需要公民缴纳费用——捐税。"[⑤] 在资本主义社会，捐税是剩余价值分配的一种形式。"正是资本家与工人间的这种交易创造出随后以地租、商业利润、资本利息、捐税等等形式在各类资本家及其奴仆之间进行分配的全部剩余价值。"[⑥]"官吏和僧侣、士兵和舞蹈女演员、教师和警察、希腊式的博物馆和哥德式的尖塔、王室费用和官阶表这一切童话般的存物于胚胎时期就已安睡在一个共同的种子——捐税之中了。"[⑦]

按照马克思和恩格斯的观点，税收与国家有着密切的联系，是国家凭借政治权力对社会产品进行再分配的形式，是依率计征提取归国家支

---

① 马克思恩格斯全集：第 5 卷 [M]. 北京：人民出版社，1958：511.
② 马克思恩格斯选集：第 3 卷 [M]. 北京：人民出版社，2012：362.
③ 马克思恩格斯文集：第 3 卷 [M]. 北京：人民出版社，2009：446.
④ 马克思恩格斯选集：第 1 卷 [M]. 北京：人民出版社，1972：181.
⑤ 马克思恩格斯选集：第 4 卷 [M]. 北京：人民出版社，1972：167.
⑥ 马克思恩格斯选集：第 2 卷 [M]. 北京：人民出版社，1972：481.
⑦ 马克思恩格斯全集：第 4 卷 [M]. 北京：人民出版社，1958：342.

配的那部分"剩余价值",属于社会的公共的"生产费用"。国家征税的目的是实现公共职能的需要,参与国民收入分配的一种特定分配方式,税收在经济上体现着国家的存在,是公民为文明社会付出的代价,也体现了税收对于国家经济生活和社会文明的重要作用。税收与利润、利息、地租等分配形式是有根本区别的。

### 2.3.3 关于税收负担与税负转嫁

马克思和恩格斯认为,应当实行一种只考虑每个人的纳税能力和全社会的真正福利的分配办法,即一方面将税收按纳税能力大小进行分摊,纳税能力大的多分摊,纳税能力小的少分摊点;另一方面把税收用来为全社会谋福利。在资本主义社会,税收负担的分配是极不公平的。恩格斯指出:"为了改变到现在为止一切分担得不公平的赋税,在现在提出的改革计划中就应该建议采取普遍的资本累进税,其税率随资本额的增大而递增。这样,每一个人就按照自己的能力来负担社会的管理费用,这些费用的重担就不会像一切国家中以往的情形那样,主要落在那些最没有力量负担的人们的肩上"[1]。在对税负的水平进行比较时,马克思认为,比较税收负担不能只看名义上的,必须进行实际税收负担的比较,这样才是真实公平的[2]。他指出:"在估计捐税负担时,应该考虑的主要不是它的名义上的数额,而是捐税的征收方法和使用方法。"[3]

在直接税与间接税税收负担问题上,列宁认为,征收日用品的间接税是极不公平的。它把全部重担转嫁到穷人身上,给富人造成特权。人越是穷,他越是要把自己更大一部分收入以间接税形式缴纳给国家。少产和无产的群众占全国人口 9/10,他们消费 9/10 的纳税产品,缴纳 9/10 的间接税。但在全部国民收入中,他们所获的不过 2/10 ~ 3/10[4]。对于税负转嫁,马克思和恩格斯认为直接税与间接税都存在税负转嫁,"商人不仅把间接税的总数,而且把为交纳间接税所预先垫支的资本的

① 马克思恩格斯全集:第 2 卷 [M]. 北京:人民出版社,1957:615.
② 孙飞. 马克思主义税收思想及其现实意义 [J]. 当代经济研究,2006 (6):10 - 13.
③ 马克思恩格斯全集:第 12 卷 [M]. 北京:人民出版社,1962:551.
④ 列宁全集:第 5 卷 [M]. 北京:人民出版社,1959:303.

利息和利润也加在这些价格上来了"①。这样就将间接税转嫁给商品购买者。"至于那种认为所得税似乎不触及工人的说法，显然是无稽之谈：在我们目前的这种企业主和雇佣工人的社会制度下，资产阶级在碰到加税的时候，总是用降低工人工资或提高价格的办法来求得补偿的。"②资本主义社会，"一切税收都是由生产者用货币支付的"③。税收负担的绝大部分总是落在或最终转嫁到劳动人民的身上。

## 2.3.4　关于调节高收入和税收应体现量能负担

　　马克思在《共产党宣言》中论述无产阶级专政时期的国家政策时主张用"征收高额累进税"④的办法来限制和消灭资产阶级，以实现社会公平，认为要通过征收高额累进税来调节不同消费者之间的收入水平。恩格斯主张用累进税、高额遗产税、取消旁系亲属（兄弟、侄甥等）继承权、强制公债等来限制私有制⑤。列宁说明由依靠无产者群众的无产阶级政府来代替资产阶级政府的必要性，说明像采取剥夺银行和大企业、取消一切间接税、按照革命的高税率对大宗收入征收单一的直接税等这样一些措施的迫切性⑥。马克思在指出劳动者在体力上和智力上的差异的同时，还指出了劳动者家庭情况的差异。"一个劳动者已经结婚，另一个则没有；一个劳动者的子女较多，另一个的子女较少，如此等等。因此，在劳动成果相同、从而由社会消费品中分得的份额相同的条件下，某一个人事实上所得到的比另一个人多些，也就比另一个人富些，如此等等。要避免所有这些弊病，权利就不应当是平等的，而应当是不平等的。"⑦

　　以上只是马克思主义税收思想的一部分，其最主要的观点是税收是社会再生产中的一种分配形式，而这种分配形式是要通过国家公共权力来进行；要想维持国家公共权力就需要税收，税收可以在收入分配中发

① 马克思恩格斯全集：第 16 卷 [M]. 北京：人民出版社，1964：221 - 222.
② 马克思恩格斯全集：第 9 卷 [M]. 北京：人民出版社，1961：73 - 74.
③ 马克思恩格斯全集：第 26 卷 [M]. 第 1 册. 北京：人民出版社，1972：329.
④ 马克思恩格斯选集：第 1 卷 [M]. 北京：人民出版社，1972：272.
⑤ 马克思恩格斯选集：第 1 卷 [M]. 北京：人民出版社，1995：240.
⑥ 列宁全集：第 28 卷 [M]. 北京：人民出版社，1990：218.
⑦ 马克思恩格斯全集：第 25 卷 [M]. 北京：人民出版社，2001：19.

挥应有的作用，但税收征收应体现公平，应采取量能负担的原则等。通过这些观点我们可以看出，马克思主义经典作家支持通过税收、社会保障等手段来调节初次分配出现的不公平，同时，税收是政府机器的经济基础，为了维持这种公共权利，就需要公民缴纳税金，且税收的征收应体现公平，应量能负担，收入多者多缴税，还应考虑家庭人口的多少，相比利润、公债等形式，税收在调节收入分配上具有不可替代的作用，而其中，直接税比间接税对高收入者的调节作用更大等。这为我们通过税收调节收入分配及其税收政策的合理制定提供了理论依据。

# 第3章 马克思主义公平理论下税收调节居民收入分配的理论依据作用机理及政策目标

本章按照马克思主义公平理论，重新探究税收介入居民收入分配的理论依据，作用机理和约束条件，设计税收调节政策目标。本章分别从市场失灵和收入分配外部性、国家职能与税收职能、税收本质属性等方面为税收介入居民收入分配寻求理论依据和进行准确定位，对税收调节居民收入分配公平的作用机理和约束条件进行分析，并以公平为核心，设计税收调节政策目标。

## 3.1 税收是调节居民收入分配最有力的工具

税收对居民收入分配的调节作用是税收本身所具有的内在职能，这一职能在西方理论界的共识已源远流长、根深蒂固。包括庇古的收入强制转移理论，凯恩斯的税收调控收入分配理论，布坎南的收入分配矫正理论，萨缪尔森的税收与转移支付理论，哈耶克的累进税制和比例税制协调运用理论，新剑桥学派的累进所得税制，弗里德曼的负所得税理论，罗尔斯的税收"劫富济贫"理论，米尔利斯的倒 U 形优化所得税税率模式等。

西方经济理论认为，收入分配不公是市场失灵的一个重要方面，依靠市场机制本身已无法解决，作为社会政策目标之一，政府应承担起调节居民收入分配的责任。税收作为政府调节居民收入分配的重要工具，能够在市场经济体制比较完善的情况下，通过税制本身税种的设定、税基的选择以及税率的高低等的实施，不仅可以对高收入者课以高税，还可以将通过税收组织收入的功能筹集到的资金，通过预算安排和转移支付，用于社会保障和对贫困者受益的支出上，明显地改善居民收入分配状况，并已成为各国政府调节居民收入分配差距的重要手段。这是市场经济有效运行的客观要求和政府履行经济职能的需要，也是由税收调节居民收入分配的职能所决定的。霍布士（1985）认为，国家要积极干预经济，通过运用税收工具消除财富分配的不均，通过合理的财富分配使社会效用达到最大化，以实现"最大社会福利"。

高培勇（2006）认为，就调节收入分配差距的功能来说，在政府所能掌控的几乎所有的经济调节手段中，没有任何别的什么手段能够同税收相媲美。唯有税收，才是最得心应手、最行之有效，并且最适宜于市场经济环境的调节贫富差距的手段。徐滇庆（2011）认为，分配层次是最重要的，中国解决贫富差距重点在税制改革；调整贫富差距最重要的环节就是分配环节，主要就是税收制度的设计；在一系列的公共财政政策中，最重要的就是税制问题，这是达成公平的关键。发达国家税收调节收入分配公平的实践经验也表明，税收在调节居民收入分配公平中，起到了其他政策不可替代的作用。

### 3.1.1　市场失灵及收入分配外部性要求税收发挥调节作用

在市场经济中，收入分配调节机制主要有市场调节、政府调节和社会调节三个层次，其中，在收入分配中起基础作用的是市场调节机制。一般认为，在比较完善的市场经济条件下，市场将按照机会均等的原则，对每个人提供的生产要素按照贡献大小参与分配。只要市场公平竞争，机会均等，这种按市场要素进行的收入分配就是公平的。政府对收入分配的调节主要是两个方面：一是通过法律、行政等手段打击灰色收入、隐性收入和非法收入，以保障市场机制的正常运行；二是对初次分配的结果进行再分配，主要是利用税收、转移支付、社会救助等经济手段，筹集财政收入，调节过高收入，并向低收入者或无收入来源的人提供最低生活保障，以促进社会分配公平的实现。社会调节主要是指个别群体通过慈善捐赠等自愿形式分配一部分收入，能够弥补市场调节和政府调节的不足，它是市场和政府调节收入分配的有益补充。

在市场经济中，市场竞争能使社会资源配置在一种均衡状态下达到帕累托状态，但市场并不是万能的，由于市场主体过于追逐私利和短期效益，必然导致恶性竞争、垄断、公共物品缺失等"市场失灵"问题，从而阻碍生产要素的流动和社会资源的有效配置，产生两极分化，贫富悬殊，这成为政府干预的理由。安德森提出了一些较为适用的政府角色：提供经济基础，提供各种公共商品和服务，协调与解决团体冲突，维护竞争，保护自然资源，为个人提供获得商品和服务的最低条件，保持经济稳定①。

从收入分配来看，市场按照每个人对生产所作的贡献（包括劳动和资本）大小来分配收入。由于每个个体所拥有的体力、智力、天赋和资本在质和量上会有很大差别，完全按市场规则来分配会造成贫富差距，而且这种差距又会成为收入分配差距进一步扩大的原因。当不公平的收入分配或者说是贫富差距处于一种很大的状态时，富人是否会自愿地无偿转让一部分收入给穷人呢？霍克曼和罗格斯、马格林以及瑟罗等经济学家提出了"帕累托最优所得再分配"的概念②。其中心思想是：个人间的相互依存的效用函数是外部性的一种形式。假定个人的效用不仅取决于其自身的消费，而且还依赖于他人获得的消费或所得。比如，出于善意，如果穷人获得的效用增加了，富人可能觉得也好些，在这种情况下，通过把富人的一部分收入转让给他人，有可能使所有人的福利提高。如果富人来自穷人边际收入增加的收益大于来自其自身边际收入增加的收益，那么，通过把富人的收入转让给穷人，两者的福利都会提高。

如果富人从其收入转让给穷人中获益，这种转让将是自愿的。就像私人的慈善捐赠一样，在此情况下，政府在影响帕累托最优再分配上将无所作为。但是，市场机制并没有使富人和穷人之间的收入转让成为一种自愿性行为。因为，穷人的福利改善属于公共产品性质，穷人的福利改善同时有益于很多富人。由于任何一个富人无须考虑这种正外部效应，或者说，他们只考虑其自身的直接利益，他们就没有动力提供足够的转让数量，这个时候，政府就应有所作为，就要实施强制性再分配措施，即通过征收累进所得税，迫使富人多拿出一部分所得，并以转移支付的方式补贴穷人。瑟罗（1970）提出，收入分配是一种公共产品。

①　欧文. E. 休斯. 公共管理导论［M］. 北京：中国人民大学出版社，2001：118.
②　郝书辰，曲顺兰. 财政学［M］. 北京：经济科学出版社，2007：19 - 20.

如果收入分配是"公平的"，每个人都因生活在一个良好的社会中而得到满足，没有人能被排除在享有这种满足之外。

### 3.1.2 国家职能与税收职能要求税收发挥调节作用

国家职能是指国家在阶级统治和社会管理中的职责和功能。它反映了国家活动的基本方向、根本任务和主要作用。其对内主要是政治职能、经济职能、社会公共管理和服务职能。比如，国防建设、保障国家安全，社会治安，交通、水利等基础设施和城市公共建设，农村和地区协调发展，环境保护和生态建设，教育、科学、文化、卫生等社会事业发展，社会保障和社会福利，政府行政管理，促进经济社会可持续发展等，国家职能的实现靠的是政府，需要通过政府干预来实现。在市场经济中，起基础调节作用的是市场机制，但市场只能提供具有竞争性的私人产品，而不能有效地提供公共产品，也可能缺乏社会公正，导致穷者越穷，富者越富，社会收入差距越来越大，会出现市场失灵状态。在这种情况下，社会经济的有效运行和有序发展客观上需要国家履行其经济职能，即国家通过制定经济发展战略和完善各种制度与政策，通过强制力来实施收入再分配，消除和减缓市场调节的盲目性和消极性，帮助穷人能够过上体面的生活，使经济社会运行稳定和具有可持续性①。布坎南（1988）认为，国家存在的唯一根据是促进社会共同体每个成员的利益，也就是说国家是社会成员个体目标实现的手段。

另外，对于转轨经济时期的国家，由于其市场经济体系各方面还很不成熟，国家的经济职能不仅表现在一国的战略制定和弥补市场失灵方面发挥作用，还突出地表现在新制度供给方面和大力组织、健全市场体系，即国家要利用其特殊的身份和管理优势，通过制定和完善一系列市场经济的规则制度，从法律规范上创造一个有利于市场机制的客观环境，以达到逐步完成变迁的过程。正如著名经济学家托达罗所指出的，与其他国家不同的是，转轨经济的国家不可避免地要比发达的国家承担更大的责任。

---

① 赵桂芝. 中国税收对居民收入分配调控研究［D］. 沈阳：辽宁大学，2006.

　　根据马克思主义税收思想，"赋税是喂养政府的娘奶"①。税收与国家有着密切的联系，税收是为国家实现其职能服务的，或者说，国家职能的实现需要通过税收来完成。国家通过税收来筹集财政收入，并基于公共需要向社会提供公共物品和公共服务。马克思说，税收是国家存在的经济体现。税收制度深刻影响经济社会运行、经济社会治理和经济社会发展，是现代国家发挥职能作用的经济支柱②。英国经济学家哥尔柏说过，税收是个技术活儿，国家的正常运转离不开税收，民众福祉的提升也有赖于税收。国家进行收入再分配，其措施主要是税收与转移支付，而转移支付的收入也是通过税收来筹集的。"税收不但可以通过征税直接调节个人收入水平，也是社会救助和福利政策等财政转移支付的资金来源，在政府强制收入再分配中起主导作用。"③

　　理论上，税收具有四种职能，筹集财政收入是其基本职能，另外还有资源配置、宏观调控、调节收入分配三种派生职能。其中，财政收入职能是国家对税收的最基本要求，它体现的是国家和私人部门的关系。财政收入职能表现为国家宏观税负的高低，宏观税负越高，社会再分配越向公共部门倾斜，政府宏观调控能力也就越强；宏观税负越低，社会再分配越向私人部门倾斜，有利于社会效率的提高。如果政府以公平收入分配作为宏观调控的目标，则有利于促进收入分配公平。其他三种税收的派生职能是其作为一种分配手段，所具有的能够反作用于社会经济活动，影响并调整各利益主体的经济利益与经济行为，进而影响并调整整个社会经济运行的职责和功能。税收由最初的财政收入筹集为目的逐渐成为政府财政调控经济运行和收入分配的手段，既是市场经济发展中国家经济职能所要求的，又是国家经济职能的重要组成部分。作为税收重要职能之一，税收调节收入分配内在于税收分配的过程之中，且在国民收入分配各环节由于其调整利益主体不同而体现出不同的作用与目标定位④。刘尚希（2021）认为，要准确把握税收调节功能，坚持收入功能为主，调节功能为辅。税收对分配、行为的调节作用不能独立存在，

---

①　马克思恩格斯全集：第 7 卷 [M]. 北京：人民出版社，1959：94.

②　刘尚希. "十四五"税制改革的整体思考 [N]. 中国财经报，2021 – 06 – 01（008）.

③　邓远军. 中国所得课税管理研究 [M]. 北京：中国财政经济出版社，2006：171.

④　燕洪国. 论税收调节收入分配的作用空间与局限性 [J]. 涉外税务，2010（6）：22 – 27.

应蕴含于税收的收入功能之中，其调节功能大小，取决于收入功能强弱。撇开收入功能，只强调强化税收调节功能，实际上是缘木求鱼。赵人伟（2011）认为，税收和转移支付是缩小收入差距，使再分配真正成为"抽肥补瘦"的社会政策的有力工具。

### 3.1.3 税收的本质属性决定了其具有调节作用

税收是国家为维系其自身运转需要，基于其公共权力对于人民财产和收益实施的强制征收，通过再分配，参与到社会再生产的各个环节，其目的是为国家提供满足全体成员对公共产品和公共服务的需要，即增进私人福利，税收的本质是"取之于民，用之于民"。由于税收在经济、社会活动的各个方面有着广泛、必然、内在的相互关联，税收不仅是获得财政收入的重要途径，而且在它介入 GDP 分配并为国家取得财政收入的过程中，事实上也改变着 GDP 原有的分配格局以及原有的国民财富分配格局，是连接初次分配和再分配的重要渠道，成为国家影响社会经济活动和调节居民之间贫富差距的重要手段[①]。古典学派代表瓦格纳在《财政学》一书中写道："从社会政策的意义上看，税收是在满足财政需要的同时，或者说不论财政有无需要，为纠正国民所得的分配和国民财产的分配而课征，以调整个人所得和财产。因此税收不能被单纯地从国民经济年产物中的扣除部分，税收还包括有纠正分配不公的积极目的"[②]。这是税收自身所固有的特性，具有客观必然性，即税收本身的内在属性构成了税收调节的内在依据。

与其他经济手段相比较，税收调节的特点：一是以国家为主体，以法律为后盾，强制性、无偿性、固定性征收。也就是说，税收调节居民收入分配是一种受法律保护的刚性分配机制，通过它能够按照法定的税率来调整收入分配格局，实现国家宏观经济目标。二是税收调节范围广，力度大。通过对税收作一系列的制度安排和政策措施的实施，对居民在各个环节的收入分配和收入使用进行全面的调节，正是因为税收作用的范围广、力度大，所以说，税收在收入分配领域所起的调节作用是

① 赵桂芝. 中国税收对居民收入分配调控研究［D］. 沈阳：辽宁大学，2006.
② 国家税务总局税收科学研究所. 西方税收理论［M］. 北京：中国财政经济出版社，1997：33.

其他调控手段所无法企及的。三是税收调节可以按照国家既定目标来进行。税收制度与税收政策无优劣之分，只是按照国家某一时期特定的经济政策目标来进行。税收立足于公平视角，通过政府制定的税收政策，在税制结构、主体税种和辅助税种选择、税率选取上作出适合本国国情的设计安排，改变居民的可支配收入，影响其对行为做出的各种选择，公平地调节全社会的各种分配关系，理所当然是调节收入分配最好的工具。所以，税收本质属性决定了其既可以在征收过程中通过税基的选择和累进税率的设计调节收入分配差距，也可以为财政转移支付提供稳定的收入来源，进而间接促进低收入者增收机制的建立。

## 3.2 税收调节居民收入分配的作用机理和约束条件

### 3.2.1 税收调节居民收入分配的作用机理

税收是调节居民收入分配的重要手段，税收的调节作用在国民收入初次分配、再分配和第三次分配中均能体现出来。一般来说，税收调节作用的发挥主要是在国民收入分配过程中，通过一个完整的税制体系对个人收入的来源、分配、使用、财富积累与转让等财富的流量和存量进行直接和间接调节来实施的。这个税制体系包括两个方面：一是从收入的来源、分配等环节等进行直接调节，从而减少个人的可支配收入，主要是所得税与财产税；二是从个人可支配收入的使用方面进行间接调节，减少货币的实际购买力来实现对收入分配的调节作用，主要是流转税，尤其是对某些特殊消费品或消费行为征收的消费税，在这方面发挥的调节作用相对较大（见图 3－1）。从整个国民经济运行全过程来看，税收对居民收入分配的调节可以渗透到国民收入分配的三次环节（见表 3－1），因而，税收成为各个国家和地区调节居民收入分配范围最广、渗透能力最强、最有效的政策工具之一。

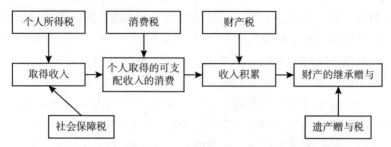

**图 3 - 1 税收调节居民收入分配作用机理：个人收入取得和支配环节**

资料来源：曲顺兰. 税收调节收入分配：基本判断及优化策略 [J]. 马克思主义与现实，2011（1）：195 - 199.

**表 3 - 1 税收调节居民收入分配作用机理：国民收入分配的三个环节**

| 税种 | 征税对象 | 税率 | 征税环节 | 性质 | 调节收入分配 | 调节程度 | 调节效果 |
|---|---|---|---|---|---|---|---|
| 商品税 | 商品或劳务买卖流转额 | 比例税率 | 初次分配 | 调节收入有累退性易转嫁价内税 | 不直接影响收入分配，对消费能力的影响低收入家庭大于高收入家庭 | 低收入者缴税占其收入比重高于高收入者 | 间接调节，调节作用不大，易扭曲价格信息 |
| 所得税 | 企业或个人取得的收入 | 比例税率累进税率 | 再分配 | 调节收入累进性不易转嫁 | 直接改变收入分配格局，影响要素收入和居民收入分配 | 对高收入者调节力度大 | 调节收入分配作用明显 |
| 财产税 | 纳税人财产（重点是高收入阶层） | 比例税率累进税率 | 初次分配再分配 | 调节收入累进性，不易转嫁 | 直接改变收入分配格局，影响要素收入分配和居民收入分配 | 对高收入者财产多的调节力度大 | 缩小居民收入分配差距效果明显 |

资料来源：钟平. 加强税收对收入分配调节的思考 [J]. 理论导报，2011（10）：15.

1. **税收对国民收入初次分配环节的调节机理**

传统理论认为，初次分配中市场调节是主导，起基础性作用，但事实上，初次分配同样存在市场失灵，依然需要政府干预。税收杠杆在初次分配中同样是大有可为（安体富，2012）。初次分配属于要素分配，主要发生在生产领域，体现生产效率和劳资关系，因此，用来调节价格和生产要素的税种都包含在初次分配中，包括商品税、资源税、城镇土地使用税等税种。资源税和城镇土地使用税主要是对开采应税资源及拥有土地使用权的单位征收的，虽然会影响到行业收入差距，间接影响居民个人收入，但影响不大。本书主要探讨税收对居民收入分配的调节，因此，后续中资源税和城镇土地使用税不在研究范围内。

在国民收入的初次分配环节，税收的调节作用主要是通过商品税（目前将商品税称"货物和劳务税"）对企业收入发生作用来完成的。商品税属于间接税，其税收负担容易转嫁，商品税也是价内税，征收商品税可以提高征税商品的价格，进而影响居民对商品的消费选择，从个人收入使用方面，减少货币的实际购买力，调节个人可支配的实际收入，从而实现调节居民收入分配的目标。一般商品税由增值税和消费税两个税种构成。

增值税是对货物流转环节增值部分征收的税，是一种中性税收，对收入分配的调节作用是间接的而且是有限的，但如果增值税的征收范围广泛，覆盖到生活必需品，而生活必需品在低收入阶层的消费支出中占的比重大，而收入较高的人负担的税款占其收入的比重反而比收入较低的人要小，就会出现收入调节的累退性[①]。消费税作为调节居民收入分配的重要手段，它可以调节价格、引导消费和在环境保护方面发挥重要作用。具体而言，可以通过对高档消费品、奢侈品、特殊消费品或消费行为等有选择地征税，虽然购买者所负担的税额相对于其收入来说不一定是累进的，但由于其消费群体大多是高收入者，税收实际上是由高收入者负担的，因此，可以间接调节高低收入者的分配差距，从而实现收入分配公平的目的。由于中低收入群体主要以劳动要素收入为主，因此通过间接税中消费税的"加税"与增值税的"减税"相互配合，有助于调节劳动要素收入分配格局，缩小居民收入差距[②]。但如果消费税征税范围中含有较多的生活必需品或一般消费品，则会造成低收入者税收负担加重。

然而，商品税对居民收入分配的调节作用是以一定的理论假设为前提的：一是增值税保持绝对中性，即全国范围内实现普遍征收，且税率要单一；二是消费税的税负要绝对前移，即要由消费者完全承担。显

---

① 郭家华. 基于公平收入分配视角的税收政策选择 [J]. 商业时代，2010（4）：110 – 111.

② 薛钢，明海蓉，付梦媛. 我国税收影响劳动要素收入份额的实证研究 [J]. 税务研究，2021（4）25 – 30.

然，这种理论假设在现实生活中很难完全成立。加之，商品税属于间接税，具有累退性质，对居民收入分配会产生间接影响。因此，商品税对居民收入分配调节作用只能在一定的范围和标准内，不可能成为调节居民收入分配的主体税种，只能在一定程度上起到辅助调节的作用。

2. 税收对国民收入再分配环节的调节机理

税收调节居民收入分配主要集中在收入再分配领域，在再分配中，税收对缩小居民收入分配差距、为政府提供财政转移支付的资金确实起到了重要作用。根据国际经验，在经济合作与发展组织（OECD）国家，再分配机制对于基尼系数的改善平均可达 14 个百分点。故而构建收入分配调节机制和渠道，当由再分配层面的调节机制做起①。

在国民收入的再分配环节，税收的调节作用主要通过所得税和财产税来实现的。这一环节是税收调节居民收入分配的重点，税收的调节收入分配职能主要是在国民收入的再分配环节实现，也是本书的主要研究范围。其中，所得税作为一个传统有效的调节居民收入分配工具是对财富流量的调节，而财产税则是对财富存量的调节，可以防止财富过度集中，缩小财富差距②。所得税和财产税的设计一般应依据量能负担和受益原则，实现社会公平。同时，所得税和财产税都是直接税，其税收负担不易转嫁，税负归宿比较明确，主要采用累进税率，所得多的多缴，所得少的少缴，无所得的不缴，会增加税制的累进性，符合公平原则。所得税包括企业所得税和个人所得税。企业所得税是对企业实现利润征收的，它可以直接减少资本收益，从而缩小企业利润中资本利得收入者和劳动收入者之间的收入差距，通过有差别的所得税税率和税前扣除与税收优惠政策等，可以直接调节不同区域、不同性质企业之间的收入分配，进而达到影响个人收入分配的目的，但对个人收入产生的影响不大。

在国民收入的再分配过程中，税收对收入分配进行调节可分为对个人收入的流量调节和存量调节。

（1）通过个人所得税实现居民个人收入的流量调节。

个人所得税是当今世界大部分国家和地区普遍征收的一种税，对调节居民收入公平分配发挥着独特的作用。它是对个人取得的所得征收的

---

① 高培勇. 以税收改革突围收入分配改革 [J]. 税收征纳，2014（2）：8 – 10.

② 郭家华. 税收对国民收入分配的调控作用分析 [J]. 商业时代，2010（12）：37 – 38.

一种直接税，可以直接调节个人的可支配收入。个人所得税一般采用累进税率的形式，即税率随着个人收入的增加而升高，这种设计可以从根本上体现高收入者多缴税，低收入者少缴税或免税的量能课税原则，能够缩小高收入者和低收入者税后的收入差距，再附之以税前免征额和法定免税项目等政策，从而实现税收对居民收入的流量调节。所以，从理论上讲，个人所得税只要税制设计合理，税率结构得当，征管得力，就能够很好地达到调节居民收入分配公平的目的。

（2）通过对个人直接征收的财产税，实现居民收入的存量调节。

当今社会，财产是个人收入的重要来源和组成部分。财产作为个人存量收入，也是相比流量收入更具隐蔽性，更容易产生贫富差距的部分。财产税是以财产存量为征收基础，对纳税人拥有和支配的财产征收，包括房产税、车船税、遗产税和赠与税等，实现对收入存量的有效调节，达到调节收入分配的目标。其中，遗产税和赠与税由于实行累进税率，并且有必要的扣除额规定，对获得遗产或赠与财产多者多征税，对获得遗产或赠与财产少者少征税者或不征税，其调节收入分配公平的功能更强。

（3）通过社会保障税实现对居民收入分配的存量调节。

社会保障税是当今世界大部分国家和地区开征的一种税（我国是以社会保障费的形式），一般情况下，社会保障税的税基主要是劳动所得，往往采用比例税率的形式，其税负主要由劳动者负担。因此，从税制设计上讲，该税种不会对公平收入分配起到多大的作用[①]。但是，社会保障税是政府实行社会保障制度的主要资金来源，能够为政府筹集到必要的社会保障资金，决定了一个国家和地区的社会保障规模和质量，对调节居民收入分配有着间接的促进作用。

3. 税收对国民收入三次分配的调节机理

第三次分配是通过慈善捐赠等自觉自愿的方式再一次进行的分配，是国民收入前两次分配的有益补充，是现代社会实现收入分配公平的重要一环。这种分配表现在通过多种途径和多种方式的捐助活动，使很多富人的财产被直接或间接地转移到穷人手中，在客观上起到国民收入再分配的作用，实现高收入者的收入向低人者转移。因此，第三次分配是对财政转移支付的有效补充，对于缩小贫富差距具有正效应。第三分

① 燕洪国. 论税收调节收入分配的作用空间与局限性 [J]. 涉外税务，2010（6）：22 - 27.

配在一般情况下是公众自觉自愿的行为，它不仅可以带来经济的影响，而且还会产生较大的社会与政治影响，发挥市场调节和政府调控无法替代的作用①。成思危（2007）认为，所谓第三次分配，就是先富起来的人，在自愿的原则下拿出一部分财产帮助弱势群体改善其生活、教育、医疗、卫生等方面的条件，国家可通过税收手段鼓励企业和个人从事慈善事业。所以，政府可以通过税收制度和优惠政策予以激励与引导，比如，通过企业所得税、个人所得税和财产税的免税政策等，引导高收入的合理流向，缓解收入分配不公的矛盾。

施瓦茨（Schwartz，1968）通过研究证实，税收政策对于慈善捐赠也会产生价格效应和收入效应。与普通商品类似，慈善捐赠也可以视为一种特殊的商品，关于这种特殊的商品，其价格变动的主要影响因素是税收优惠政策。以个人所得税为例，政府给予的税收优惠政策越多，慈善捐赠这种特殊商品的价格就会相应的下降，人们用于慈善捐赠的可支配余额就会越多，从而整个社会慈善组织的资金流入就会越多，税收优惠对慈善捐赠的价格效应和收入效应发挥着与正常商品一样的作用。同时，对于慈善捐赠行为主体而言，税收优惠政策使得纳税人收入增多，从而提高了进行捐赠行为的可能性。总之，他认为税收优惠会对慈善捐赠产生积极的作用。黄桂香和黄华清（2008）认为，税收对捐赠支出进行全额扣减这一政策，对捐赠者的激励效应更大。也就是说，对捐赠进行税收优惠可以鼓励捐赠者进行更多的捐赠。曲顺兰和许可（2017）认为，市场失灵与政府再分配不足为税收激励慈善捐赠提供了理论解释，慈善捐赠的再分配功能和具有的正外部性要求发挥税收调节作用，税收激励慈善捐赠是国家调节收入分配有效手段。税收优惠政策可以对捐赠者和慈善组织予以激励与引导，税收可以为慈善组织、慈善捐赠事业提供可靠的资金来源，税收激励慈善捐赠具有经济效应②。欧美大量富翁都会积极参与慈善，如比尔·盖茨、巴菲特等选择将自己的部分财产捐作公益基金，主要是考虑到税收减免政策，欧美遗产税高的可达50%，很多有巨额财产的人，为了回避财产税，都会主动选择捐

① 谭韵. 论税收对收入分配的内在调节机制 [J]. 贵州财经学院学报，2009（3）：50 - 53.
② 曲顺兰，许可. 慈善捐赠税收激励政策研究 [M]. 北京：经济科学出版社，2017.

赠①。慈善捐赠的税收激励方式主要有税收扣除和税收抵免两种类型。税收扣除是指将捐赠额从捐赠者的应税收入中进行扣除，通过减少计税依据来减少纳税额度的一种税收激励方式。税收抵免是指允许捐赠人以相应捐赠金额或其百分比直接减少其应纳税款的激励方式。不同的税收激励方式对个人捐赠决策的影响是不同的。

4. 税收为"济贫"财政转移支付提供可靠的资金来源

财政转移支付是以各级政府之间所存在的财政能力差异为基础，以实现各地公共服务水平的均等化为主旨，而实行的一种财政资金转移或财政平衡制度。转移支付是政府把以税收形式筹集上来的一部分财政资金转移到社会保障、社会福利和财政补贴等费用的支付上，以缩小区域经济发展差距。财政转移支付可以在一定程度上提高低收入者的可支配收入，但是由于转移支付是一种无偿的支出，因此，充裕的财政资金是转移支付政策有效实施的前提。从收入渠道来看，财政收入主要包括税收收入、公债收入、国有资产收益、政府收费收入及罚没等其他收入。

税收是国家为实现其职能的需要，凭借其公共权利并按照法律的规定和标准，强制地、无偿地、固定地取得财政收入的一种形式。它是现代国家财政收入最重要的收入形式和最主要的收入来源。在各国财政收入中，税收一般占比在80%以上。所以，能够为财政转移支付提供稳定可持续资金来源的唯有税收。国有资产收益是国家凭借资产所有权取得的经营利润、租金、股息（红利）、资产占用费等收入。与税收相比，国有资产收益作为国家的产权收入是有偿的，其本质是一种资本收益，是对国家投入资本的一种回报。随着市场化改革的深入，特别是党的十八届三中全会提出的经济体制改革是全面深化改革的重点，其中的平衡点在于处理好政府和市场的关系，使市场在资源配置中起决定性作用和更好发挥政府作用。市场的决定性作用会越来越大，国有企业会越来越定位于非营利性、非竞争性领域，因此，在财政收入中国有资产收益的总体规模会越来越小；政府收费是国家机关和事业单位在提供公共产品、服务、基金或者批准使用某些国有资源时，向受益者收取的一定费用，包括规费和使用费等，具有对应有偿性。但随着市场与政府关系的重新调整，政府职能的不断转变，行政审批事项会不断减少，这个项

71

---

① 刘元春．三次分配：促进共同富裕［N］．中国纪检监察报，2021 - 08 - 20（004）．

目的收入属于税收范畴的会调整为税收，其他的会逐步规范和减少。公债是国家为了筹措资金而向投资者出具的，承诺在一定时期支付利息和到期还本的债务凭证。公债是具有有偿性的，到期要还本付息，公债的本质可以说是一种延期的税收，公债规模过大很容易造成国家出现财政危机，不宜长期作为财政收入的主要形式。因此，从理论上讲，尽管像公债、政府收费、国有资产收益等一些非税收入可以为政府筹集一定的财政收入，但由于其使用的有偿性和在筹集规模上的有限性，不可能为财政转移支付提供稳定可持续的财源。唯有税收是凭借国家公共权力进行的强制无偿地征收，其课税对象又普遍适用于所有社会成员，只要有适用课税范围的收入都要纳税，而且不需要直接偿还给纳税人，即获得的经济资源也不需要直接偿还给单个社会成员。因此，税收本身的性质决定其既可以在征收过程中通过税基宽窄的选择和累进税率高低的设计调节收入分配差距，也可以为财政转移支付提供稳定的收入来源，进而间接促进低收入者增收机制的建立。

### 3.2.2　税收调节居民收入分配的约束条件

税收在调节居民收入分配公平上能够发挥一定的作用，但税收不是万能的，它只是分配的二次调节，其作用范围受到制约，所以，不能把所有收入再分配的功能都加在税收身上。在当前，进一步减税、调节分配、激励人才等呼声不断，似乎税收万能，"一减就活""一调就好"，这是高估了税收的作用。面对各方诉求，税收调节处于左右为难、进退维谷的境地，很难使社会各方都满意，寻找最大"公约数"越来越难①。别给税收背负道德的"十字架"（方重和梅玉华，2011）。由于一国造成居民收入分配不公的原因是多方面的，比如行业垄断、寻租、违法经营、非法暴利、灰（黑）色收入等不合法收入造成的收入不公是税收无法介入的。加之，由于税收调节作用的不确定性、税制本身和经济社会环境的影响，使税收调节功能的发挥会受到一定的制约，因此，其调节作用又是有限的，公平居民收入分配目标的实现需要税收与行政手段、法律手段及其他经济手段的协调与配合才能实现。

---

①　刘尚希．"十四五"时期提高税收制度适配性的几点思考［J］．税务研究，2021（5）：13 – 16.

1. 税收调节居民收入分配的作用方向具有不确定性

纳税人是指负有纳税义务的单位和个人，包括法人和自然人。一般来说，法人所缴纳的税款最终必然会以各种方式转嫁给居民个人负担，实际上是一种对居民个人的间接征税。因此，无论是对法人征税还是对居民个人课税，一切税收最终都来自居民个人，由个人负担。理论上，在国民收入的初次分配环节，尽管增值税、消费税等商品税和企业所得税可以在一定程度上通过调节消费对居民收入分配产生一定的影响。但是，税负转嫁的方向和数量受到多种因素的制约，从而使税收的最终归宿非常复杂，很难准确判定负税人的负担比例，从而不能充分体现收入分配中的量能负担原则，最终导致税收调节居民收入分配的作用方向存在不确定性。我国目前 70% 以上的税收收入来自间接税，剩下的 25% 左右份额的直接税，其中的 19.5% 又系企业所得税。只有 5.8% 的税收收入，来自个人所得税。也就是说，70% 以上的税收需通过价格渠道转嫁，这意味着我们的税收归宿在整体上是难以把握的。无论增税还是减税，基本上是"一锅煮"或"一勺烩"。不论富人和穷人，要增税，大家一起增。要减税，大家一起减。不论是谁具体多交了税收，通过价格通道的层层转嫁过程，最终买单的，都是全体消费者（高培勇，2014）。

（1）消费者和提供者商品税初始税收归宿分析。

某种商品税征税对象为某些货物和劳务，假定其税率为 t，其初始归宿的形成机理，如图 3-2 所示。其中，D 为该税种征税对象的需求曲线，$S_0$ 表示该征税对象没有征商品税前的供给曲线，$E_0$ 为税前供求均衡点，对应的均衡价格为 $P_0$；$S_1$ 表示征收商品税后的有效供给曲线，由于对供给方征税，根据经济学基本理论，将会减少该商品和劳务的有效供给，征税会使供给曲线向上移动至 $S_1$，与需求曲线相交点形成新的均衡点 $E_1$，对应的价格为 $P_1$。因此，$P_1$ 是消费者由于征税支付的最终价格，$P_2$ 是生产者扣除商品税后所实际得到的价格。因此，征收商品税使生产者和消费者境况都变差了。可以看出，$P_1P_2$ 是税收价格，这部分价格由商品和劳务的提供者和消费者共同负担：$P_1P_0$ 是消费者因课税而负担的价格部分，$P_0P_2$ 是提供者因课税而负担的价格部分。消费者和提供者所负担比例的大小受供给弹性和需求弹性的影响。

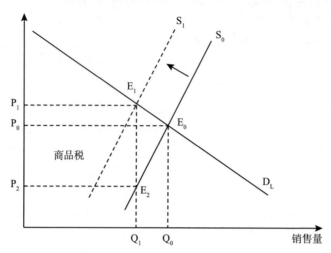

图 3 - 2  商品税初始税收归宿分析

（2）劳动者和投资者商品税初始归宿中企业负担部分分析。

为了便于分析，本书以劳动要素市场为例。假定企业负担商品税部分依据雇员的工资额按一定比例向其雇员转嫁，转嫁比例为 K，其余由企业自身负担。如图 3 - 3 所示，$D_L$ 表示劳动需求曲线，$S_L$ 表示商品税税负转嫁前的劳动供给曲线，对应的劳动供求均衡点为 $E_L$，不含税工资额为 $W_0$；由于商品税税负向劳动供给方转嫁，$S_L$ 曲线向上移动构造出转嫁后有效劳动供给曲线 $S_L'$，此时对应的均衡点 $E_L'$，含税工资额为 $W_1$。因此，雇员由于负担了税收而实际得到不含税工资额 $W_2$。可以看出，$W_1W_2$ 是商品税初始归宿中企业负担部分，这部分负担最终由企业投资者和雇员分担：其中 $W_1W_0$ 是企业投资者最终负担的商品税，$W_0W_2$ 是税负转嫁后最终由雇员负担的商品税，两者比例的大小决定了劳动供给弹性的大小。

同理，公司或企业所得税的税负归宿也可以通过劳动资本替代弹性进行分析，从而确定投资者与雇员税收归宿的负担比例。因此，从税收调节居民收入分配的职能来看，对公司或企业课税的再分配作用同样存在着一定的不确定性。

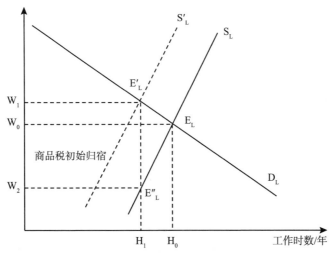

图 3-3　企业最终税负一般均衡分析

### 2. 税制本身的完善程度影响其作用的发挥

从理论和实践来看，税收是各个国家和地区政府调节居民收入分配的重要工具。因为政府既可以通过所得税和财产税的累进税率对高收入者课以高税，对低收入者课以轻税或免税，从而实现调节居民收入分配的职能作用，又能够通过消费税等商品税增加高消费品的价格，使消费奢侈品的富人转移一部分收入。而且，政府通过征税获得税收收入又可以取得必要的财政收入，可以通过财政转移支付的方式增加低收入者的收入，从而改善整个社会的收入分配状况。然而，居民收入分配是一个极其复杂的问题，税收只是政府解决或缓解居民收入分配不公的调节工具之一，其调节作用的发挥还需要通过税收制度和税收政策来实施，因此，税制本身的完善程度和税种设置的合理程度都会影响其作用的发挥。比如，税制结构是实现税收职能作用的首要前提，其最核心问题是主体税种的选择和确立。不同类型的税制结构其调节作用是不同的，以所得税和财产税等直接税为主体的税制结构调节功能更强一些，只有在它处于整个税制的主体税种地位时，才能真正有效地发挥调节作用；而间接税中的增值税是中性税，消费税功能的发挥要看高收入者的消费偏好，有一定的局限性。再比如，完整的再分配税制体系和健全的税制可以相互协调配合，对个人收入从来源、分配，到使用、转让等各个环节进行调节，取得预期效果。而税制的不完整或税制设计不当都会对作用发挥产生制约，所以，税收的调节作用是有限的。

3. 税收调节容易造成经济效率的损失

市场经济是一种有效的资源配置方式，能够实现资源配置的帕累托最优。因此，税收的介入会产生负效应，即所谓的"税收楔子"。亚当·斯密认为，通过市场这只"看不见的手"进行自我调节的经济运行是最佳的，也就是说，通过市场配置资源的效率是最好的，任何税收的开征，都会对良好的经济运行产生不利影响，导致资源配置的扭曲。因此，他主张自由放任政策，在税收上认为政府征税应越少越好。国家征税会减少纳税人经济利益，也会产生税收的超额负担，即征税导致纳税人的福利损失大于政府税收收入，从而形成税外负担，引起效率损失。同时，征税会对纳税人的行为选择产生一定的影响，这些影响往往会是负面的，其容易导致纳税人行为的扭曲。税收调节就是运用税收政策所产生的收入效应和替代效应达到预期的效果。税收政策的实施往往是通过纳税人税收负担水平的界定和调整来进行的，即增税或减税。具体表现为总量调节和结构调节两个方面。也就是说，增税，在总量上具有紧缩效应，在结构上表现为抑制性调节；减税，在总量上具有扩张效应，在结构上则表现为鼓励性调节。从调节收入分配，影响纳税人的切身利益来讲，增税使纳税人税后可支配收入减少，减税则意味着税后可支配收入的相对增加。因此，增税和减税所引起的税收成本的增减，势必直接影响纳税人的投资或消费行为。

4. 税收调节作用的发挥取决于政府宏观政策取向和财税理念

税收职能作用的发挥受制于一国一定时期的宏观政策目标和以此为基础的财税理念①。实际上，税收职能作用的发挥，既有其主观的成分，也有其客观的依据。从主观来说，它总是和一定社会的价值判断紧密联系的。政府应寻求一种机制，以集中社会大多数成员的意志，对社会公众的价值判断进行整合，从而确立税收政策目标，恰当地界定政府税收活动的范围和取向。从客观来看，它也是由一国在不同时期所面临的经济与社会问题和社会矛盾所决定的。在不同的社会及同一社会的不同时期，社会经济运行呈现不同的特点，出现不同的问题和矛盾，税收调节作用和财税理念会在此基础上有所调整。

---

① 曲顺兰，李惠斌. 马克思分配正义语境中的税收调节理论及其现实指导意义 [J]. 北京行政学院学报，2016（1）：75-84.

从长期和发展的观点来看，政府要在效率和公平目标之间作出权衡和取舍，这一取舍的不同会对税收调节居民收入分配产生很大的影响[①]。要实现真正意义上的税收公平，必将导致税收效率的低下；要提高税收效率，必然会影响税收公平的实现，二者之间会产生一个"挤出效应"。一般来说，政府的再分配政策不能使"蛋糕"变小，这就使得在财税理念上和在运用税收调节居民收入分配公平时，不得不考虑到它对经济效率的影响，势必会对税收调节居民收入分配公平产生制约[②]。

5. 税收自身单向调节和税收征管水平的高低影响

调节收入分配差距过大，就是既要降低高收入者的可支配收入，也要相应提高低收入阶层的收入。税收调节的直接效果是减少高收入群体的收入，但不能增加低收入者的收入，特别是对失业者、失去工作能力者、老弱病残者等低收入阶层的低收入，无法成为其直接影响的对象。也就是说，税收的调节作用只能是单向的，只能是"劫富"而不能直接"济贫"，因此其调节作用是有限的。公平收入分配还需要其他财政政策的配合，比如最低工资制度、社会保障、义务教育、社会救济、转移支付等。即通过累进的所得税、财产税及高额的消费税，把高收入者的收入的一部分集中到政府手中，同时通过财政转移支付将这部分收入再分配给那些低收入阶层，才能较理想地发挥税收对公平居民收入分配的作用。另外，税收调节在短期，各项政策从制定到实施，再到结果，具有一定的"时滞性"，也会影响税收调节作用的正常发挥。

税收调节职能的实现是以税收征管为基础的，再好的税收制度也需要通过税收征管来体现，取决于税收征管的质量和水平。所以，税收调节居民收入作用发挥的关键是能否调控到高收入阶层的收入，而税收征管水平的高低可以表明对个人收入，特别是对高收入阶层收入的监控力度的大小，包括个人收入的货币化程度与经济活动的信用化程度。

① 曲顺兰，曲晓彬. 税收调节居民收入分配：理论分析与目标定位 [J]. 经济与管理评论，2014（3）：105 – 112.

② 曲顺兰. 税收调节收入分配：基本判断及优化策略 [J]. 马克思主义与现实，2011（1）：195 – 199.

## 3.3 税收调节居民收入分配的政策目标

税收政策目标是指税收政策主体，即税收政策实施者政府，根据其价值判断通过一定的税收政策手段所要达到的目的，以使社会经济运行达到一种预期的状态。它是税收政策的出发点和归宿，是税收政策中具有决定意义和起核心作用的构成要素，并在政策实践全过程中起导向作用。税收政策作为国家经济政策的重要组成部分，与国家其他宏观经济政策一样，要服务于一定时期宏观经济与社会发展的总体要求，其政策调节目标自然与政府的总体经济目标相一致①。

### 3.3.1 税收调节居民收入分配政策目标应遵循的原则

马克思主义公平理论认为，政府应参与分配，通过集中一部分收入和社会保障，缓解社会分配的不公正，从社会道德和人类文明所要求的公正目标出发，为一部分特殊社会成员提供基本物质生活需要，以求得国民收入分配的公平性。霍军（2002）认为，经济公平与税收中性是税收在国民收入初次分配的基本定位，社会公平与税收调节是税收在国民收入再分配中的基本定位；伦理公平与税收豁免是税收在国民收入第三次分配中的基本定位。但要优化收入分配，更重要的是在初次分配和再分配环节去深化改革，尽管三次分配在客观上也存在着调节收入分配的作用，但只能是补充性的作用②。根据马克思主义公平理论确定税收调节收入分配政策目标应遵循以下原则。

一是要保证社会经济规范有序稳定增长。只有社会经济总量增加了，也就是把经济这块"蛋糕"做大了，才能保证调节收入分配有充足的财力可用。

二是初次分配中要能够充分体现劳动报酬的合理性。有效解决劳动

---

① 曲顺兰，曲晓彬. 税收调节居民收入分配：理论分析与目标定位 [J]. 经济与管理评论，2014（3）：105－112.

② 陆铭. 优化收入分配推动共同富裕，关键仍在初次分配和再分配 [N].21 世纪经济报道，2021－08－20（003）.

者的劳动报酬太低，资本所有者、经营管理者和劳动者之间的收入分配严重不合理状况。

三是再分配要有效解决低收入、弱势群体生存问题，使所有公民能够有尊严地生活。在按劳分配的基础上，充分利用政府税收、社会保障、转移支付等政策调节过高收入，培育中等收入阶层，提高低收入水平，保障弱势群体生活，从而改善整个社会的福利状况。

四是第三次分配要不断提升社会的公平度，激励企业家进行慈善捐赠。

## 3.3.2 税收调节政策目标理论上的观点

税收调节居民收入分配的目标就是实现社会公平，即将收入差距保持在大多数人经济能力和心理能力能够承受的范围之内。从理论上来看，目前税收调节居民收入分配的政策目标有全社会效用最大化、全社会福利最大化以及最低收入者的效用最大化三种观点[①]。

（1）全社会效用的最大化。效用主义者认为，个体效用最大化必然意味着社会效用最大化，只有让个体的效用最大化了，全社会的效用才会最大化。如果存在着收入边际效用递减的情况，那么，某个个体的收入越高，其增加的收入的效用就越低。也就是说，当一个人多购买一辆兰博基尼的效用，低于另一个个体购买一辆五菱 Mini 的时候，财富就没有实现个体效用的最大化，当然总的社会效用也就没能实现最大化，只有高收入者把其收入的一部分转移给低收入者，使低收入者的个体效用越来越接近高收入者，全社会效用才有最大化。为了使全社会效用最大化，税收的作用就是从高收入者群体取得一部分收入，通过转移支付转移给低收入者群体，或者激励高收入者将其支配不了的财富用于投资办教育、增加就业或是公益事业中去，产生高的正效用。当个体效用最大化后，由乘数倍增的社会效用必然也会最大化。

（2）全社会福利的最大化。在福利经济学中，福利最大化就是效用实现的最大值；在功利主义经济学中，福利最大化则意味着符合最大多数的人的利益选择。福利经济学奠基人庇古提出的两个福利基本命

---

① 赵桂芝. 中国税收对居民收入分配调控研究 [D]. 沈阳：辽宁大学，2006.

题：国民收入水平越高，社会福利就越大；国民收入分配越平均，社会福利就越大。据此，社会收入分配公平并不追求收入的完全均等，只要使全社会福利最大化，适当的收入分配差距也是可取的。但是，由于资源的稀缺性、机会的不均等性、信息的不完全性和不确定性等，由市场进行的初次分配结果一般是不公平的，导致一些人占有太多的资源，而另一些人却满足不了基本的生活需求。所以，这样的结果，从市场的角度看是最优的，但从全社会福利的角度看却不是最大的①。庇古认为，社会总福利的大小，不仅取决于国民收入总量的多少，而且取决于国民收入在社会成员之间的分配（王桂胜，2006）。因此，要使全社会福利最大化，就必须由政府干预初次分配结果，由税收和财政转移支付进行调节。

（3）最低收入者效用的最大化。美国经济学家罗尔斯（Lawls，1971）认为，政府要通过税收来调节社会收入分配，即对高收入者征税，并把这种收入转移支付给低收入者，使最低收入人群的效用达到最大化。当然，他主张的对高收入者征税也是有限度的税率，因为像拉弗曲线所提出的，在一定的税率之下，政府的税收会随着税率的升高而增加，一旦税率的增加越过了这一转折点，政府税收将随税率的进一步提高而减少。因为超过纳税人承受的税率，会严重损害高收入者的劳动积极性，从而使税收收入减少。所以，税收政策目标是通过提高高收入者的税收负担，尽量不伤害中间阶层，减轻低收入者税收负担，还要通过负所得税使那些最需要帮助的人得到帮助，使最低收入者效用最大化。

以上三种政策目标，表述了收入分配公平的不同侧面，但三者的税收调节居民收入分配的政策主张是一致的。三种观点都认为，收入的边际效用是递减的，也就是说，某人的收入越高，来自增加的收入的效用或者说是福利就越低。因此，政府利用税收进行收入再分配，将高收入者过高的收入通过一定的收入转移支付给低收入者，就可以使低收入者的效用最大化，增大的效用远远超过高收入者减少的效用，从而可以使整个社会效用最大化或社会福利最大化。

---

① 赵志君. 收入分配与社会福利函数［J］. 数量经济技术经济研究，2011（9）：61-74.

### 3.3.3　我国税收调节政策目标的确定

税收政策是国家为了实现一定历史时期任务，选择确立的税收分配活动的指导思想和原则，它是国家经济政策的重要组成部分。税收政策目标是税收政策的核心内容。它与国家整个社会经济发展的总目标联系在一起，并为实现国家总体经济目标服务。税收政策目标不是一成不变的，在不同的社会经济条件下，税收政策目标是不同的。在我国社会主义市场经济体制下，税收政策目标不是单一的，而是多元化和分层次的。我国目前税收政策的主要目标包括：保障国家财政的需要，促进资源合理配置，促进经济稳定增长和促进收入公平分配，税收政策所要实现的四个目标是相互联系的，且在一定阶段又是相互矛盾的，如何处理，就要看国家在这个阶段最想达到的目标。

改革开放以来，我国经济社会发展的总体目标是经济稳定发展，倡导"效率优先，兼顾公平"的经济发展战略，允许一部分人、一部分地区先富起来，推动解放和发展生产力。因此，与宏观经济政策相一致，税收政策目标强调在促进经济稳定发展的同时，提高经济资源配置效率，兼顾收入分配公平。党的十八大以来，党中央把逐步实现全体人民共同富裕摆在更加重要的位置上，高度重视收入分配改革和缩小收入分配差距，采取有力措施保障和改善民生。在《关于深化收入分配制度改革的若干意见》中，以较大篇幅专门围绕规范收入分配秩序问题作了重要部署，其提出的收入分配制度改革目标是：城乡居民收入实现倍增、收入分配差距逐步缩小、收入分配秩序明显改善、收入分配格局趋于合理。多次强调税收在加快健全再分配调节机制方面的作用，明确将加大税收调节力度，形成有利于结构优化、社会公平的税收制度。

党的十八届三中全会通过了《中共中央关于全面深化改革若干重大问题的决定》（以下简称《决定》）。《决定》提出的全面深化改革的总目标是：完善和发展中国特色社会主义制度，推进国家治理体系和治理能力现代化。必须更加注重改革的系统性、整体性、协同性，加快发展社会主义市场经济、民主政治、先进文化、和谐社会、生态文明，让一切劳动、知识、技术、管理、资本的活力竞相迸发，让一切创造社会财富的源泉充分涌流，让发展成果更多更公平惠及全体人民①。《决定》中又强调，要进一步完善以税收、社会保障、转移支付为主要手段的再分配调节机制，要加大税收的调节力度；要进一步规范收入分配秩序，进一步完善收入分配调控体制机制和政策体系，建立个人收入和财产信息系统，依法保护合法收入，调节高收入者的过高收入，清理规范隐性收入，取缔非法收入，增加低收入群体收入，扩大中等收入群体比重，继续努力缩小区域、城乡、行业之间的收入分配差距，逐步形成"橄榄型"收入分配格局。这清晰地体现出了党的十八大报告提出的"初次分配和再分配都要兼顾效率和公平，再分配更加注重公平"的执政思路。

2020年，中共中央、国务院《关于新时代加快完善社会主义市场经济体制的意见》提出，坚持按劳分配为主体、多种分配方式并存，优化收入分配格局，健全可持续的多层次社会保障体系，让改革发展成果更多更公平惠及全体人民。健全体现效率、促进公平的收入分配制度。坚持多劳多得，着重保护劳动所得，增加劳动者特别是一线劳动者劳动报酬，提高劳动报酬在初次分配中的比重，在经济增长的同时实现居民收入同步增长，在劳动生产率提高的同时实现劳动报酬同步提高。健全劳动、资本、土地、知识、技术、管理、数据等生产要素由市场评价贡献、按贡献决定报酬的机制。健全以税收、社会保障、转移支付等为主要手段的再分配调节机制。党的十九届五中全会通过的《中共中央关于制定国民经济和社会发展第十四个五年规划和二〇三五年远景目标的建议》（以下简称《建设》）明确全面深化改革，建立现代财税金融体制，完善现代税收制度，健全地方税、直接税体系，优化税制结构，适当提高直接税比重，深化税收征管制度改革。《建议》提出了建立现代财税体制的目标要求和主要任务，为当前和今后一个时期深化税收制度改革指明了方向。

2021年8月17日，习近平总书记在中央财经委员会议上强调，要坚持以人民为中心的发展思想，在高质量发展中促进共同富裕②。这就意味着我国进入新发展阶段，全面开启以人为核心的现代化建设，坚持

---

① 中共中央关于全面深化改革若干重大问题的决定［N］. 人民日报，2013 – 11 – 16.

② 习近平. 在高质量发展中促进共同富裕 统筹做好重大金融风险防范化解工作［N］. 人民日报，2021 – 8 – 18（01）.

以人民为中心的发展思想，依靠人的创新驱动实现发展，注重满足人的自由、全面、平等发展需求，坚持在发展中保障和改善民生[①]。党的二十大报告提出，中国式现代化是全体人民共同富裕的现代化。要完善分配制度，规范收入分配秩序，规范财富积累机制。加大税收、社会保障、转移支付等的调节力度。[②] 当前深化收入分配改革的核心目标是在高质量发展中促进共同富裕。中央强调在实现共同富裕这个过程中，要处理好效率和公平的关系，构建初次分配、再分配和三次分配协调配套的基础性制度安排。使收入分配更加均衡、基层保障更加精准，既要分得匀，还要兜得住，不断完善促进共同富裕的顶层设计，力争让所有人都能品尝到蛋糕的美味。所以，要把"提低、扩中、控高"作为调节主线，通过改革现有政策制度，来调整现有收入的居民收入分配格局，将"沙漏形"的社会两极向中间挤压，扩大作为消费主力军的中等收入群体所占比重，缩小两头的最高和最低收入群体的收入分配差距，最终形成"橄榄形"的收入分配格局。持续推进收入分配制度改革，使全社会的努力更多加集中到实现共同富裕这一根本目标上来。从我国改革开放以来经济社会发展目标演进来看，随着经济社会总量的不断提高，我国在分配公平问题上，经历了从"兼顾公平——注重公平——更加注重公平"这样的一个认识发展过程，且决策层有不断强化的趋势，最终达到社会各个方面、各个层次的利益关系都得到妥善协调，劳动、知识、技术、管理、资本等一切力量都充分调动起来，人民内部矛盾和其他社会矛盾得到正确处理，社会公平和正义得到切实维护和实现，社会福利和人民的幸福指数达到最大化。

按照经济社会发展中实现共同富裕这一根本目标，作为财税改革的落脚点就是让富人"穷"一些，让穷人"富"一些，即政府通过税收、社会保障和转移支付等进行国民收入再分配的有效调节。所以，税收调节居民收入分配的最终目标是实现既定社会效率下的社会公平。即初次分配的目标是以起点公平为约束条件实现效率最大化，再分配的目标则是以最终效率为约束条件实现公平的最大化，平等与效率达到最佳组

83

---

① 刘尚希. "十四五"时期提高税收制度适配性的几点思考［J］. 税务研究，2021（5）：13－16.

② 高举中国特色社会主义伟大旗帜为全面建设社会主义现代化国家而团结奋斗［R］. 中国共产党第二十次全国代表大会报告，2022. 10. 16.

合。税收对居民收入分配的作用主要体现在"调节"二字上，并且要"加大调节力度"。如果这个政策处理得好，则可以强化调节作用；如果这个政策处理得不好，则可能偏离宏观既定目标，反而"放任"或"扩大"了收入分配差距。比如，要加大调节力度，就需要改变我国目前间接税为主体税种的税制结构，健全直接税体系，适当提高直接税比重，形成有利于结构优化、社会公平的税收制度①，让直接税特别是个人所得税和财产税在调节个人收入和财产差距中发挥应有作用②。从理论上讲，税收政策工具在调节居民收入分配时无非就是增税和减税两个方面的作用，具体来说，就是增加富人获取收入、支出或拥有财富的税收负担，减少穷人的税收负担，并产生超越增税或减税数额本身之外的作用。也就是说，通过税收分配这种手段，对高收入者过高收入征税，再以再分配的方式，财政转移支付和社会保障、社会救济、反贫困等措施，转移给低收入者，通过低收入者的福利水平的提高，来改善整个社会的福利状况，注重的是结果公平。

84

① 贾康，程瑜，于长革. 优化收入分配的认知框架、思路、原则与建议 [J]. 财贸经济，2018（2）：5-20.
② 刘克崮，张斌. 个税改革要以调节收入分配为目标 [J]. 中国新闻周刊，2020（43）.

# 第4章 马克思主义公平理论下我国现行税收调节居民收入分配政策效果实证检验

本章在对我国目前居民收入分配状况进行分析判断，并对其产生的原因进行系统分析的基础上，对现行税制体系、税收政策及主要税种情况进行了阐述，并按马克思主义公平理论下设定的税收政策目标对现行税收政策实施效果进行评估检验，得出结论，为创新税收政策提供理论依据。

## 4.1 我国目前居民收入分配状况及原因分析

### 4.1.1 居民收入分配状况

1. 城乡居民收入分配差距

为了考察城乡居民收入分配差距的情况，将 2005～2019 年城镇居民人均可支配收入与农村居民人均纯收入情况以及城镇和农村的恩格尔系数①分别列出加以比较，如表 4-1 所示。从这 15 年的总体情况来看，

---

① 恩格尔系数是指居民家庭中食物支出占消费总支出的比重。德国统计学家恩格尔根据经验统计资料对消费结构的变动提出这一看法：一个家庭收入越少，家庭收入中或者家庭总支出中用来购买食物的支出所占的比例就越大，随着家庭收入的增加，家庭收入中或者家庭支出中用来购买食物的支出将会下降。恩格尔系数是用来衡量家庭富足程度的重要指标。国际上常常用恩格尔系数来衡量一个国家和地区人民生活水平的状况，一个国家或家庭生活越贫困，恩格尔系数就越大；反之，生活越富裕，恩格尔系数就越小。根据联合国粮农组织提出的标准，恩格尔系数在 59% 以上为贫困，50%～59% 为温饱，40%～50% 为小康，30%～40% 为富裕，低于 30% 为最富裕。

城镇居民人均可支配收入的平均值是 24872.9 元，农村是 8596.6 元，前者是后者的 3 倍多；城镇与农村的人均收入差额平均值是 16276.2 元，这个差额甚至高出农村居民人均纯收入水平近 2 倍；城镇居民人均收入与农村人均纯收入之比大致保持在 3 倍，近几年有所下降；城镇和农村的恩格尔系数均保持下降趋势，然而城镇恩格尔系数平均水平低于农村大致 4 个百分点。因此 2005～2019 年我国城乡居民收入差距的总体情况是较大的，并且这种严峻形势一直存在。

表 4-1　　　　　2005～2019 年全国城镇、农村人均收入情况

| 年份 | 城镇居民人均可支配收入 | | 农村居民人均纯收入 | | 城镇—农村 | | 城镇/农村（倍） | 城镇居民家庭恩格尔系数（%） | 农村居民家庭恩格尔系数（%） |
| | 金额（元） | 增长率（%） | 金额（元） | 增长率（%） | 金额（元） | 增长率（%） | | | |
|---|---|---|---|---|---|---|---|---|---|
| 2005 | 10493.0 | 11.4 | 3254.9 | 10.8 | 7238.1 | 11.61 | 3.224 | 36.7 | 45.5 |
| 2006 | 11759.5 | 12.1 | 3587.0 | 10.2 | 8172.5 | 12.91 | 3.278 | 35.8 | 43.0 |
| 2007 | 13785.8 | 17.2 | 4140.4 | 15.4 | 9644.4 | 18.01 | 3.330 | 36.3 | 43.1 |
| 2008 | 15780.8 | 14.5 | 4760.6 | 15.0 | 11020.2 | 14.27 | 3.315 | 37.9 | 43.7 |
| 2009 | 17174.7 | 11.4 | 5153.2 | 10.2 | 12021.5 | 9.09 | 3.333 | 36.5 | 41.0 |
| 2010 | 19109.4 | 11.3 | 5919.0 | 14.9 | 13190.4 | 9.72 | 3.228 | 35.7 | 41.1 |
| 2011 | 21809.8 | 14.1 | 6977.3 | 17.9 | 14832.5 | 12.45 | 3.126 | 36.3 | 40.4 |
| 2012 | 24564.7 | 12.6 | 7916.6 | 13.5 | 16648.1 | 12.24 | 3.102 | 36.2 | 39.3 |
| 2013 | 26955.1 | 9.7 | 8895.9 | 12.4 | 18059.2 | 8.48 | 3.030 | 30.1 | 34.1 |
| 2014 | 28843.9 | 9.0 | 10488.9 | 11.2 | 18355.0 | 1.64 | 2.749 | 30.0 | 33.5 |
| 2015 | 31194.8 | 8.2 | 11421.7 | 8.9 | 19773.1 | 7.73 | 2.731 | 29.7 | 33.0 |
| 2016 | 33616.3 | 7.8 | 12363.4 | 8.2 | 21252.9 | 7.48 | 2.719 | 29.3 | 32.2 |
| 2017 | 36396.2 | 8.3 | 13432.4 | 8.6 | 22963.8 | 8.05 | 2.709 | 28.6 | 31.2 |
| 2018 | 39250.8 | 7.8 | 14617.0 | 7.27 | 24633.8 | 7.27 | 2.685 | 27.7 | 30.1 |
| 2019 | 42358.8 | 7.9 | 16020.7 | 9.6 | 26338.1 | 6.92 | 2.644 | 27.6 | 30.0 |
| 平均值 | 24872.9 | 10.5 | 8596.6 | 12.6 | 16276.2 | 9.66 | 3.014 | 33.0 | 37.4 |

资料来源：根据中国国家统计局（由 EPS DATA 整理），国家统计局 2013～2019 年中华人民共和国国民经济和社会发展统计公报，2005～2019 年《中国统计年鉴》整理。

从表 4 - 1 具体来看,2005 ~ 2019 年全国居民的收入水平不断提高,其中城镇居民人均可支配收入由 10493.0 元增加到 42358.8 元,增加了 4.04 倍;农村居民人均纯收入由 3254.9 元增加到 16020.7 元,增加了 4.92 倍。城镇居民人均可支配收入一直高于农村居民人均纯收入,二者差额由 2005 年的 7238.1 元增长到 2019 年的 26338.1 元,差额以每年 9.66% 的平均速度扩大。可见城镇居民收入基数大,增速快,城乡差距扩大趋势明显。

2. 地区居民收入分配差距

我国是一个幅员辽阔的国家,各地区之间收入水平和经济发展之间一直都存在差异。改革开放后,我国实行区域发展战略,将有限的资源配置到发展条件比较好的东部各省市,使本来就存在的地区收入差距问题表现得更为突出。表 4 - 2 整理了 2005 ~ 2019 年东部、中部、西部和东北地区城镇和农村的人均年可支配收入或纯收入。可以看出:城镇方面,东部地区显著高于其他三地区且差额逐渐增大,而这三地区收入基本一致;2005 年城镇人均可支配收入最高与最低相差 4644.92 元,2019 年相差 15015.05 元,差额每年以约 8.7% 的增速扩大。农村方面,四地区间存在差距,东部地区农村人均纯收入最高,东北地区次之,西部地区收入最低。2019 年东部地区农村人均纯收入比西部高 6953.23 元,差距还是比较大。各地区城镇(农村)年人均可支配收入走势,如图 4 - 1、图 4 - 2 所示。

表 4 - 2    我国不同地区平均每人年可支配收入(纯收入)比较    单位:元

| 年份 | 东部地区 | | 中部地区 | | 西部地区 | | 东北地区 | |
|------|------|------|------|------|------|------|------|------|
| | 城镇 | 农村 | 城镇 | 农村 | 城镇 | 农村 | 城镇 | 农村 |
| 2005 | 13374.88 | 4720.28 | 8808.52 | 2956.60 | 8783.17 | 2378.91 | 8729.96 | 3378.98 |
| 2006 | 14967.38 | 5188.23 | 9902.28 | 3283.16 | 9728.45 | 2588.37 | 9830.07 | 3744.88 |
| 2007 | 16974.22 | 5854.98 | 11634.37 | 3844.37 | 11309.45 | 3028.38 | 11463.31 | 4348.27 |
| 2008 | 19203.46 | 6598.24 | 13225.88 | 4453.38 | 12971.18 | 3517.75 | 13119.67 | 5101.18 |
| 2009 | 20953.21 | 7155.53 | 14367.11 | 4792.75 | 14213.47 | 3816.47 | 14324.34 | 5456.59 |

续表

| 年份 | 东部地区 | | 中部地区 | | 西部地区 | | 东北地区 | |
|---|---|---|---|---|---|---|---|---|
| | 城镇 | 农村 | 城镇 | 农村 | 城镇 | 农村 | 城镇 | 农村 |
| 2010 | 23272.83 | 8142.81 | 15962.02 | 5509.62 | 15806.49 | 4417.94 | 15940.99 | 6434.50 |
| 2011 | 26406.04 | 9585.04 | 18323.16 | 6529.93 | 18159.40 | 5246.75 | 18301.31 | 7790.64 |
| 2012 | 29621.57 | 10817.48 | 20697.24 | 7435.24 | 20600.18 | 6026.61 | 20759.29 | 8846.49 |
| 2013 | 31152.38 | 11856.80 | 22664.65 | 8983.24 | 22362.80 | 7436.62 | 23507.20 | 9761.45 |
| 2014 | 33905.37 | 13144.64 | 24733.33 | 10011.08 | 24390.61 | 8295.00 | 25578.89 | 10802.12 |
| 2015 | 36691.25 | 14297.35 | 26809.64 | 10919.01 | 26473.12 | 9093.39 | 27399.63 | 11490.10 |
| 2016 | 39650.97 | 15498.29 | 28879.28 | 11794.25 | 28609.72 | 9918.37 | 29045.09 | 12274.59 |
| 2017 | 42989.83 | 16822.06 | 31293.79 | 12805.77 | 30986.95 | 10828.59 | 30959.51 | 13115.78 |
| 2018 | 46432.58 | 18285.70 | 33803.16 | 13954.12 | 33388.60 | 11831.35 | 32993.66 | 14080.36 |
| 2019 | 50145.38 | 19988.56 | 36607.47 | 15290.46 | 36040.62 | 13035.33 | 35130.33 | 15356.67 |

资料来源：根据 2005～2014 年《中国统计年鉴》及 2015～2020 年中国国家统计局数据资料整理（由 EPS DATA 整理）。

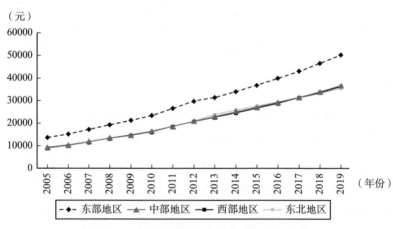

图 4－1　各地区城镇年人均可支配收入趋势

### 3. 行业收入分配差距

多元化的要素投入和分配模式使不同行业的经济效益存在明显差异，从而不同行业门类的人均收入也有差距。表 4－3 列出了 2003～2019 年人均收入水平最高和最低的行业以及二者的比较。从表中可以看出，人均收入水平高的行业是资本和人才密集型的垄断性行业和新兴行业，人均收入水平低的行业属于劳动密集型的竞争性行业和传统行业。市场经济条件下，高利润垄断行业将吸纳其他行业的资源。

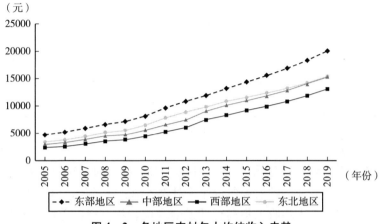

图4-2 各地区农村年人均纯收入走势

表4-3 2003~2019年全国行业收入水平比较

| 年份 | 收入最低行业 | | 收入最高行业 | | 差额（元） | 比值 |
|---|---|---|---|---|---|---|
| | 名称 | 数额（元） | 名称 | 数额（元） | | |
| 2003 | | 6884 | | 30897 | 24013 | 4.488 |
| 2004 | | 7497 | | 33449 | 25952 | 4.462 |
| 2005 | | 8207 | 信息传输、计算机服务和软件业 | 38799 | 30592 | 4.728 |
| 2006 | | 9269 | | 43435 | 34166 | 4.686 |
| 2007 | | 10847 | | 47700 | 36853 | 4.398 |
| 2008 | 农林牧渔 | 12560 | | 54906 | 42346 | 4.371 |
| 2009 | | 14356 | | 60398 | 46042 | 4.207 |
| 2010 | | 16717 | | 70146 | 53429 | 4.196 |
| 2011 | | 19469 | 金融业 | 81109 | 61640 | 4.166 |
| 2012 | | 22687 | | 89743 | 67056 | 3.956 |
| 2013 | | 25820 | | 99659 | 73839 | 3.860 |

续表

| 年份 | 收入最低行业 | | 收入最高行业 | | 差额（元） | 比值 |
| --- | --- | --- | --- | --- | --- | --- |
| | 名称 | 数额（元） | 名称 | 数额（元） | | |
| 2014 | | 28356 | 金融业 | 108273 | 79917 | 3.818 |
| 2015 | | 31947 | | 114777 | 82830 | 3.593 |
| 2016 | 农林牧渔 | 33612 | | 122478 | 88866 | 3.644 |
| 2017 | | 36504 | 信息传输、软件和信息技术服务 | 133150 | 96646 | 3.648 |
| 2018 | | 36466 | | 147678 | 111212 | 4.050 |
| 2019 | | 39340 | | 161352 | 122012 | 4.101 |

资料来源：2012 年《中国统计年鉴》；2020 年《中国统计年鉴》。

从差距走势图（见图 4-3）可以看出行业间的绝对收入差距持续扩大，虽然随着经济的发展各行业绝对收入都有所增长，但由于行业发展速度不均衡，人均收入最高行业发展速度较快，所以差额不断扩大。同时从比值走势图（见图 4-4）可以看出，相对差距的比值在 2005 年后呈现下降的趋势，但在 2018 年以及 2019 年又出现反弹，且比值高于 4，这意味着信息传输、软件和信息技术服务的职工单个季度的工资比一个农林牧渔行业职工全年的工资都要高。这种反弹现象的出现并不是由于最低行业人均工资出现下降趋势，而是由于最高行业发展过于迅速，远远高于最低行业发展速度，以致人均工资出现飙升现象。

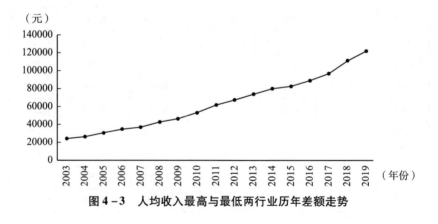

图 4-3　人均收入最高与最低两行业历年差额走势

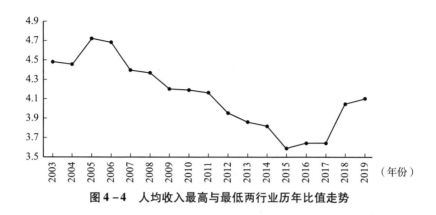

图 4-4　人均收入最高与最低两行业历年比值走势

4. 城镇私营单位与非私营单位工资收入差距

国家统计局在 2014 年 5 月 28 日，第一次向全国发布了 2013 年不同岗位的平均工资数据，涉及 16 个行业门类的 87 万家法人单位的情况。当时数据显示，全国城镇非私营单位就业人员年平均工资为 51474 元，城镇私营单位就业人员年平均工资为 32706 元，前者是后者的 1.57 倍①。从近年来的情况来看，这种状况没有改变，反而差距越来越大。从最新数据来看，2017 年，全国城镇非私营单位就业人员年平均工资 74318 元，城镇私营单位就业人员年平均工资 45761 元，前者是后者的 1.62 倍；2018 年，全国城镇非私营单位就业人员年平均工资是 82461 元，城镇私营单位就业人员年平均工资为 49575 元，前者是后者的 1.66 倍；2019 年，全国城镇非私营单位就业人员年平均工资是 90501 元，城镇私营单位就业人员年平均工资 53604 元，前者是后者的 1.69 倍②。

（1）城镇私营单位就业人员年平均工资情况。

①年平均工资及增长情况。根据国家统计局发布的报告显示，2019 年全国城镇私营单位就业人员年平均工资为 53604 元③，相比 2018 年的 49575 元，是增加了 4029 元，同比名义上增长了 8.1%，增幅回落了

91

①　你的"钱袋子"鼓了还是瘪了？国家统计局公布 2013 年全国平均工资数据——工资在涨，差距较大 ［N］. 都市快报（新视界·国内版）. 2014-05-27.

②　2018 年、2019 年、2020 年国家统计局发布的相关数据。

③　私营单位就业人员是指在本单位工作，并由单位支付劳动报酬的人员。工资总额：根据《关于工资总额组成的规定》，工资总额是本单位在报告期内（季度或年度）直接支付给本单位人员的劳动报酬总额。包括计时工资、计件工资、奖金、津贴和补贴、加班加点工资、特殊情况下支付的工资。平均工资：是指在报告期内单位发放工资的人均水平。

0.2 个百分点。如果扣除物价的因素，2019 年全国城镇私营单位的就业人员其年平均工资实际增长是 5.2%①。2010～2019 年城镇私营单位就业人员年平均工资及名义增长速度，如图 4-5 所示。

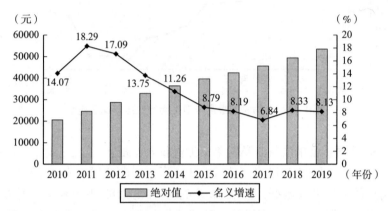

**图 4-5　2010～2019 年城镇私营单位就业人员年平均工资及名义增长速度**
资料来源：2020 年《中国统计年鉴》。

②年平均工资区域情况比较。统计数据显示，2019 年，我国城镇私营单位的就业人员年平均工资区域差别也比较大，按由高到低顺序，依次是东部、西部、中部和东北地区，分别为 59471 元、46777 元、43927 元和 39861 元，比上年分别增长 7.7%、6.7%、7.0% 和 7.5%②，如表 4-4 所示。

**表 4-4　　　2019 年城镇私营单位分地区就业人员年平均工资**

| 地区 | 2018 年（元） | 2019 年（元） | 名义增长率（%） |
| --- | --- | --- | --- |
| 合计 | 49575 | 53604 | 8.1 |
| 东部 | 55230 | 59471 | 7.7 |
| 中部 | 41047 | 43927 | 7.0 |

①②　国家统计局. 2019 年全国城镇私营单位就业人员年平均工资为 53604 元［EB/OL］.（2020-05-15）［2021-07-21］. http：//www. stats. gov. cn/tjsj/zxfb/202302/t20230203_1900726. html.

续表

| 地区 | 2018 年（元） | 2019 年（元） | 名义增长率（%） |
|---|---|---|---|
| 西部 | 43842 | 46777 | 6.7 |
| 东北 | 37071 | 39861 | 7.5 |

注：东、中、西部和东北地区的划分方法是：东部区包括：北京、天津、河北、上海、江苏、浙江、福建、山东、广东和海南。中部区包括：山西、安徽、江西、河南、湖北和湖南。西部区包括：内蒙古、广西、重庆、四川、贵州、云南、西藏、陕西、甘肃、青海、宁夏和新疆。东北包括：辽宁、吉林和黑龙江。香港、澳门及台湾地区由于数据缺失不包括在统计中。

资料来源：国家统计局. 2019 年全国城镇私营单位就业人员年平均工资为 53604 元［EB/OL］.（2020－05－15）［2021－07－21］. http：//www. stats. gov. cn/tjsj/zxfb/202302/t20230203_1900726. html；国家统计局. 2018 年城镇私营单位就业人员年平均工资 49575 元［EB/OL］.（2019－05－14）［2021－07－21］. http：//www. stats. gov. cn/tjsj/zxfb/202302/t20230203_1900312. html.

③年平均工资行业门类情况比较。据数据统计显示，工资行业差别也比较大，2019 年全国年平均工资最高的三个行业依次是：信息传输、软件和信息技术服务行业为 85301 元，是全国工资平均水平的 1.59 倍；金融行业（主要包括各种保险代理业、典当行业及投资咨询公司等）为 76107 元，是全国平均工资水平的 1.42 倍；科学研究和技术服务行业为 67642 元，是全国工资平均水平的 1.26 倍。而全国年平均工资最低的三个行业则分别是农、林、牧、渔业 37760 元，为全国工资平均水平的 70%；住宿和餐饮行业为 42424 元，是全国工资平均水平的 79%；居民服务、修理和其他服务行业为 43926 元，是全国工资平均水平的 82%，如表 4－5 所示①。

表 4－5　　　　2019 年城镇私营单位分行业就业人员年平均工资

| 行业 | 2018 年（元） | 2019 年（元） | 名义增长率（%） |
|---|---|---|---|
| 合计 | 49575 | 53604 | 8.1 |
| 农、林、牧、渔业 | 36375 | 37760 | 3.8 |
| 采矿业 | 44096 | 49675 | 12.7 |

① 国家统计局. 2019 年全国城镇私营单位就业人员年平均工资为 53604 元［EB/OL］.（2020－05－15）［2021－07－21］. http：//www. stats. gov. cn/tjsj/zxfb/202302/t20230203_1900726. html.

| 行业 | 2018 年（元） | 2019 年（元） | 名义增长率（%） |
|---|---|---|---|
| 制造业 | 49275 | 52858 | 7.3 |
| 电力、热力、燃气及水生产和供应业 | 44239 | 49633 | 12.2 |
| 建筑业 | 50879 | 54167 | 6.5 |
| 批发和零售业 | 45177 | 48722 | 7.8 |
| 交通运输、仓储和邮政业 | 50547 | 54006 | 6.8 |
| 住宿和餐饮业 | 39632 | 42424 | 7.0 |
| 信息传输、软件和信息技术服务业 | 76326 | 85301 | 11.8 |
| 金融业 | 62943 | 76107 | 20.9 |
| 房地产业 | 51393 | 54416 | 5.9 |
| 租赁和商务服务业 | 53382 | 57248 | 7.2 |
| 科学研究和技术服务业 | 61876 | 67642 | 9.3 |
| 水利、环境和公共设施管理业 | 42409 | 44444 | 4.8 |
| 居民服务、修理和其他服务业 | 41058 | 43926 | 7.0 |
| 教育 | 46228 | 50761 | 9.8 |
| 卫生和社会工作 | 52343 | 57140 | 9.2 |
| 文化、体育和娱乐业 | 44592 | 49289 | 10.5 |

注：工资统计的行业分类标准按照《国民经济行业分类》（GB/T 4754—2017）执行。

资料来源：国家统计局.2019 年全国城镇私营单位就业人员年平均工资为 53604 元［EB/OL］.（2020 – 05 – 15）［2021 – 07 – 21］.http：//www.stats.gov.cn/tjsj/zxfb/202302/t20230203_1900726.html.

（2）城镇非私营单位就业人员年平均工资情况。

①年平均工资及增长情况。据国家统计局统计数据显示，2019 年全国城镇非私营单位的就业人员年平均工资是 90501 元，相比 2018 年的 82413 元，增加了 8088 元，同比名义上的增长是 9.8%，增幅回落1.1%。如果扣除价格因素影响，2019 年全国城镇非私营单位就业人员年平均工资实际增长 6.8%[1]，2010～2019 年城镇非私营单位就业人员

---

[1] 国家统计局.2019 年城镇非私营单位就业人员年平均工资 90501 元［EB/OL］.（2020 – 05 – 15）［2021 – 07 – 21］.http：//www.stats.gov.cn/xxgk/sjfb/zxfb2020/202005/t20200515_1767714.html.

年平均工资及名义增长速度，如图4-6所示。

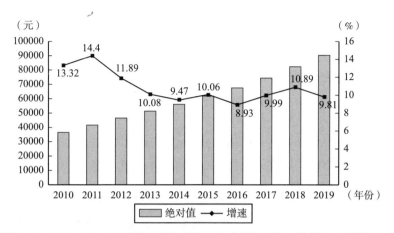

**图4-6  2010~2019年城镇非私营单位就业人员年平均工资及名义增长速度**

资料来源：2020年《中国统计年鉴》。

②年平均工资区域情况比较。据国家统计局统计数据显示（见表4-6），2019年全国城镇非私营单位的就业人员年平均工资从高到低依次是东部区、西部区、中部区和东北区，数据分别是104069元、81954元、73457元和71721元；而同比名义上的增长率由高到低排序是东部区为11.7%、东北区为9.6%、西部区为8.2%和中部区的6.5%[①]。

表4-6  2019年城镇非私营单位分地区就业人员年平均工资

| 地区 | 2018年（元） | 2019年（元） | 名义增长率（%） |
| --- | --- | --- | --- |
| 合计 | 82413 | 90501 | 9.8 |
| 东部 | 93178 | 104069 | 11.7 |
| 中部 | 68969 | 73457 | 6.5 |

① 国家统计局.2019年城镇非私营单位就业人员年平均工资90501元［EB/OL］.（2020-05-15）［2021-07-21］.http://www.stats.gov.cn/xxgk/sjfb/zxfb2020/202005/t20200515_1767714.html.

| 地区 | 2018 年（元） | 2019 年（元） | 名义增长率（%） |
|------|------------|------------|-------------|
| 西部 | 75755 | 81954 | 8.2 |
| 东北 | 65411 | 71721 | 9.6 |

注：统计数据中，东、中、西部和东北地区的划分方法为：东部区包括：北京、天津、河北、上海、江苏、浙江、福建、山东、广东和海南。中部区包括：山西、安徽、江西、河南、湖北和湖南。西部区包括：内蒙古、广西、重庆、四川、贵州、云南、西藏、陕西、甘肃、青海、宁夏和新疆。东北区包括：辽宁、吉林和黑龙江。香港、澳门及台湾地区由于数据缺失不包括在统计中。资料来源：国家统计局. 2019 年城镇非私营单位就业人员平均工资 90501 元 [EB/OL]. （2020 – 05 – 15）［2021 – 07 – 21］. http：//www. stats. gov. cn/xxgk/sjfb/zxfb2020/202005/t20200515_1767714. html.

③年平均工资行业门类情况比较。根据统计数据显示，2019 年，全国年平均工资最高的三个行业依次是信息传输、软件和信息技术服务行业为 161352 元，是全国平均工资水平的 1.78 倍；科学研究和技术服务业 133459 元，是全国平均工资水平的 1.47 倍；金融业 131405 元，是全国平均工资水平的 1.45 倍。而全国年平均工资最低的三个行业依次为农、林、牧、渔业 39340 元，为全国平均工资水平的43%；住宿和餐饮行业50346 元，为全国平均工资水平的56%；居民服务、修理和其他服务业60232 元，为全国平均工资水平的67%。全国最高与最低行业的平均工资水平的比是 4.101，2019 年与 2018 年的 4.05 相比，差距进一步扩大①，如表 4 – 7 所示。

表 4 – 7　　　2019 年城镇非私营单位分行业就业人员年平均工资

| 行业 | 2018 年（元） | 2019 年（元） | 名义增长率（%） |
|------|------------|------------|-------------|
| 合计 | 82413 | 90501 | 9.8 |
| 农、林、牧、渔业 | 36466 | 39340 | 7.9 |
| 采矿业 | 81429 | 91068 | 11.8 |
| 制造业 | 72088 | 78147 | 8.4 |
| 电力、热力、燃气及水生产和供应业 | 100162 | 107733 | 7.6 |

① 国家统计局. 2019 年城镇非私营单位就业人员年平均工资 90501 元 [EB/OL]. （2020 – 05 – 15）［2021 – 07 – 21］. http：//www. stats. gov. cn/xxgk/sjfb/zxfb2020/202005/t20200515_1767714. html.

| 行业 | 2018 年（元） | 2019 年（元） | 名义增长率（%） |
|---|---|---|---|
| 建筑业 | 60501 | 65580 | 8.4 |
| 批发和零售业 | 80551 | 89047 | 10.5 |
| 交通运输、仓储和邮政业 | 88508 | 97050 | 9.7 |
| 住宿和餐饮业 | 48260 | 50346 | 8.9 |
| 信息传输、软件和信息技术服务业 | 147678 | 161352 | 4.3 |
| 金融业 | 129837 | 131405 | 1.2 |
| 房地产业 | 75281 | 80157 | 6.5 |
| 租赁和商务服务业 | 85147 | 88190 | 3.6 |
| 科学研究和技术服务业 | 123343 | 133459 | 8.2 |
| 水利、环境和公共设施管理业 | 56670 | 61158 | 7.9 |
| 居民服务、修理和其他服务业 | 55343 | 60232 | 8.8 |
| 教育 | 92383 | 97681 | 5.7 |
| 卫生和社会工作 | 98118 | 108903 | 11.0 |
| 文化、体育和娱乐业 | 98621 | 107708 | 9.2 |
| 公共管理、社会保障和社会组织 | 87932 | 94369 | 7.3 |

注：工资统计的行业分类标准按照《国民经济行业分类》（GB/T 4754—2017）执行。城镇地区全部非私营法人单位，具体包括国有单位、城镇集体单位、联营、股份制、外商投资、港澳台商投资等单位。工资统计是统计单位的就业人员，而个体就业人员、自由职业者等非单位就业人员不在工资统计范围内。2019 年城镇非私营单位全国共调查约 217.2 万家，就业人员 1.72 亿人。

资料来源：国家统计局. 2019 年城镇非私营单位就业人员年平均工资 90501 元［EB/OL］.（2020 – 05 – 15）［2021 – 07 – 21］. http：//www. stats. gov. cn/xxgk/sjfb/zxfb2020/202005/t20200515_1767714. html.

（3）城镇私营单位与非私营单位行业工资收入差距分析。

从国家统计局发布的统计数据来看，2019 年我国城镇非私营单位的就业人员年平均工资为 90501 元，而城镇私营单位就业人员年平均工资则为 53604 元，差额为 36897 元，也就是说城镇非私营单位就业人员的年平均工资与城镇私营单位就业人员年平均工资间的差距，前者是后者的 1.68 倍。并且在国家统计局调查的 18 个行业中，两者的比值均超过 1 倍，最低的农、林、牧、渔业也超过了 1.04 倍，最高的文化、体育和娱乐业以及电力、热力、燃气及水生产与供应业的比值则都超过了

2 倍，分别为 2.19 倍和 2.17 倍，如表 4 - 8 所示。年平均工资最高的信息传输、软件和信息技术服务业［见图 4 - 7（1）处］，科学研究和技术服务业［见图 4 - 7（2）处］以及金融业［见图 4 - 7（3）处］三个行业非私营单位与私营单位就业人员年平均工资收入差距相当明显。

表 4 - 8  **2019 年城镇非私营、私营单位分行业就业**
**人员年平均工资收入比较**

| 行业 | 非私营（元） | 私营（元） | 差距（非私营—私营）（元） | 比值 |
|---|---|---|---|---|
| 年平均工资 | 90501 | 53604 | 36897 | 1.68 |
| 信息传输、软件和信息技术服务业 | 161352 | 85301 | 76051 | 1.89 |
| 科学研究和技术服务业 | 133459 | 67642 | 65817 | 1.97 |
| 文化、体育和娱乐业 | 107708 | 49289 | 58419 | 2.19 |
| 电力、热力、燃气及水生产和供应业 | 107733 | 49633 | 58100 | 2.17 |
| 金融业 | 131405 | 76107 | 55298 | 1.73 |
| 卫生和社会工作 | 108903 | 57140 | 51763 | 1.91 |
| 教育 | 97681 | 50761 | 46920 | 1.92 |
| 交通运输、仓储和邮政业 | 97050 | 54006 | 43044 | 1.80 |
| 采矿业 | 91068 | 49675 | 41393 | 1.83 |
| 批发和零售业 | 89047 | 48722 | 40325 | 1.83 |
| 租赁和商务服务业 | 88190 | 57248 | 30942 | 1.54 |
| 房地产业 | 80157 | 54416 | 25741 | 1.47 |
| 制造业 | 78147 | 52858 | 25289 | 1.48 |
| 水利、环境和公共设施管理业 | 61158 | 44444 | 16714 | 1.38 |
| 居民服务、修理和其他服务业 | 60232 | 43926 | 16306 | 1.37 |
| 建筑业 | 65580 | 54167 | 11413 | 1.21 |

续表

| 行业 | 非私营（元） | 私营（元） | 差距（非私营—私营）（元） | 比值 |
|---|---|---|---|---|
| 住宿和餐饮业 | 50346 | 42424 | 7922 | 1.19 |
| 农、林、牧、渔业 | 39340 | 37760 | 1580 | 1.04 |

资料来源：国家统计局 . 2019 年全国城镇私营单位就业人员年平均工资为 53604 元［EB/OL］.（2020 - 05 - 15）［2021 - 07 - 21］. http：//www. stats. gov. cn/tjsj/zxfb/202302/t20230203_1900726. html；国家统计局 . 2019 年城镇非私营单位就业人员年平均工资 90501 元［EB/OL］.（2020 - 05 - 15）［2021 - 07 - 21］. http：//www. stats. gov. cn/xxgk/sjfb/zxfb2020/202005/t20200515_1767714. html.

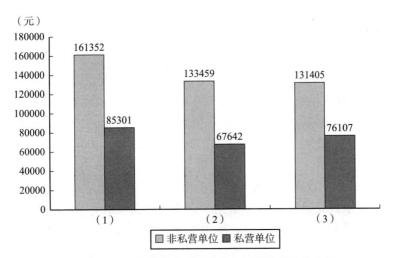

**图 4 - 7　2019 年城镇非私营单位、私营单位就业人员**
**年平均工资最高三个行业比较**

资料来源：国家统计局 . 2019 年全国城镇私营单位就业人员年平均工资为 53604 元［EB/OL］.（2020 - 05 - 15）［2021 - 07 - 21］. http：//www. stats. gov. cn/tjsj/zxfb/202302/t20230203_1900726. html；国家统计局 . 2019 年城镇非私营单位就业人员年平均工资 90501 元［EB/OL］.（2020 - 05 - 15）［2021 - 07 - 21］. http：//www. stats. gov. cn/xxgk/sjfb/zxfb2020/202005/t20200515_1767714. html.

## 4.1.2　居民收入分配状况的基本判断

1. 判断标准——基尼系数

随着对经济学的研究发展，学者判断收入分配差距的方法和指标多种多样，有基尼系数、洛伦兹曲线①等。其中，基尼系数是 20 世纪初意大利经济学家基尼创建的用以判断分配平等程度的指标。此系数计算方法多，资料查阅较为便利，是国际上流行并通用的指标。它介于 0～1，数值越大，表明社会成员之间的相对收入差距越大，反之越小。联合国有关组织规定：一个社会的基尼系数如果低于 0.2 就表示收入绝对平均；0.2～0.3 表示比较平均；0.3～0.4 表示相对合理；0.4～0.5 表示收入差距较大；0.6 以上表示收入差距悬殊。国际上通常把 0.4 作为收入分配差距的"警戒线"。一般发达国家的基尼系数在 0.24～0.36。我国基尼系数官方数据由国家统计局发布，具有较高的权威性，能客观反映我国收入差距的形势。

2. 我国居民收入分配差距始终保持较高水平

将原有城乡分开调查制度变革为按统一城乡比、统一口径的调查制度后，国家统计局公布了的官方数据，我国全国基尼系数从 1994 年的 0.382，一直到 1999 年的 0.394，变动幅度不是太大，属于正常区间范围，直到 2000 年的 0.407，突破 0.4 后处于警戒线或收入分配差距偏大状态，而后不断攀高。而之后的年份如表 4－9 所示，2003～2019 年基尼系数一直在 0.4～0.5 上下波动，2003～2013 年，2004 年基尼系数最小，后呈阶段性上升趋势，2008 年、2009 年达到最高 0.491、0.490，接近 0.5，表明收入差距处于严重两极分化状态。此后稳步下降，2013 年的基尼系数又回到 2004 年的水平，为 0.473。2014 年开始稳步下降，2015 年下降到 0.464，2016 年到 2018 年又连续上升，一直到 2019 年的 0.465，相对稳定下来。从表 4－9 可以看出，我国多年以来基尼系数均超出警戒线，收入差距总体呈高位徘徊的相对稳定状态②，实现收入的公平、公正分配是当务之急。张车伟（2020）认为，"居民收入差距经过多年缩小后，近年来略有扩大"，但目前还存在大量统计外收入游离于国民收入核算体系之外，计算基尼系数时，无法将这部分收入纳入进

① 洛伦兹曲线，是美国统计学家 M. O. 洛伦兹为了研究国民收入在国民之间的分配问题于 1907 年提出。该曲线刻画了在一个总体（国家、地区）内，以"最贫穷的人口计算起一直到最富有人口"的人口百分比对应各个人口百分比的收入百分比。它用以比较和分析一个国家在不同时代或者不同国家在同一时代的财富不平等，作为一个总结收入和财富分配信息的便利的图形方法得到广泛应用。

② 罗楚亮，李实，岳希明. 中国居民收入差距变动分析（2013—2018）[J]. 中国社会科学，2021（1）：33－54.

来。由于统计外收入主要属于高收入群体收入，所以，实际的基尼系数应该比这个要高一些。2003~2019 年我国基尼系数发展趋势，如图4-8 所示。

表 4-9　　　　　　　　　　2003~2019 年全国居民基尼系数

| 年份 | 基尼系数 | 年份 | 基尼系数 |
|------|---------|------|---------|
| 2003 | 0.479 | 2012 | 0.474 |
| 2004 | 0.473 | 2013 | 0.473 |
| 2005 | 0.485 | 2014 | 0.469 |
| 2006 | 0.487 | 2015 | 0.464 |
| 2007 | 0.484 | 2016 | 0.465 |
| 2008 | 0.491 | 2017 | 0.467 |
| 2009 | 0.490 | 2018 | 0.469 |
| 2010 | 0.481 | 2019 | 0.465 |
| 2011 | 0.477 | | |

资料来源：《2016 中国住户调查年鉴》；2016~2019 年《中国统计年鉴》。

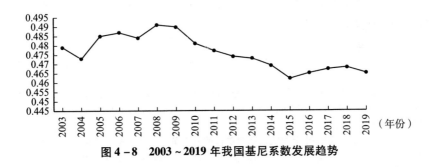

图 4-8　2003~2019 年我国基尼系数发展趋势

3. 社会财富向少数行业和个人集中的状况没有改变

我国的居民收入差距表现在经济社会的各方面的全面覆盖和扩大的趋势，比如，从行业收入差距来看，2008 年前行业收入差距不断扩大，2008 年以后这一差距有所缩小，但 2015 年以后，行业收入差距又有很大回升。自 2016 年以来，人均年薪最高的行业从金融业调整为信息传输、软件和信息技术服务，最低行业一直都是农林牧渔业，最高行业收入与最低行业收入的比值逐年增加，2018 年和 2019 年已超过 4 倍。从区域差距来看，近几年各地居民人均可支配收入都有所增长，但区域差距过大的情况仍然没有改变。据统计，2014 年我国城镇居民人均可支配收入最高的上海是 44841.4 元，最低的甘肃是 21803.9 元，两者差距 23037.5 元，为 2.06∶1。2019 年我国城镇居民人均可支配收入最高的北京是 73848.51 元，最低的吉林是 32299.18，两者差距达 41549.33，为 2.29∶1。从不同岗位收入来看，据国家统计局调查显示，2019 年全国规模以上企业就业人员年平均工资为 75229 元，其中，中层及以上管理人员 156892 元，专业技术人员 105806 元，办事人员和有关人员 70926 元，社会生产服务和生活服务人员 60015 元，生产制造及有关人员 59586 元，岗位平均工资最高与最低之比为 2.63①。从公私差别来看，2013 年我国城镇非私营单位的就业人员年平均工资为 51474 元，而城镇私营单位就业人员年平均工资则为 32706 元，前者是后者的 1.57 倍②。2019 年全国城镇非私营单位就业人员年平均工资为 90501 元，而全国城镇私营单位就业人员年平均工资为 53604 元，前者是后者的 1.69 倍，差距明显加大③。从低、中、高收入阶层来看，到 2019 年中国低收入人口比例仍在 60% 以上，而中等收入人口不足 40%④。总体来看，目前我国收入差距仍处于高位水平，并没有形成一种稳定下降的趋势⑤。

---

① 国家统计局.2019 年规模以上企业分岗位就业人员年平均工资情况 ［EB/OL］.（2020 - 05 - 15）［2021 - 07 - 21］. http：//www.stats.gov.cn/xxgk/sjfb/zxfb2020/202005/t20200515_1767712.html.

② 国家统计局.2013 年全国城镇私营单位就业人员年平均工资为 51474 元 ［EB/OL］.（2014 - 05 - 27）［2021 - 07 - 21］. http：//www.stats.gov.cn/tjsj/zxfb/201405/t20140527_558611.html.

③ 国家统计局.2019 年全国城镇私营单位就业人员年平均工资为 53604 元 ［EB/OL］.（2020 - 05 - 15）［2021 - 07 - 21］. http：//www.stats.gov.cn/tjsj/zxfb/202302/t20230203_1900726.html；国家统计局.2019 年城镇非私营单位就业人员年平均工资 90501 元 ［EB/OL］.（2020 - 05 - 15）［2021 - 07 - 21］. http：//www.stats.gov.cn/xxgk/sjfb/zxfb2020/202005/t20200515_1767714.html.

④ 李实，岳希明，罗楚亮.中国低收入人口知多少？［EB/OL］.（2020 - 07 - 21）［2021 - 07 - 21］. https：//mp.weixin.qq.com/s/jz_xSLNp_45ct_otlsrdnA.

⑤ 李实，杨修娜.中国中等收入人群到底有多少？［R］.中国发展高层论坛研究报告，2021 - 04 - 29.

## 4.1.3　居民收入分配差距过大的原因分析

随着经济体制改革的深化和国民经济发展水平的提高，居民收入和生活水平大踏步前进。但是由于各种因素的影响，我国居民收入差距一直呈扩大趋势，基尼系数不断上升，甚至大大超过了合理范围，一个重要原因就是收入再分配政策的调节力度不够。收入分配问题不仅是我国当前面临的经济、社会问题，也成为全社会共同瞩目的社会问题。习近平总书记指出，"当前，我国发展不平衡不充分问题仍然突出，城乡区域发展和收入分配差距较大，促进全体人民共同富裕是一项长期任务，但随着我国全面建成小康社会、开启全面建设社会主义现代化国家新征程，我们必须把促进全体人民共同富裕摆在更加重要的位置，脚踏实地，久久为功，向着这个目标更加积极有为地进行努力"①。主要从几个可控因素分析收入差距扩大的原因如下：

1. 政府在初次分配中的过多干预

国民收入初次分配阶段是在市场经济条件下把国民收入在不同经济主体间，主要是政府、企业、居民间进行分配。一般来说，衡量一个国家的国民收入初次分配是否公平的主要指标是分配率，也就是劳动报酬总额占国内生产总值的比重。如果劳动者的报酬总额占 GDP 的比重越高，则说明国民收入的初次分配越公平。居民收入主要是劳动报酬，企业收入包括固定资产折旧和营业盈余，企业利润以税金形式上缴形成政府收入。表 4 – 10 列出了我国 2003 ~ 2018 年国民收入初次分配格局情况。

表 4 – 10　　　　2003 ~ 2018 年我国国民收入初次分配格局　　　　单位:%

| 年份 | 广义政府部门 | 企业部门 | 住户部门 |
| --- | --- | --- | --- |
| 2003 | 13. 8 | 25. 5 | 60. 7 |
| 2004 | 14. 1 | 27. 4 | 58. 5 |
| 2005 | 14. 3 | 27. 8 | 58. 0 |
| 2006 | 14. 5 | 28. 0 | 57. 6 |

① 习近平. 关于《中共中央关于制定国民经济和社会发展第十四个五年规划和二○三五年远景目标的建议》的说明 [N]. 人民日报，2020 – 11 – 04（02）.

续表

| 年份 | 广义政府部门 | 企业部门 | 住户部门 |
| --- | --- | --- | --- |
| 2007 | 14.4 | 28.1 | 57.5 |
| 2008 | 14.1 | 28.9 | 57.0 |
| 2009 | 14.6 | 28.0 | 57.8 |
| 2010 | 14.9 | 28.0 | 57.1 |
| 2011 | 15.4 | 26.5 | 58.0 |
| 2012 | 15.8 | 25.4 | 58.8 |
| 2013 | 15.3 | 25.2 | 59.4 |
| 2014 | 15.4 | 25.2 | 59.4 |
| 2015 | 14.9 | 24.6 | 60.5 |
| 2016 | 14.5 | 24.3 | 61.3 |
| 2017 | 14.0 | 25.4 | 60.6 |
| 2018 | 14.2 | 25.6 | 60.2 |

资料来源：根据历年中国统计年鉴计算所得。

从表4－10可以看出，近年来，政府部门以税金形式获得的收入比例处于下降趋势，特别是2012年以来，政府部门初次分配总收入占比下降很大，2012年，占比为15.8%，2018年下降到14.2%，但整体水平还是过高。不仅比发达国家高，而且在同等发展中国家中也处于较高水平。过高的政府部门收入挤占了企业部门收入，不利于企业的产业升级和结构优化，制约经济整体水平提升。如果考虑社会保险费、住房公积金、个人所得税等扣减，劳动者实际可支配的劳动报酬与GDP之比更低[1]。另外，由于户籍制度与社会保障制度的改革还不到位，城乡间和地区间的劳动力流动仍然存在很大的障碍，资本市场开放程度不够等，这些因素都影响到劳动收入和财富在地区、城乡、行业间的差距以及教育和公共服务的不均等[2]。

经济活动中，政府各种管制和准入壁垒，往往会加剧垄断。比如，

① 张车伟，赵文. 国民收入分配形势分析及建议 [J]. 经济学动态，2020 (6)：3-14.
② 陆铭. 优化收入分配推动共同富裕，关键仍在初次分配和再分配 [N].21世纪经济报道，2021-08-20 (003).

电力电信、金融保险、烟草这些垄断行业凭借着制定高于社会平均价格的垄断产品和服务获取的巨大高额利润，这些利润的大部分不是回馈社会，而是转化为其行业内职工的收入和福利，使这些部门的高管工资、一般员工的工资远高于同类人员工资的平均水平，打破了自由市场竞争条件下所要求的竞争力和人力资本差异等决定收入分配的格局。并且这些垄断行业大多附属于行政部门，受到政府政策的高度保护，享受政府补贴或被赋予一定的行政权力，虽然近年来国家逐渐放开了一些领域，允许其他私营企业进入，但力度和覆盖范围过小，无法缩小已经扩大了的行业、地区和城乡居民收入差距。聂海峰和岳希明（2016）实证研究发现行业垄断是继教育水平之后职工工资差距的第二大决定因素，与职工年龄的影响程度大体相同，但明显大于其他因素。垄断行业高收入不仅导致职工工资差距的扩大，而且垄断行业高收入的不公正性以及垄断产品高价会导致广大消费者的福利减少，进一步加大收入分配差距。李实等（2020）通过研究得出结论，行业垄断产生的垄断利润导致的垄断行业的高收入，也是收入差距扩大，收入分配不公的一个很重要的原因。

2. 税收调节居民收入分配功能较弱

收入分配不仅要讲求效率，还要兼顾公平。税收作为国家宏观调控工具，一直是各国政府调节收入再分配的重要手段。由于税收具有强制性、无偿性，并且立足于公平角度，税收对收入分配的调节范围最广、效果最好。如何有效地发挥税收调节居民收入分配的职能作用，把收入分配差距保持在一个更为合理的区间，实现分配的公平、公正成为我国经济发展的当务之急。

在调节收入分配差距方面，我国税制主要存在的问题有：一是税收调节收入分配差距功能不明确，调节作用不明显。从税收和转移支付前后基尼系数变化的情况看，在世界主要国家中，我国税收和转移支付的调节功能是最弱的[①]。各税种立法之初，很少将缩小收入分配差距作为立法目的。二是税收制度不是量能征纳。我国对个人收入征收的税收可以称之为"工薪税"，这种税种设计的弊病是忽略了富人的财产性收入部分，而这部分收入却占富人收入的较大比例，而且，也没有针对富人

---

① 刘克崮，张斌. 个税改革要以调节收入分配为目标［J］. 中国新闻周刊，2020（11）.

的房地产税、资本利得税、财产税、遗产税和赠与税等税种相配套。因此在个人收入方面，穷人会承受较大负担，富人仍占据较大财富。三是我国税收结构中最具调节功能的直接税占比较小，特别是个人所得税占比太低，调节效应有限，甚至对居民收入分配具有负效应[1][2]。2019 年个人所得税收入占全部税收收入的比重仅为 6.6%，占 GDP 的比重仅为 1.1%，而经济合作与发展组织（OECD）成员国的个人所得税收入占 GDP 比重通常都在 6% 以上，这不但使得我国税收调节收入分配的功能"缺位"，还在一定程度上影响我国宏观调控机制的自动稳定性能力，不利于中等收入群体的形成和扩大[3]。四是我国税收征管整体水平不高。信息化征管手段相对滞后，对纳税人经营、收入、财产等涉税信息的掌握还不充分全面，对纳税人行为还存在盲区[4]。并且对违法行为惩罚力度小，不仅加大税收监管成本，更造成税源漏洞等问题。

3. 转移性支出结构失衡

转移支付是政府改善地区间和城乡间的居民收入分配差距问题的有效手段。它主要包括社会保障支出、政策性补贴支出和税式支出等形式。目前我国对贫困地区、弱势行业和失业人群等扶持力度不断加大，也取得了很大的效果。但从总体来看，由于各级政府间，特别是中央与地方间的事权与财权的范围划分不合理，省级以下责权界限模糊，转移支付的政策导向不明确，目标不太清晰，使得大部分投向医疗、教育、社会保障和基础设施等的财政转移支付，主要集中在城市区域，并为高收入阶层所享有，而农民和贫困阶层享有的较少，导致转移支付的调节功能相当小，甚至出现逆调节。不同地区、不同转移支付类型、不同公共服务项目的均等化调节效果存在较大的结构性差异[5]。李永友和张子楠（2017）经过研究发现，转移支付未能激励地方政府提高社会性公共品供给，当超过一定门槛值时反而显著降低了地方政府的社会性公共品供给水平。具体项目来说，社会保障性支出占转移性支出的比重小，

---

① 汪昊，娄峰．中国财政再分配效应测算［J］．经济研究，2017，52（1）：103 - 118.

② 岳希明，张玄．强化我国税制的收入分配功能：途径、效果与对策［J］．税务研究，2020（3）：13 - 21.

③ 梁季．完善减税降费政策应如何发力［N］．中国青年报，2020 - 12 - 22（005）.

④ 刘尚希．"十四五"税制改革的整体思考［N］．中国财经报，2021 - 06 - 01（008）.

⑤ 吉富星，鲍曙光．中国式财政分权、转移支付体系与基本公共服务均等化［J］．中国软科学，2019（12）：170 - 177.

并且存在基金不足、保障水平低、层次混乱、覆盖面狭窄等问题。社会救助方面由于城乡二元经济结构的存在，农村的保障水平有限。税式支出作为税收制度中政策性较强的一部分，只将纳税人列入收益范围内，而没有能力进入纳税范围的正是政府需要扶持的对象。以上原因共同导致转移性支出对收入分配差距的调节力度不足。

4. 慈善捐赠水平低

第三次分配的主要内容是慈善捐赠，包括扶贫、助学、救灾、济困、解危、安老等形式。它是第一、第二次分配的补充分配形式，具有能够具体、敏锐、及时地调整收入弱势群体生存水平的特点。随着社会贫富差距的扩大和道德矛盾的凸显，褒扬社会的慈善行为，无疑是建设和谐社会的重要内涵。近年来，我国的慈善公益事业发展迅速，社会各界对慈善及慈善捐赠的关注度不断加强。《慈善蓝皮书：中国慈善发展报告（2020）》测算，2019 年我国社会公益资源总量为 3374 亿元，其中，2019 年社会捐赠总量预测约为 1330 亿元，志愿者贡献总价值为903.59 亿元，彩票公益金募集量为 1140.46 亿元，分别较 2018 年增长4.72%、9.7% 和 –13.18%[1]。但是与国际水平相比，仍有较大提升空间。根据福布斯发布的数据，2019 年美国 100 多万家慈善机构的捐赠总额为 4500 亿美元，最大的 100 家慈善机构共计捐赠 495 亿美元，占比高达 11%[2]。随着我国经济持续保持中高速发展，企业利润最大化目标的不断实现，公平偏好和实现企业社会责任的目标也是企业不断追求的，只要国家支持和引导慈善捐赠的力度加大，我国的慈善与慈善捐赠水平还有很大的上升空间[3]。目前我国慈善捐赠水平低的主要原因是激励慈善捐赠的政策限制较多，激励手段单一，遗产税与赠与税的缺失，慈善组织进入门槛高，较大程度受政府管制等。从中国国情出发，加快发展慈善公益组织，推进慈善公益事业发展，健全体制机制，利用税收优惠和社会荣誉等政策鼓励高收入企业、群体和个人开展慈善捐赠、回馈社会。努力发挥第三次分配的经济调节和社会关系协调作

---

① 杨团，朱健刚. 慈善蓝皮书：中国慈善发展报告（2020）[M]. 北京：社会科学文献出版社，2020.

② 苏京春. 什么是第三次分配？我国第三次分配存在哪些问题？[J]. 界面时评，2021 – 08 – 18.

③ 曲顺兰，许可. 慈善捐赠税收激励政策研究 [M]. 北京：经济科学出版社，2017：164 – 165.

用，对缩小贫富差距、缓和社会阶层摩擦和促进社会和谐具有非常强烈的现实意义。

## 4.2 我国税收调节居民收入分配政策效果实证分析

### 4.2.1 我国现行税制体系及主要税种情况

1. 我国现行税制体系

我国现行的税制体系是在 1994 年税制改革之后形成的。近年来，虽然有一些政策进行了必要的调整，但基本的框架并没有改变。从理论上讲，目前的税制体系是以流转税（间接税）和所得税为主体，其他税种相配合的复合税制体系。现在共有 18 个税种，包括流转税、所得税、资源税以及财产和行为税等类别。流转税类包括：增值税、消费税、关税；所得税类包括：企业所得税、个人所得税；资源税及环境保护税类包括：资源税、环境保护税、城镇土地使用税、土地增值税；财产行为税类包括：房产税、车船税、印花税、契税；特定目的税类包括：城市维护建设税、车辆购置税、耕地占用税、烟叶税、船舶吨税。长期以来，我国税制结构一直是以流转税为单一主体和主要税收收入来源，所得税的比例虽然逐年提高，但在整个税制体系中仍然没有成为主体税种，占税收收入的比重不足 1/3。以 2011 年为例，按照国家税务总局口径的统计，在全部税收收入中，来自流转税的收入占比为 70% 以上，而来自所得税和其他税种等非流转税的收入合计占比不足 30%。近年来，随着税制结构的不断调整，我国流转税的比重在逐年下降，且效果比较明显，并且具有持续下降的趋势。另外，2016 年 5 月 1 日起，在全国范围内全面推开营业税改征增值税（以下简称"营改增"），营业税退出历史舞台，从此以增值税、消费税为主要收入来源的流转税制度在整个税制中占有特别重要的地位。"营改增"的减税效果比较明显，也为我国直接税比重的提高，提供了一定的空间。2017 年在全部税收收入中，流转税收入占比 53.2%，所得税收入占比 28.5%，其他税类占比 18.3%；2019 年在全部税收收入中，流转税收入占比 52.76%，所得税收入占比 30.38%，其他税类 20.8%。所得税包括企业所得税和个人所得税，在调节收入方面具有独特的功能，而其他类税收所组织的收入规模不大，但它们在配置资源、保护环境和调节经济等方面发挥着重要的作用。

（1）流转类税收特点及调节机理。流转类税收在国外又称商品劳务税或商品税，是以商品或劳务的交换为前提，以商品或劳务交换过程中所发生的商品流转额和非商品流转额为课税对象的一类税的总称。从目前来看，商品税不仅是各国政府财政收入的主要来源之一，而且成为政府调节经济的一个重要杠杆，在各国的税收、财政和经济生活中发挥着重要的作用。与其他税类相比较，流转类税收具有以下特点：

①流转类税收与商品或劳务的交易活动密切相关。由于流转类税收是以商品或劳务的流转额为征税对象，只有发生商品或劳务的交易行为，发生了商品劳务的流转额才有可能征税。从这一意义上说，商品经济的产生和发展决定着流转税制度的产生和发展。商品经济的范围、商品流通的规模、商品流转环节、商品价格形式决定并制约着流转税的征收范围、收入规模、课税环节和计税方式等。

②流转类税收是对物税。所谓对物税，是指这类税的征收制度的设计，其中主要是税率的设计，不考虑纳税人自身的各种具体情况，对从事同样商品、劳务交易的纳税人按照相同的标准征税。即对同一行业或同一商品的不同纳税人均适用同一比例税率，所以，流转类税收也被视为中性税收，也就是说对经济的负面影响最小。

③流转类税收较易发生税负转嫁。流转类税收是间接税，它的税负一般是附加在商品或劳务的价格上，并随商品或劳务的交易而由纳税人转嫁给购买方，并最终由消费者负担，所以，流转税税负的高低及其结构，与物价之间处于高度关联状态，会影响商品和劳务价格水平进而影响市场供求状况。

④流转类税收是中性税，其调节收入具有累退性。由于流转类税收是对商品和劳务征收，如果其征收范围广泛，覆盖到生活必需品，而生活必需品在低收入阶层的消费支出中占的比重大，而收入较高的人负担的税款占其收入的比重反而比收入较低的人要小，就会出现收入调节的累退性。

我国现行流转类税收主要包括增值税、消费税和关税。流转类税收主要是在生产、流通或服务业中发挥调节作用。它是在生产和流通环节普遍征收增值税，然后对特殊商品再征收消费税，以起到特殊调节的作用。关税则是一国政府对通过其关境的引进出口商品所征税的一种税，是对进出口商品的调节。增值税是对生产中的增加值征收的税收，增值税的便利是在生产的不同阶段征收，如果征收的链条一直延续到最终的消费阶段，增值税的效果和只在最终部分按相同的税率征收的销售税是等价的。这时消费者承担的税收和他的消费数量成比例。增值税和一般的流转税相比，是对增值额而不是对整个流转额征税，减少了对生产造成的扭曲。同时，通过发票退税的方法，增值税可以有效地防止漏税，保证政府税收收入[①]。消费税是调节税种，主要对特殊的消费品和高档的消费品征收，包括烟、酒、高档化妆品、贵重首饰及珠宝玉石、鞭炮烟火、成品油、木制一次性筷子、实木地板、游艇、高尔夫球及球具、高档手表、汽车类等，对生产和消费行为具有重要调节职能。

（2）所得类税收特点及调节机理。所得类税收是以所得额为课税对象的税种的总称。所得税最早始创于1799年的英国，当时为了筹措战争经费而开征，1816年废止。直到1842年才成为一种经常性税种。在当今，所得税是世界各国税制体系的一个重要组成部分，不仅成为各国政府财政收入的一项主要来源，而且成为政府调节经济，促进社会分配公平的一个重要杠杆，在各国的税收、财政和经济领域中发挥着重要的作用。在我国，所得类税收是仅次于流转类税收的两大主体税系之一。与流转类税收及其他税类相比，所得类税收具有以下特点：

①所得税是对人税。所得税着眼于人，即纳税人，包括自然人和法人，是以人的各项所得为征税对象。并且在征税时要考虑纳税人自身的各种具体情况。就同等数额的所得而言，由于纳税人具体情况的不同，可能会按照不同的标准征税，所以缴纳的所得税税额也不相同。

②所得税是直接税。所得税通常不发生税负转嫁，纳税人就是负税人。即使由于某些特定条件，税负也可能会发生转嫁，但远不如流转税方便，所以，从整体上说，所得税具有直接税的特点。

③所得税具有累进税特点。所得税是以纳税人的负担能力为基础。

---

① 刘怡，聂海峰. 间接税负担对收入分配的影响分析 [J]. 经济研究，2004（5）：22 - 30.

按量能负担作为立法原则。所得多的多征，所得少的少征，无所得的不征。虽然从征税的绝对额来看，比例税和累进税都满足这一要求．但从征税的相对比例来看，所得税能更好地体现量能征税原则，比商品劳务税更公平。

我国现行所得类税收包括企业所得税和个人所得税。所得类税收主要是在国民收入形成以后，对生产经营者的利润和个人的纯收入发挥调节作用。企业所得税是对在我国境内的企业和其他取得收入的组织征收的。个人所得税是对个人（自然人）的各种收入征收的一种税，是个人所得税税额与应纳税所得额之间的比例。现行《中华人民共和国个人所得税法》（以下简称《个人所得税法》）是 1980 年 9 月 10 日第五届全国人民代表大会第三次会议通过，1981 年 1 月 1 日正式开征，并经过1993 年第一次修正、1999 年第二次修正、2005 年第三次修正、2007 年第四次和第五次修正、2011 年第六次修正、2018 年第七次修正最终形成，自 2019 年 1 月 1 日起施行。我国个人所得税在现行的税收体系中对于实现公平具有特殊的意义，而且，随着经济的发展，个人所得税在整个税制中的作用越来越大。

2. 我国现行个人所得税税制构成

世界各国的个人所得税制大体可分为三种类型：分类所得税制、综合所得税制和混合所得税制。这三种税制各有所长，各国可根据本国具体情况选择、运用。我国自 1980 年开征个人所得税以来，经过七次修正，税收制度不断完善，税收收入连年增长，特别是 1994 年税制改革以来，个人所得税收入以年均 30% 的幅度稳步增长，由 1994 年的 73 亿元增加到 2010 年的 4837 亿元，占 GDP 的比重由 0.15% 上升至 1.21%，占税收收入的比重由 1.43% 上升至 6.25%。自 2016 年个人所得税突破万亿以来，增长迅速，2018 年个人所得税总额增加到 13872 亿元，同比增长 15.9%，占 GDP 的比重 1.51%，占税收收入比重 8.2%，成为税制改革以来增长最为强劲的税种之一，对调节收入分配发挥了重要作用。2021 年，个人所得税收入为 13992.7 亿元，占当年中国税收总额的8.1%。

2018 年 10 月，个人所得税在 2011 年的基础上又进行了修改，这也是个人所得税法自 1980 年出台以来的第七次大修，也是对个人所得税的根本性变革。主要变化内容包括：纳税人明确为居民个人和非居民个人，并将在中国境内居住的时间这一判定居民个人和非居民个人的标准，由原来的是否满 1 年调整为是否满 183 天；工资薪金所得、劳务报酬所得、稿酬所得和特许权使用费所得 4 项劳动性所得首次实行综合征税；适当简并应税所得分类，将原来的"个体工商户的生产、经营所得"调整为"经营所得"，不再保留原来的"对企事业单位的承包经营、承租经营所得"，该项所得根据具体情况，分别并入综合所得或者经营所得；综合所得免征额由 3500 元/月提高到 5000 元/月（6 万元/年）；首次增加子女教育支出、继续教育支出、大病医疗支出、住房贷款利息或住房租金，以及赡养老人等专项附加扣除；优化调整税率结构，扩大较低档税率级距等。

（1）实行综合与分类征收，比例税率与累进税率结合。

个人所得税采用的是综合与分类所得税制，即将个人取得的各种所得划分为九类，包括工资、薪金所得，劳务报酬所得，稿酬所得，特许权使用费所得，经营所得，利息、股息、红利所得，财产租赁所得，财产转让所得，偶然所得。其中，将工资、薪金所得，劳务报酬所得，稿酬所得，特许权使用费所得 4 项劳动性所得统称为综合所得，纳入综合征税范围，适用统一的超额累进税率，按纳税年度合并计算个人所得税；经营所得，利息、股息、红利所得，财产租赁所得，财产转让所得，偶然所得，采用分类征税方式，按税法规定分别计算个人所得税。纳税人取得的不同所得分别适用比例税率和累进税率。

一是综合所得税率。2011 年之前，我国个人所得税采用分类征税方式，对工资薪金所得实行的是 5% ~ 45% 的 9 级超额累进税率（见表 4 – 11），2011 年个人所得税第六次修订，分类征收方式没变，税率调整为 3% ~ 45% 的 7 级超额累进税率（见表 4 – 12）。现行个人所得税是 2018 年个人所得税第七次修订后形成的，适应 4 项所得的综合征收方式，工资、薪金所得，劳务报酬所得，稿酬所得，特许权使用费所得 4 项综合所得实行综合所得税率。以 2011 年的工资、薪金所得 3% ~ 45% 的 7 级超额累进税率为基础，将按月计算应纳税所得额调整为按年计算，并优化调整部分税率的级距。具体是：扩大 3%、10%、20% 三档低税率的级距，3% 税率的级距扩大一倍，2011 年税率为 10% 的部分所得的税率降为 3%；大幅扩大 10% 税率的级距，2011 年税率为 20% 的所得，以及税率为 25% 的部分所得的税率降为 10%；2011 年税率为

25% 的部分所得的税率降为 20%；相应缩小 25% 税率的级距，30%、35%、45% 这三档较高税率的级距保持不变（见表 4 – 13、表 4 – 14）。

**表 4 – 11　个人所得税——工资薪金所得税率表（2011 年前）**

| 级数 | 全月应纳税所得额 | 税率（%） | 速算扣除数 |
|---|---|---|---|
| 1 | 不超过 500 元的部分 | 5 | 0 |
| 2 | 超过 500 元至 2000 元的部分 | 10 | 25 |
| 3 | 超过 2000 元至 5000 元的部分 | 15 | 123 |
| 4 | 超过 5000 元至 20000 元的部分 | 20 | 375 |
| 5 | 超过 20000 元至 40000 元的部分 | 25 | 1375 |
| 6 | 超过 40000 元至 60000 元的部分 | 30 | 3375 |
| 7 | 超过 60000 元至 80000 元的部分 | 35 | 6375 |
| 8 | 超过 80000 元至 100000 元的部分 | 40 | 10375 |
| 9 | 超过 100000 元的部分 | 45 | 15375 |

**表 4 – 12　个人所得税——工资薪金所得税率表（2011 年至 2018 年）**

| 级数 | 全月应纳税所得额 | 税率（%） | 速算扣除数 |
|---|---|---|---|
| 1 | 不超过 1500 元的部分 | 3 | 0 |
| 2 | 超过 1500 元至 4500 元的部分 | 10 | 105 |
| 3 | 超过 4500 元至 9000 元的部分 | 20 | 555 |
| 4 | 超过 9000 元至 35000 元的部分 | 25 | 1005 |
| 5 | 超过 35000 元至 55000 元的部分 | 30 | 2755 |
| 6 | 超过 55000 元至 80000 元的部分 | 35 | 5505 |
| 7 | 超过 80000 元的部分 | 45 | 13505 |

**表 4 – 13　个人所得税综合所得税率表（2019 年 1 月 1 日以后）**

| 级数 | 全年应纳税所得额 | 税率（%） | 速算扣除数 |
|---|---|---|---|
| 1 | 不超过 36000 元的部分 | 3 | 0 |
| 2 | 超过 36000 元至 144000 元的部分 | 10 | 2520 |
| 3 | 超过 144000 元至 300000 元的部分 | 20 | 16920 |

| 级数 | 全年应纳税所得额 | 税率（%） | 速算扣除数 |
|---|---|---|---|
| 4 | 超过 300000 元至 420000 元的部分 | 25 | 31920 |
| 5 | 超过 420000 元至 660000 元的部分 | 30 | 52920 |
| 6 | 超过 660000 元至 960000 元的部分 | 35 | 85920 |
| 7 | 超过 960000 元的部分 | 45 | 181920 |

注：（1）本表所称全年应纳税所得额是指依照个人所得税法第六条的规定，居民个人取得综合所得以每一纳税年度收入额减除费用 6 万元以及专项扣除、专项附加扣除和依法确定的其他扣除后的余额。综合所得按年计算是从 2019 年 1 月 1 日开始。

（2）非居民个人取得工资、薪金所得，劳务报酬所得，稿酬所得和特许权使用费所得，依照本表按月换算后计算应纳税额。

表 4－14　　　　　　个人所得税按月换算后的综合所得税率表
（2018 年 10 月 1 日）

| 级数 | 全月应纳税所得额 | 税率（%） | 速算扣除数 |
|---|---|---|---|
| 1 | 不超过 3000 元的部分 | 3 | 0 |
| 2 | 超过 3000 元至 12000 元的部分 | 10 | 210 |
| 3 | 超过 12000 元至 25000 元的部分 | 20 | 1410 |
| 4 | 超过 25000 元至 35000 元的部分 | 25 | 2660 |
| 5 | 超过 35000 元至 55000 元的部分 | 30 | 4410 |
| 6 | 超过 55000 元至 80000 元的部分 | 35 | 7160 |
| 7 | 超过 80000 元的部分 | 45 | 15160 |

注：按月缴纳个人所得税适用的综合所得税率表。

居民个人取得全年一次性奖金符合规定的，在 2021 年 12 月 31 日前，不并入当年综合所得，以全年一次性奖金收入除以 12 个月得到的数额，按照按月换算后的综合所得税率表，确定适用税率和速算扣除数，单独计算纳税。居民个人取得全年一次性奖金，也可以选择并入当年综合所得计算纳税。自 2022 年 1 月 1 日起，居民个人取得全年一次性奖金，应并入当年综合所得按全年综合所得税税率来计算缴纳个人所得税。

二是经营所得税率。现行个人所得税以 2011 年修订实施的个人所得税税率中"个体工商户的生产、经营所得"和"对企事业单位的承

包经营、承租经营所得"税率（见表 4 - 15）为基础，保持 5% ~ 35%
的 5 级税率不变，适当调整了各档税率的级距，其中最高档税率级距下
限从 10 万元提高至 50 万元，如表 4 - 16 所示。

表 4 - 15　　个体工商户的生产经营所得和对企事业单位的
承包经营、承租经营所得税率表（2011 年后）

| 级数 | 全年应纳税所得额 | 税率（%） | 速算扣除数 |
|---|---|---|---|
| 1 | 不超过 15000 元的部分 | 5 | 0 |
| 2 | 超过 15000 元至 30000 元的部分 | 10 | 750 |
| 3 | 超过 30000 元至 60000 元的部分 | 20 | 3750 |
| 4 | 超过 60000 元至 100000 元的部分 | 30 | 9750 |
| 5 | 超过 100000 元的部分 | 35 | 14750 |

表 4 - 16　　个人所得税经营所得税率表（2018 年 10 月 1 日）

| 级数 | 全年应纳税所得额 | 税率（%） | 速算扣除数 |
|---|---|---|---|
| 1 | 不超过 30000 元的部分 | 5 | 0 |
| 2 | 超过 30000 元至 90000 元的部分 | 10 | 1500 |
| 3 | 超过 90000 元至 300000 元的部分 | 20 | 10500 |
| 4 | 超过 300000 元至 500000 元的部分 | 30 | 40500 |
| 5 | 超过 500000 元的部分 | 35 | 65500 |

注：本表所称全年应纳税所得额是指依照个人所得税法第六条的规定，以每一纳税年度的
收入总额减除成本、费用以及损失后的余额。

（2）免征额不断提高，有利于调节收入分配。

个人所得税免征额（也有人称为"起征点"）是在征税对象总额中
免予征税的数额。它是按照一定标准从征税对象总额中预先减除的数
额。免征额部分不征税，只对超过免征额部分征税。个人所得税之所以
要设免征额，是基于居民基本生活费用不纳税的原则，是为了照顾纳税
人的最低需要。基于此，随着生活水平的提高和物价水平的上涨，居民
维持基本生活所需的费用发生了较大变化，费用减除标准也有必要不断
提高，这样才能使税收负担更加合理和公平。

我国个人所得税自 1981 年开征以来，工资、薪金所得费用减除标

准（统称"免征额"）经过了几次调整，从最初的 800 元/月，2006 年提高到 1600 元/月，2008 年 3 月提高到 2000 元/月，2011 年 9 月 1 日起提高到 3500 元/月，再到 2018 年 10 月 1 日起提高到 5000 元/月，是一个不断向上的趋势。这一标准的不断提高，既考虑了人民群众消费支出水平增长等各方面因素，又体现了国家对因物价上涨等因素造成居民生活成本上升的一个补偿。按照这一标准并结合税率结构调整情况，以及子女教育、继续教育、大病医疗、住房贷款利息或住房租金和赡养老人 6 项专项附加，取得工资、薪金等综合所得的纳税人，税收负担普遍降低，特别是中等以下收入群体税负下降明显，居民可支配收入增加，有利于调节贫富差距，增强普通民众的消费能力。据统计，2018 年 10 月 1 日起个人所得税免征额由 3500 元/月提高到 5000 元/月，纳税人占城镇就业人员的比例由税改前的 44% 降到 15%。2018 年 10 月 1 日之后，扣除"五险一金"等月收入 5000 元以下的收入群体不需要缴纳个人所得税，5000~15000 元的收入群体个税纳税额减少了 50% 以上，20000~30000 元的收入群体个税纳税额减少了 30% 以上，如表 4 - 17 所示。随着应纳税所得额的不断提高，纳税额减少的幅度降低，体现了对高收入的调节。

表 4 – 17 　　　　　　　个人所得税综合改革前后纳税额比较

| 月收入<br>（扣除五险一金等） | 2018 年 10 月 1 日<br>前缴纳 | 2018 年 10 月 1 日<br>后缴纳 | 税额减少<br>（元） | 减少幅度<br>（%） |
|---|---|---|---|---|
| 3500 | 0 | 0 | 0 | 0 |
| 5000 | 45 | 0 | 45 | 100 |
| 5500 | 95 | 15 | 80 | 84 |
| 6000 | 145 | 30 | 115 | 79 |
| 7000 | 245 | 60 | 185 | 76 |
| 8000 | 345 | 90 | 255 | 74 |
| 9000 | 545 | 190 | 355 | 65 |
| 10000 | 745 | 290 | 455 | 61 |
| 15000 | 1870 | 790 | 1080 | 58 |
| 20000 | 3120 | 1590 | 1530 | 49 |

续表

| 月收入<br>（扣除五险一金等） | 2018 年 10 月 1 日<br>前缴纳 | 2018 年 10 月 1 日<br>后缴纳 | 税额减少<br>（元） | 减少幅度<br>（%） |
|---|---|---|---|---|
| 25000 | 4370 | 2590 | 1780 | 41 |
| 30000 | 5620 | 3590 | 2030 | 36 |
| 40000 | 8190 | 6090 | 2100 | 26 |
| 50000 | 11195 | 9090 | 2105 | 19 |
| 70000 | 17770 | 15590 | 2180 | 12 |
| 90000 | 25420 | 23090 | 2330 | 9 |
| 100000 | 29920 | 27590 | 2330 | 8 |

## 4.2.2　我国现行税收调节居民收入分配效果评价

1. 税收对居民收入分配调节的总体效果不理想

根据中国统计年鉴，居民可支配收入是从居民全部收入减去个人所得税、个人承担的社会保障支出和记账补贴[①]。我国现行税制体系中，对居民个人收入分配调节作用比较直接的主要是所得税，由于缺乏分析税收调节效果的直接数据，本书假设在每人总收入形成可支配收入前其他因素（包括个人交纳的社会保障支出和记账补贴，两项数额都很小）忽略不计，只考虑税收（主要是所得税）因素，这样平均每人全部年收入即为税前收入，平均每人可支配收入即为税后收入，并按《中国统计年鉴》的划分，将居民收入户分为最低收入户、低收入户、中等偏下户、中等收入户、中等偏上户、高收入户和最高收入户 7 个等级，选取了 2008 年和 2011 年两个年度，全国城镇居民税前与税后收入额及税收调节幅度进行同一年度不同等级收入户税收调节幅度的比较和不同年度同等级收入户税收调节幅度的比较[②]（见表 4 - 18 和表 4 - 19），结果显

---

① 记账补贴是指政府给予被调查住户的政府补贴，经过向统计局城调队工作人员咨询和调查，该项补贴根据地区生活水平不同，通常为每个月 5 元或 10 元，近年来有所提高，但也在 10 元、20 元左右，平均到人均水平数额则更小些。2017 年为 120 ~ 150 元，2022 年为 200 元，当然，各地根据生活水平不同，农村与城市不同，记账补贴标准也有所不同。

② 曲顺兰. 税收调节收入分配：基本判断及优化策略 [J]. 马克思主义与现实，2011 (1)：195 – 199.

示，我国现行税收政策没有发挥其应有的作用，对高收入群体的调节力度明显不足，且对低收入群体的调节幅度有不断提高的趋势。

表 4 – 18　　　　2008 年全国城镇居民分等级税前与税后
收入额及税收调节幅度　　　　　单位：元

| 收入等级 | 平均每人税前收入 | 平均每人税后收入 | 税收调节数额 | 税收调节幅度（%） |
|---|---|---|---|---|
| 最低收入户（10%） | 5203.83 | 4753.59 | 450.24 | 8.65 |
| 低收入户（10%） | 7916.53 | 7363.28 | 553.25 | 7.0 |
| 中等偏下户（20%） | 10974.63 | 10195.56 | 779.07 | 7.1 |
| 中等收入户（20%） | 15054.73 | 13984.23 | 1070.5 | 7.1 |
| 中等偏上户（20%） | 20784.19 | 19254.08 | 1530.11 | 7.36 |
| 高收入户（10%） | 28518.85 | 26250.10 | 2268.75 | 7.95 |
| 最高收入户（10%） | 47422.40 | 43613.75 | 3808.65 | 8.03 |

资料来源：根据 2009 年《中国统计年鉴》相关数据计算得出。

118

表 4 – 19　　　　2011 年全国城镇居民分等级税前与税后
收入额及税收调节幅度　　　　　单位：元

| 收入等级 | 平均每人税前收入 | 平均每人税后收入 | 税收调节数额 | 税收调节幅度（%） |
|---|---|---|---|---|
| 最低收入户（10%） | 7819.44 | 6876.09 | 943.35 | 12.06 |
| 低收入户（10%） | 11751.28 | 10672.02 | 1079.26 | 9.18 |
| 中等偏下户（20%） | 15880.67 | 14498.26 | 1382.41 | 8.70 |
| 中等收入户（20%） | 21439.70 | 19544.94 | 1894.76 | 8.84 |
| 中等偏上户（20%） | 29058.92 | 26419.99 | 2638.93 | 9.08 |
| 高收入户（10%） | 39215.49 | 35579.24 | 3636.25 | 9.27 |
| 最高收入户（10%） | 64460.67 | 58841.87 | 5618.8 | 8.72 |

资料来源：根据 2012 年《中国统计年鉴》相关数据计算得出。

从表 4 – 18 和表 4 – 19 中都可以看出，我国原个人所得税对居民收入的调节作用正好达到了与理论上"抽肥"相反的效果。在表 4 – 18 的这 7 个收入等级中，税收调节幅度整体上变动不大，在 7% ~ 8.65% 之间，表现不明显，差距也不大，除了最低收入户是 8.65% 最高以外，其他几个等级基本上是随着收入等级的提高而温和的逐步提高，高收入户和最高收入户分别是 7.95% 和 8.03%，调节幅度偏小，甚至低于对最低收入户 8.65% 的调节幅度①。表 4 - 19 的这七个收入等级中，税收调节幅度最大的是最低收入户，达到了 12.06%，调节幅度最小的则是最高收入户 8.72%，两者相差 3.34，对最高收入户调节幅度甚至低于其他几个等级，出现非常明显的"逆调节"。其他五个等级调节幅度整体上变动不大，在 8.84% ~ 9.27% 之间，表现比较温和，差距不大，与最高收入户比较，调节幅度甚至也高于最高收入户的 8.72%。

从 2008 ~ 2011 年，城镇居民的税前收入都得到了大幅度的增长，最低收入群体增长了 2615.61 元，最高收入群体增长了 17038.27 元，增长幅度分别达到 33.4% 和 26.43%，而经过税收调节后，城镇居民税后收入增长幅度最低收入群体为 30.86%，最高收入群体为 25.88%，税收对低收入的调节力度要比高收入的大。从表 4 - 18 和表 4 - 19 的税收调节幅度也能明显看出，2008 年，税收对最低收入户的调节幅度是 8.65%，到 2011 年这一幅度达到了 12.06%，而对最高收入户的调节幅度 2008 年是 8.03%，到 2011 年是 8.72%，没有太大的变化。且对最高收入户以下的几个等级的调节幅度 2011 年都是一个扩大的趋势。

这说明，我国税收调节居民收入分配远没有达到理论上的调节效果，其总体调节力度是温和的，对每一个等级都差别不大，对中等及中等以下收入，尤其是对最低收入户的调节力度过大，而对最高收入户的调节幅度过小，调节效果不明显，没有发挥出税收对高收入群体的特别调节，即"抽肥"的作用，甚至出现了非常明显的"逆调节"，而且这种"逆调节"趋势不断扩大。

2013 年以后，中国统计年鉴中原有城镇居民人均可支配收入分组由七等份调整为五等份，而且不再统计总收入分组情况。2018 年个人所得税调整后对居民收入分配效果的影响无法按 2008 年和 2011 年的方式来进行。因此，为分析税收对居民收入分配调节的效果，我们对 2015 ~ 2019 年全国城镇居民平均每人税后收入进行统计（见表 4 - 20）。

119

---

① 曲顺兰. 税收调节收入分配：基本判断及优化策略 [J]. 马克思主义与现实，2011 (1)：195 - 199.

表 4－20　　2015～2019 年全国城镇居民分等级人均税后收入额　　单位：元

| 收入等级 | 2015 年 | 2016 年 | 2017 年 | 2018 年 | 2019 年 |
|---|---|---|---|---|---|
| 低收入户（20%） | 12230.9 | 13004.1 | 13723.1 | 14386.9 | 15549.4 |
| 中等偏下户（20%） | 21446.2 | 23054.9 | 24550.1 | 24856.5 | 26783.7 |
| 中等收入户（20%） | 29105.2 | 31521.8 | 33781.3 | 35196.1 | 37875.8 |
| 中等偏上户（20%） | 38572.4 | 41805.6 | 45163.4 | 49173.5 | 52907.3 |
| 高收入户（20%） | 65082.2 | 70347.8 | 77097.2 | 84907.1 | 91682.6 |

资料来源：根据 2016～2020 年《中国统计年鉴》相关数据计算得出。

2018 年 8 月 31 日，第十三届全国人民代表大会常务委员会第五次会议决议第七次修订《个人所得税法》，自 2019 年 1 月 1 日起施行。本次修订是 1994 年以来我国个人所得税最大的一次修订，个人所得税由传统的分类所得税制改变为分类与综合相结合的所得税制，对工资薪金所得、劳务报酬所得、稿酬所得、特许权使用费所得 4 项劳动所得实行综合征收，每月费用扣除标准提高到 5000 元（2018 年 10 月 1 日起，个人所得税工资薪金所得的费用扣除标准已由每月 3500 元提高至 5000 元），其他所得分类征收。首次增加子女教育支出、继续教育支出、大病医疗支出等专项附加扣除，适用税率级次也进行了调整。

为进一步分析 2018 年个人所得税调整以后对居民收入分配调节的效果，本书以 2015 年的全国城镇居民分等级人均税后收入额为基础，逐年计算出 2016～2019 年人均税后收入额的增幅，如表 4－21 所示。

表 4－21　　2016～2019 年全国城镇居民分等级人均税后收入额增幅　　单位：%

| 收入等级 | 2016 年 | 2017 年 | 2018 年 | 2019 年 |
|---|---|---|---|---|
| 低收入户（20%） | 6.32 | 5.53 | 4.84 | 8.08 |
| 中等偏下户（20%） | 7.5 | 6.49 | 1.25 | 7.75 |
| 中等收入户（20%） | 8.3 | 7.17 | 4.19 | 7.61 |
| 中等偏上户（20%） | 8.38 | 8.03 | 8.88 | 7.59 |
| 高收入户（20%） | 8.09 | 9.59 | 10.13 | 7.98 |

资料来源：根据 2017～2020 年《中国统计年鉴》相关数据计算得出。

如表 4－21 和图 4－9 所示，2019 年个人所得税改革之前，我国城镇居民人均税后收入额增幅与收入等级整体呈现出正相关关系，即收入等级越高的城镇居民人均税后收入额增幅越高，其中 2018 年中等偏下收入户的人均税后收入额增幅仅为 1.25％，而高收入户的人均税后收入额增幅达到了 10.13，二者相差近十倍。2019 年，不同收入等级的城镇居民的人均税后收入额增幅大体相当，低收入户增幅为 8.08％，为所有组最高，最低增幅为中等偏上户的 7.59％，两者仅相差 0.49％。这说明 2018 年个人所得税改革有效地调节了不同收入等级城镇居民的收入增幅，起到了一定的"抽肥增瘦"效应。但 2019 年各组城镇居民人均税后收入增幅比前几年并未出现明显上涨。其中的原因可能有两个：一是经济下行压力下城镇居民收入增长受到一定的抑制；二是税改后国家加强了税收征管，城镇居民特别是中高收入者纳税遵从度提高，一定程度上平滑了人均税后收入额增幅。

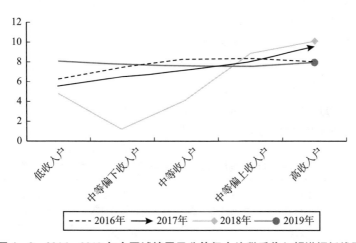

**图 4－9　2016～2019 年全国城镇居民分等级人均税后收入额增幅折线图**

**2. 税收调节前后基尼系数变化不大，调节作用微弱**

作为国际上比较认可的标准，基尼系数一直是广泛用来综合考察居民内部收入分配差异状况的一个重要分析指标。而通过居民税前收入基尼系数和税后收入基尼系数的比较，来说明税收对居民收入分配差距的调节效果直接而又有说服力。一般来说，税后基尼系数比税前基尼系数下降得越多，说明税收调节居民收入分配的效果越显著。因而，这一方法被世界各国普遍采用，如美国、英国、加拿大等都采用过这种方法。比如，加拿大 1993 年纳税人的税前基尼系数为 0.37，税后基尼系数为 0.33，税收使基尼系数降低 0.04，说明加拿大税收对收入分配的调节效果比较明显。美国当局统计数据表明，多年来，通过对个税制度的调整，基尼系数平均降幅达 0.3①。

根据 2009 年《中国统计年鉴》公布的统计数据，以全国农村居民年人均纯收入最高的 2008 年 4761 元计算，全国农村居民月平均收入为396.75 元，属于个人所得税（免征额 2000 元）的免征范围，因此推定，个人所得税的主要纳税人是城镇居民，而税收直接调节收入分配主要是个人所得税，所以以城镇居民税前与税后基尼系数比较可以看出税收调节居民收入分配效应的大小。

从表 4 - 22 可以看出，我国 1994 ~ 2008 年城镇居民收入的税前税后基尼系数，在小数点后第三位才开始出现些许差异，如果取小数点后两位的话，税前和税后基尼系数基本相等。这说明，税收根本没有对居民收入的基尼系数产生明显的调节效果。同时，也可以看出，城镇居民收入税收调节前后的基尼系数之差逐年增加，但增加幅度不大，说明税收对城镇居民收入水平的调节作用在逐渐增强，但这种变化非常小，这说明，税收对城镇居民收入分配有一定的调节作用，但这种调节作用非常微弱，可以忽略不计。从这一点来看，我国远不如西方发达国家税收调节收入分配的效应显著。

表 4 - 22　　1994 ~ 2008 年全国城镇居民税收调节前后基尼系数变化表

| 年份 | 全国<br>基尼系数 | 城镇居民<br>税前基尼系数 | 城镇居民<br>税后基尼系数 | 税前基尼系数—<br>税后基尼系数 |
|---|---|---|---|---|
| 1994 | 0.3825 | — | 0.2149 | — |
| 1995 | 0.3759 | 0.2079 | 0.2078 | 0.0001 |
| 1996 | 0.3544 | 0.2085 | 0.2083 | 0.0002 |
| 1997 | 0.3754 | 0.2188 | 0.2186 | 0.0002 |
| 1998 | 0.3823 | 0.2264 | 0.2261 | 0.0003 |
| 1999 | 0.3943 | 0.2333 | 0.2329 | 0.0004 |

① 王晓晨，梁家玮. 深化个人所得税制度改革探讨 [J]. 审计观察，2021 (6)：50 - 53.

| 年份 | 全国<br>基尼系数 | 城镇居民<br>税前基尼系数 | 城镇居民<br>税后基尼系数 | 税前基尼系数—<br>税后基尼系数 |
|------|------|------|------|------|
| 2000 | 0.4072 | 0.2456 | 0.2451 | 0.0005 |
| 2001 | 0.4193 | 0.2563 | 0.2557 | 0.0006 |
| 2002 | 0.4466 | 0.308 | 0.3068 | 0.0012 |
| 2003 | 0.479 | 0.3169 | 0.315 | 0.0019 |
| 2004 | 0.473 | 0.3257 | 0.3233 | 0.0024 |
| 2005 | 0.485 | 0.3317 | 0.3292 | 0.0025 |
| 2006 | 0.487 | 0.3284 | 0.326 | 0.0024 |
| 2007 | 0.484 | 0.3256 | 0.3229 | 0.0027 |
| 2008 | 0.491 | 0.3316 | 0.3289 | 0.0027 |

资料来源：杨虹. 调节居民收入分配的税收制度研究 [M]. 中国税务出版社，2010.

根据 2019 年和 2020 年《中国统计年鉴》公布的统计数据，2018 年和 2019 年全国农村居民年人均纯收入分别为 14617 元和 16020.7 元，全国农村居民月平均收入分别为 1218 元和 1335 元，属于个人所得税（2018 年 10 月 1 日实施的免征额为 5000 元）的免征范围，因此，与往年相同，2018 年个人所得税免征额提高以来，个人所得税的主要纳税人还是城镇居民，所以，以城镇居民税前与税后基尼系数比较，可以说明税收调节居民收入分配效应的大小。

2018 年个人所得税改革，对工资薪金所得、劳务报酬所得、稿酬所得和特许权使用费所得 4 项劳动所得实行综合征收，免征额从 3500 元/月提高至 5000 元/月（每年 6 万元）。同时，首次增加子女教育支出、继续教育支出、大病医疗支出、赡养老人支出、住房贷款利息和住房租金等专项附加扣除，减少了缴税基数，可扣除范围增加，在一定程度上减轻了居民税收负担。从省级基尼系数差异来看，2018 年城乡居民税前基尼系数为 0.3941，税后基尼系数为 0.2033，税前税后基尼系数差额为 0.1908；2019 年城乡居民税前基尼系数为 0.4086，税后基尼系数为 0.1971，税前税后基尼系数差额为 0.2115。基尼系数之差的绝对值从 2018 年的 0.1908 到 2019 年的 0.2115，表明个人所得税调节收入差距的能力有了很大的增强，提高免征额和增加专项附加扣除在目前情况下是有效的，还应继续加大力度①。

3. 调节功能较强的税种在税收总额中所占比重整体过低

如前所述，不同税制结构对收入分配的调节作用是有很大差别的。一般而言，以直接税为主体的税制结构，所得税收入应占税收总额的60%以上，流转税收入不应超过税收总额的20%，主要以个人所得税、社会保障税和财产税为主体税种，对收入分配的调节作用效果十分明显。我国现行税制是1994年税制改革形成的，虽然近几年随着经济社会形势的变化和宏观调控目标的调整，税制也进行了相应的调整和完善，特别是这几年的以增值税为代表的减税降费政策，直接税收入逐年提高，但以间接税为主体的总体格局没有改变，增值税"一税独大、结构失衡"特征明显，2018年间接税占税收总收入54.62%，其中增值税就占税收总收入的45.7%。而且侧重于向企业征税，税收结构以增值税、企业所得税和消费税为主。2020年我国接近90%的税收都是以企业为征税对象，包括增值税（36.8%）、企业所得税（23.6%）、消费税（7.8%）等。而OECD成员国来自企业端的税收收入大致只占55%，美国联邦政府税收收入中企业缴纳部分不足20%②。由于个人所得税覆盖的人群较少以及基本扣除额持续提高，我国个人所得税占比较低，且有下降的趋势，2017年占比8.3%，2018年占比8.9%，2019年占比6.6%，2020年占比为7.5%。美国以直接税为主，主要向个人征税，调节收入分配的功能更强。2020年美国的直接税占比为72.6%，其中个人所得税和社保税是主要来源，分别占美国税收的40.8%和26.8%③。

这样的结果会造成：一是间接税为主体的税制结构直接减少了所得税调节经济的空间，会使所得税在居民收入再分配中的调节作用受到限制。税收主要发挥着财政收入和资源配置的职能，能够在再分配领域发挥调节作用的税种，如个人所得税、财产税（含房产税、城镇土地使用税、车船税、车辆购置税等）为代表的直接税比重过低（见表4-23），不利于调节居民收入分配、缩小收入差距等税收功能的发挥，8%左右的税

① 匡浩宇. 个人所得税、居民收入结构与再分配调节——基于省级面板数据的实证检验 [J]. 经济体制改革, 2021 (4)：158-165.

② 闫少骞. 关于加快构建适应高质量发展的现代税收制度研究 [J]. 税务研究, 2020 (3)：116-120.

③ 任泽平, 罗志恒, 孙婉莹. 中美税制及税负比较 [EB/OL]. (2020-02-20) [2021-07-21]. https：//baijiahao. baidu. com/s? id=1659023329567439198&wfr=spider&for=pc.

收直接来自居民个人，这也意味着可用于调节居民个人收入分配的税收空间极其狭小。二是高比例、大规模的间接税收入集中于商品价格渠道向全社会转嫁，一方面，会导致低收入阶层缴纳的税收占其收入的比重高于高收入阶层，税负累退性显著；另一方面，这种高比例、大规模的间接税收入集中于商品价格渠道，向全社会转嫁，使得税收与物价之间处于高度关联状态，在现实生活中确有推高物价之嫌，特别是生活必需品等商品中含税过高，事实上成为由消费者负担的大众税，助推了收入分配差距的拉大，甚至为政府控制物价水平的努力带来不确定因素。

表 4 - 23　　　　　　1994～2020 年调节分配的各税种收入及其
占税收总额的比重

| 年份 | 税收总额（亿元） | 个人所得税 | | 财产税 | | 国内消费税 | |
|---|---|---|---|---|---|---|---|
| | | 总额（亿元） | 占比（%） | 总额（亿元） | 占比（%） | 总额（亿元） | 占比（%） |
| 1994 | 5126.88 | 72.67 | 1.42 | 104.10 | 2.03 | 487.40 | 9.51 |
| 1995 | 6038.04 | 131.49 | 2.18 | 128.70 | 2.13 | 541.48 | 8.97 |
| 1996 | 6909.82 | 193.19 | 2.80 | 156.67 | 2.27 | 620.23 | 8.98 |
| 1997 | 8234.04 | 259.93 | 3.16 | 185.08 | 2.25 | 678.70 | 8.24 |
| 1998 | 9262.80 | 338.65 | 3.66 | 233.10 | 2.52 | 814.93 | 8.80 |
| 1999 | 10682.58 | 414.31 | 3.88 | 263.46 | 2.46 | 820.66 | 7.68 |
| 2000 | 12581.51 | 660.37 | 5.25 | 297.95 | 2.36 | 858.29 | 6.82 |
| 2001 | 15301.38 | 996.02 | 6.51 | 574.20 | 3.75 | 929.99 | 6.08 |
| 2002 | 17636.45 | 1211.07 | 6.87 | 751.65 | 4.26 | 1046.32 | 5.93 |
| 2003 | 20017.31 | 1417.33 | 7.08 | 921.93 | 4.60 | 1182.26 | 5.91 |
| 2004 | 25718.00 | 1737.10 | 6.75 | 1042.97 | 4.31 | 1501.90 | 6.22 |
| 2005 | 30865.83 | 2093.92 | 6.78 | 1170.33 | 4.07 | 1633.81 | 5.68 |
| 2006 | 37636.27 | 2452.32 | 6.51 | 1429.12 | 4.11 | 1885.69 | 5.42 |
| 2007 | 45621.97 | 3184.98 | 6.98 | 1905.93 | 4.18 | 2206.83 | 4.84 |
| 2008 | 54223.79 | 3722.19 | 6.86 | 2487.10 | 4.59 | 2568.27 | 4.74 |
| 2009 | 63104.00 | 3944.00 | 6.25 | 2887.78 | 4.58 | 4759.12 | 7.54 |

| 年份 | 税收总额（亿元） | 个人所得税 | | 财产税 | | 国内消费税 | |
|---|---|---|---|---|---|---|---|
| | | 总额（亿元） | 占比（%） | 总额（亿元） | 占比（%） | 总额（亿元） | 占比（%） |
| 2010 | 73210.79 | 4837.17 | 6.6 | 3931.70 | 5.37 | 6071.55 | 8.3 |
| 2011 | 89720.31 | 6054.09 | 6.7 | 4369.07 | 4.9 | 6935.93 | 7.7 |
| 2012 | 100600.88 | 5820.24 | 5.8 | 5142.48 | 5.1 | 7872.14 | 7.8 |
| …… | …… | …… | …… | …… | …… | …… | …… |
| 2015 | 124922.2 | 8617.27 | 6.9 | 10885 | 8.7 | 10542.16 | 8.4 |
| 2016 | 130354 | 10088.98 | 7.7 | 11451 | 8.8 | 10217.23 | 7.8 |
| 2017 | 144360 | 11966.37 | 8.3 | 13155 | 9.1 | 10225.09 | 7.1 |
| 2018 | 156402.86 | 13871.97 | 8.9 | 14460 | 9.2 | 10631.75 | 6.8 |
| 2019 | 157992.21 | 10388.48 | 6.6 | 14894 | 9.4 | 12561.52 | 8.0 |
| 2020 | 154310 | 11568 | 7.5 | 15492 | 10.0 | 12028 | 7.8 |

注：财产税包括：房产税（包括房产税和城市房地产税）、城镇土地使用税、车船税（包括车船使用牌照税）、车辆购置税（自2001年起），2008年、2009年、2011年、2012年的财产税总额不包括车船税。国内消费税不包括进口产品消费税。2015~2020年的财产税包括房产税、契税、车辆购置税和城镇土地使用税。

资料来源：根据《中国税务年鉴》相关年度数据整理。

### 4. 个人所得税、消费税等相关税种对高收入群体收入的调节力度微弱

个人所得税作为国际上通行的调节居民收入再分配的一个重要税种，由于其累进性，使它成为缩小收入差距、调节不同阶层收入分配最直接的工具，对缩小收入分配差距起着关键的作用，所以，有人称它为"劫富税"。在大多数发达国家，个人所得税主要是根据个人的年收入来课税，并且实行累进税率，收入越高，纳税越多，比如，美国个人所得税的纳税主体主要是高收入群体。据统计，年收入在10万美元以上的群体所缴纳的税款占每年美国全部个人税收总额的60%以上，是美国税收最重要的来源。

从我国目前个人所得税征收情况来看，个人所得税成了名副其实的"工薪税"，没有起到"抽肥"的作用。由于工薪收入规范化程度比较高，便于征管和监控，由单位代扣代缴，所以，工薪收入成为我国个人

所得税的最主要来源，工薪阶层成为个人所得税的纳税主力。据国家税务总局统计，1994 年，我国工薪项目个税 32.13 亿元，占个人所得税总收入的 44.21%；2000 年工薪阶层缴纳 283 亿元，占全国个税 660 亿元的 42.86%；2004 年，全国个人所得税收入为 1737.10 亿元，其中 65% 来源于工资、薪金所得，中低收入者又占了绝大多数。2005 年，工薪阶层为个人所得税总收入贡献了 60% 的份额。2008 年全国个人所得税总收入为 3722 亿元，其中工薪阶层贡献 1849 亿元，占比 50%；2009 年个人所得税收入 3944 亿元，其中工薪所得税 2483.09 亿元，占比又达到了 63%，2010 年为 57%。虽然自 2011 年 9 月 1 日起我国个人所得税减除费用标准由每月 2000 元提高到 3500 元，工薪所得税率级距也进行了调整，工薪所得纳税人占工薪收入人群的比重在 8% 左右，一部分工薪阶层可免于缴纳个人所得税，这是向好的趋势，但没有完全改变工薪阶层作为个人所得税的主要负担群体的局面。比如，2012 年个人所得税总收入为 5820 亿元，占税收总收入的比重还不到 6%，而工薪所得税达到 3577 亿元，占比超过 60%。再比如，2011 年工资薪金所得，个体工商户生产经营所得，股息、红利、利息所得，财产转让所得这 4 项，占了整个个税收入的 94%。其中，工资薪金所得占比最大，占到整个个人所得税收入的六成以上（张斌，2013）。2018 年个人所得税改革采用了综合与分类相结合的征税模式，提高免征额，增加专项附加扣除以及税率级次调整后，这一状况有所改变，但力度不大。比如，2015 年工资薪金所得占个人所得税比重为 70.19%，2016 年这一比重为 71.82，2017 年为 71.77%，而 2018 年这一比重为 65.34%，2019 年这一比重为 63.35%。[①] 按照日本财务省统计，2017 年，日本缴纳工资所得税的纳税人为 4950 万人，涉及面广泛。其中 58% 的纳税人按最低税率 5% 纳税，95% 的纳税人的税率处于 20% 或以下。理论上日本个人所得税收缴对收入再分配起到了积极作用。[②]

我国当前的个人所得税虽然实行超额累进税制，但由于政策设计和征管监控等方面的原因，高收入群体中许多人的收入来源渠道多，无法

---

① 匡浩宇. 个人所得税、居民收入结构与再分配调节——基于省级面板数据的实证检验 [J]. 经济体制改革，2021（4）：158 – 165.

② 王晓晨，梁家玮. 深化个人所得税制度改革探讨 [J]. 审计观察，2021（6）：50 – 53.

监管，征管难度较大，与工资薪金所得相比，其隐蔽性大，税收的流失也比较大，税收在调节高收入群体面前有些力不从心，面临失灵状态，高收入群体税收"管不住""控不住"已经成为各级税务部门面临的很大难题。据统计，拥有 40% 以上社会财富的富人并非个人所得税的纳税主体，约占人口总数 20%、拥有社会财富 80% 的人，所缴纳的个人所得税不到全部个人所得税的 10%[1]，这样的税收调控会进一步加剧居民收入分配的差距，会导致"富者越富，穷者越穷"的"马太效应"，有悖于其调节居民收入分配公平的功能。

现行消费税对高收入群体的调节力度也极其有限。从理论上讲，消费税是最好的调节收入分配差距的流转税税种，但如果税基、税率设计不当，也无法发挥其调节收入分配差距的作用。我国现行消费税是 1994 年税制改革中设置的，并随着经济社会发展和人们消费水平的提高而经过了几次调整，主要是征税范围和税率税额的调整。调整的目的也主要是节约资源使用、环境保护、合理引导消费等，在调节居民收入分配方面也发挥了一定的作用，但作用不大，特别是对高收入群体的调节效果不明显。因为如果要发挥消费税对高收入消费的调节力度，必须本着调节收入分配的目的来设置税目、税率，即将一些高端消费行为或奢侈品列入征税范围，将一般消费品和生活必需品从范围中剔除，税率设置应本着"奢侈品重于一般消费品，一般消费品重于生活必需品"的原则进行，但现行税制在这方面是缺失的，就削弱了其调节作用。

5. 个人所得税歧视劳动要素所得，调节居民收入分配相对无效率

由于个人所得税一般都实行超额累进税率，并有免征额、免税额和抵免额等相关特殊规定，使得个人所得税在调节收入方面具有明显的累进性，是公平居民收入分配的最有力的工具。但有学者指出，从规模看，我国现行个人所得税占税收收入比重在 6% 左右，是次要税种。从税率来看，2011 年税制改革后，个人所得税税率除对工资薪金所得适用 3%～45% 的 7 级超额累进税率、对个体工商户生产经营所得和对企事业单位承包承租经营所得适用 5%～35% 的 5 级超额累进税率外，而对劳务报酬所得、稿酬所得、特许权使用费所得、财产转让所得、财产

---

① 张源. 从调节居民收入分配角度论个人所得税税制改革 [J]. 财会月刊, 2010 (5): 30–31.

租赁所得、利息股息红利所得、偶然所得和其他所得等都适用20%比例税率。也就是说，劳动所得的累进税率最高45%，收入越高，适用税率越高，税负越重，实际上是对劳动所得加重征收，非劳动所得税率最低20%，税负相对较轻。2018年的税制改革，虽然对工资薪金所得、劳务报酬所得、稿酬所得和特许权使用费所得实行了综合征收，但这些劳动所得的最高税率45%没有改变，由于实行超额累进税率，所以，工薪阶层一般收入适用税率就在20%~25%，有时甚至超过25%，远高于适用20%比例税率的财产转让所得、财产租赁所得、股息利息红利所得这些非劳动所得，这实际上是对劳动所得的一种歧视，违背了税法公平原则，不利于鼓励劳动创造财富。

从实际征收情况来看，我国现行个人所得税主要针对劳动要素征税，且主要对工资薪金所得征税，对资本要素征税很少。而近年来，随着资产价格的上涨，拥有房产、土地、矿产等资产的居民收入也随之迅速提高，我国居民收入分配差距扩大的主要原因并不在于工资薪金差距的扩大，而是资本要素差距的扩大。从表4-24可以看出，来自工资薪金所得占比自2001年起逐年提高；来自个体工商户生产经营所得和对企事业单位承包承租经营所得税收占比逐年降低，但幅度不大；而来自股息利息红利所得和财产转让所得等资本要素收入虽逐年提高，但其在个人所得税收入中占比一直较低，劳务报酬所得税变化不大。个人所得税不仅没有帮助改善收入分配，反而是恶化了、压抑了个人劳动所得的增长速度。

表4-24　　2001~2015年全国个人所得税征税项目收入结构变化　　单位：%

| 年份 | 工资薪金所得 | 个体工商户生产经营所得 | 对企事业单位承包承租经营所得 | 劳务报酬所得 | 稿酬所得 | 特许权使用费所得 | 股息利息红利所得 | 财产租赁所得 | 财产转让所得 | 偶然所得 | 其他所得 |
|---|---|---|---|---|---|---|---|---|---|---|---|
| 2001 | 41.23 | 16.07 | 2.70 | 1.90 | 0.12 | 0.02 | 34.94 | 0.20 | 0.17 | 1.66 | 0.71 |
| 2002 | 46.36 | 15.29 | 1.95 | 1.87 | 0.11 | 0.05 | 31.72 | 0.16 | 0.14 | 1.67 | 0.34 |
| 2003 | 52.32 | 14.15 | 1.79 | 1.98 | 0.13 | 0.02 | 26.96 | 0.19 | 0.30 | 1.51 | 0.27 |
| 2004 | 54.13 | 14.18 | 1.56 | 1.99 | 0.13 | 0.03 | 25.64 | 0.21 | 0.32 | 1.28 | 0.20 |

| 年份 | 工资薪金所得 | 个体工商户生产经营所得 | 对企事业单位承包承租经营所得 | 劳务报酬所得 | 稿酬所得 | 特许权使用费所得 | 股息利息红利所得 | 财产租赁所得 | 财产转让所得 | 偶然所得 | 其他所得 |
|---|---|---|---|---|---|---|---|---|---|---|---|
| 2005 | 55.50 | 14.15 | 1.32 | 2.09 | 0.11 | 0.02 | 24.54 | 0.20 | 0.47 | 1.07 | 0.21 |
| 2006 | 52.57 | 13.60 | 1.25 | 2.00 | 0.10 | 0.03 | 27.16 | 0.24 | 1.34 | 1.17 | 0.24 |
| 2007 | 54.97 | 12.56 | 1.16 | 1.96 | 0.08 | 0.03 | 24.94 | 0.24 | 2.29 | 1.16 | 0.41 |
| 2008 | 60.31 | 12.81 | 1.39 | 2.14 | 0.07 | 0.02 | 18.42 | 0.26 | 2.65 | 1.15 | 0.57 |
| 2009 | 63.11 | 12.20 | 1.64 | 2.26 | 0.06 | 0.02 | 14.16 | 0.28 | 4.24 | 1.29 | 0.55 |
| 2010 | 65.29 | 12.56 | 1.27 | 2.25 | 0.06 | 0.02 | 11.14 | 0.29 | 5.29 | 1.15 | 0.50 |
| 2011 | 64.45 | 11.30 | 1.36 | 2.28 | 0.06 | 0.03 | 10.91 | 0.33 | 7.67 | 1.12 | 0.35 |
| 2012 | 61.67 | 10.25 | 1.54 | 2.62 | 0.06 | 0.04 | 12.99 | 0.42 | 8.32 | 1.33 | 0.56 |
| 2013 | 62.70 | 8.84 | 1.87 | 2.67 | 0.07 | 0.03 | 11.11 | 0.43 | 10.35 | 1.19 | 0.57 |
| 2014 | 65.34 | 7.06 | 2.09 | 2.81 | 0.06 | 0.06 | 10.55 | 0.48 | 9.57 | 1.27 | 0.52 |
| 2015 | 65.23 | 5.60 | 1.77 | 3.00 | 0.06 | 0.06 | 10.49 | 0.46 | 11.40 | 1.16 | 0.49 |
| 年均 | 57.68 | 12.04 | 1.64 | 2.26 | 0.09 | 0.03 | 19.71 | 0.29 | 4.30 | 1.28 | 0.43 |

资料来源:根据 2002~2015 年《中国税务年鉴》有关数据整理。

2018 年个人所得税改革后,对工资、薪金所得,劳务报酬所得,稿酬所得,特许权使用费所得 4 项劳动所得实行综合征收,适用税率仍为 3%~45% 的 7 级超额累进税率;原"个体工商户生产经营所得"和"对企事业单位的承包经营承租经营所得"两个税目合并为"经营所得"税目,对经营所得适用税率仍为 5%~35% 的 5 级超额累进税率;而利息、股息、红利所得,财产租赁所得,财产转让所得和偶然所得,适用 20% 比例税率。虽然这次改革对综合所得和经营所得都扩大了较低级次税率的适用范围,但劳动所得的中高税率普遍低于非劳动所得的状况并没有改变。从结构来看,主要来源于工薪阶层,对其他征税项目的调节力度很小,出现工资性收入税负重而经营性收入税负轻的局面,2018 年全国居民可支配收入中,工资性收入仅占 56.1%,而与之大体对应的工资、薪金所得,劳务报酬所得,稿酬所得,特许权使用费所得则提供了高达 72% 的个税,经营净收入占比为 17.2%,而与之大体对应经营所得仅提供了 6.7% 的个税。财产转让所得、偶然所得、其他所得缴纳的个税及税款滞纳金和罚款收入占个税比为 12.4%，其中，财产转让所得个税占个税收入的比重为 11%，房产转让所得个税仅占个税收入的 3.66%，而同年房产净值增长占全国家庭人均财富增长的 91%，在纳税方面的贡献度是如此之低①。

表 4－25 列出了 2014～2018 年居民工资性收入与工资薪金个人所得税占比情况，近几年的数据可以看出，2014～2018 年我国居民的工资性收入占比是逐年下降的，至 2018 年工资性收入占比只有 56.1%。但个人所得税中来自工资薪金所得的部分却是逐年提高，且比例超过 2/3。从现实看，纯粹来自工资薪金所得的高收入群体比较少见，居民收入差距更多来自非劳动所得部分，因此，从这个角度上，个人所得税的调节作用出现了部分"异化"②。

表 4－25　　　　2014～2018 年居民工资性收入与工资薪金个人
所得税占比情况

| 项目 | 2014 年 | 2015 年 | 2016 年 | 2017 年 | 2018 年 |
| --- | --- | --- | --- | --- | --- |
| 工资性收入占比 | 56.6 | 56.7 | 56.5 | 56.3 | 56.1 |
| 工资薪金个税占比 | 65.3 | 65.2 | 66.7 | 67.8 | 67.3 |

资料来源：（1）居民工资性收入占比数据来自：国家统计局住户调查办公室. 中国住户调查年鉴（2020）[M]. 北京：中国统计出版社，2020.（2）工资薪金个人所得税占比数据来自历年《中国税务年鉴》。

由于非劳动所得，特别是资本要素所得交易的隐蔽性和不稳定性，纳税人纳税意识的弱化和税务部门监管不力，造成了大部分税款的流失。对经营所得和房产转让所得的核定征收办法，使得大量经营所得"脱离"了累进课税的调节，住房转让项目从以"所得"为税基的所得税，变为以"成交价格"为基础的全额流转税，这些显然与个税制度设计初衷相悖，降低了个税的再分配效应。而对于劳务报酬所得，由于所得来源的不规范性，从而在纳税筹划上具有很强的可操作性，纳税人

① 刘维彬，黄凤羽. 我国个人所得税的税收负担及其优化 [J]. 税务研究，2020（9）：32－40.

② 石绍宾，张玲欣. 我国税收调节收入分配差距的主要障碍及完善 [J]. 税务研究，2021（4）：19－24.

可以通过分解收入以及增加费用扣除额等方式来规避纳税义务。这样，反映在个人所得税收入构成中，就是便于征管的所得产生的税收所占比重就高，而不便于征管的所得税收所占比重就低。

## 4.3　实证结果的原因分析

综合以上实证结果我们可以发现，理论上应该成为调节居民收入差距的税收杠杆，在我国实践中并没有发挥其应有的调节作用，甚至在某种程度上还拉大了贫富差距，其主要原因有税制结构不合理、税收制度不完善、相关税种缺失、税收征管效率低等。

### 4.3.1　间接税和直接税比例严重失衡

通过以上分析可以看出，我国现行的税制结构不利于公平收入分配。主要原因：

（1）我国以间接税为主体，间接税收入占税收总收入的比重过高，而间接税制又具有很强的累退性，使得整体税制呈现累退性，导致低收入者成为税负的主要承担者。我国在 1994 年税制改革时，中央政府的意图是建立以增值税（流转税的主要税种）和所得税为主体的"双主体"税制结构，但在实际运行中，却变成了以增值税、营业税、消费税为代表的货物和劳务税为主体的税制结构。在每年的税收总额中，只有6% 左右来自个人所得税，70% 以上都来自流通环节的间接税。按照2012 年国家税务总局统计口径，在全部税收收入中，来自间接税的收入占比为 70% 以上，而来自所得税和其他税种等税的收入合计占比不足 30%，间接税和直接税的比例为 7 : 3。而这种以间接税为主体的税制结构一直延续到现在，虽然近几年以增值税为主的减税降费使间接税比重有所降低，但占比仍然很高，2018 年间接税占比 54.62%，个人所得税占比 8.16%。2020 年间接税占税收收入比重为 46.3%，直接税占比 39.8%。间接税比重高了，意味着直接税比重就低了，直接税比重低了，那就意味着整个税收用于调节居民可支配收入的渠道就相对狭窄①。

由于增值税是一种间接税，商品每流通一次，都可能被征税，而税收被隐藏在了商品的价格之中，最后往往是由消费者来"买单"，消费者是税收负担的承受人。就对居民收入分配而言，由于低收入者负担货物和劳务税占收入比重高于高收入者，这就恶化了居民内部收入分配不公局面。也就是老百姓所愤愤不平的"馒头税"，就是消费品里以间接税形式存在的税负。但这种税制结构带有"累退性质"，就是说越是低收入阶层，实际的税收痛苦程度越大，因为再有钱的人，一天也只能吃两个馒头。对富人来说，消费中产生的税可以忽略不计。但对普通人来说，大多数钱都拿去消费了，他们成了纳税主体，这样的税制不利于控制贫富差距（华生，2013；韩声江和高培勇，2021）②。调查研究也证实了这一点，据刘怡和聂海峰（2004）利用住户调查资料进行的分析，低收入家庭收入中负担增值税和消费税的比例约是高收入家庭的2倍③。

（2）目前我国缺乏能够有力调节收入分配的税种。增值税、消费税作为间接税调节收入分配的功能比较弱；个人所得税应发挥的"抽肥补瘦"的再分配功能因为所占比重过小远不能到位；财产税中的房产税局部改革试点后没有在全国推开，而遗产税和赠与税还无从谈起。这极大地影响了税收调节收入分配功能的发挥。

（3）税源结构不合理。从税收来源的结构上看，2011年的统计数据显示，来自各类企业缴纳的税收占比为92.06%，而来自居民缴纳的税收占比只有7.94%。也就是说，在我国90%以上的税收来源于企业的缴纳，而个人缴纳的税收只占8%左右④。这几年虽然税制结构一直在调整，但这一状况没有改变，由于个人所得税覆盖的人群较少以及基本扣除额持续提高，个人所得税占比较低，且有下降的趋势，2020年以企业为征税对象的税收占比接近90%，个人所得税占比只有7.5%。

而来自企业的税收仍存在税负的可转嫁性，特别是在我国这样一个劳动力供给无限的国家，这种可能性削弱了企业税收在缩小资本要素所

---

① 韩声江．高培勇：中国间接税比重占七成，提高直接税比重可促进消费［N］．澎湃新闻，2021－03－20.

② 华生．未来收入分配改革必须从土地制度入手［N］．钱江晚报，2013－01－18.

③ 吕冰洋．我国税收制度与三类收入分配的关系分析［J］．税务研究，2010（3）：28－32.

④ 高培勇．"税收文明"待进步［N］．新京报，2013－08－15.

有者和劳动要素所有者之间差距的调节作用。来自个人的税收税负无法转嫁，税负归宿明确，能够实现对个人收入的直接调节，但因为占比太低，个人所得税能够调节的收入确实是微乎其微，特别是对高收入阶层的收入调节乏力。而从目前来看，只有对个人征收的直接税即个人所得税和财产税才能调节居民收入分配差距，其他的税种都调节不了（高培勇，2013）。

### 4.3.2 存在严重的税收"逆向调节"

在税收收入、个人所得税占 GDP 比重逐年增加的情况下，劳动者报酬占 GDP 比重却呈下降趋势，我国的税收制度在对居民个人收入的宏观调节上呈现出"逆向调节"的态势，且两极收入差距日益加大。这主要是因为个人所得税的纳税主体实际上是劳动要素报酬较低的工薪收入阶层，他们的这部分收入由发放单位代扣代缴，比较容易监管和征收。由此反映出税收宏观上的逆向调节和相对无效率。

2018 年进行的个人所得税改革，仅对工资薪金所得、劳务报酬所得、稿酬所得和特许权使用费所得实行综合征收，其他所得还是实行分类税制的分类征收。在分类税制下，大部分个人所得税是由支付单位代扣代缴的，不同的所得项目适用不同的税率，这会造成收入相同的人，由于收入来源不同税负有较大差异。而且，任何富裕群体，其收入来源是多样化的，除了拿高薪之外，主要靠的是资产性收入，可以出租房产获得财产租赁收入，还可以投资企业获得股息红利等[①]，这些收入如果交易双方不主动如实进行纳税申报，征管的难度非常大，所以，分类税制特别不利于对收入多元化的高收入者征管。而且，由于分类税制主要根据收入来源进行扣缴，不需要将各种收入项目按纳税人进行汇总，因此在分类税制下，难以按家庭征收，根据不同纳税人的实际生活负担进行有差别扣除的难度也比较大，更不利于公平分配。

另外，个人所得税对近年来新兴的网店店主、代购、直播带货等非传统就业人员的收入以及灰色收入等还存在税收立法上漏洞[②]，也助推

---

① 李丽辉. 个税改革瞄准公平［N］. 人民日报，2013 – 09 – 23.
② 张贤萍，邱月华. 新时代分配公平的税制优化路径研究［J］. 税收经济研究，2021（1）：16 – 22.

了个人所得税"逆向调节"问题，影响了居民之间收入分配的公平。

### 4.3.3 相关税种的缺失

现行税种对居民收入的调节主要体现在收入流量上，对存量的调节非常乏力甚至缺位，使得税收对居民个人收入分配的调节不全面。比如，限制社会财富向少数富有者过度集中的重要手段，最富有调节居民收入分配公平功能的遗产税和赠与税的缺失，其他财产税开征目的的受益性而不是能力原则等缺陷，也进一步削弱了税收对高收入群体收入分配和财产分布的调节作用。

作为地方政府征收的税种，财产税的功能主要是为地方政府筹集财政收入和调节收入差距，促进收入的公平分配。从广义上理解，财产税包括财产的保有税、转让税和收益税三大类。狭义的财产税仅指财产的保有（持有或占用）税。我国现行因财产的保有而征收的税种主要有房产税、城镇土地使用税和车船税，这三个税种是真正意义上的财产税。2011 年各税之和占总税收收入的比重仅为 4.9%，2019 年财产税占税收收入比重为 8%，2020 年占比为 8.7%，但仍较小，处于近乎缺失状态。从国际上来看，财产税占比较高的国家依次为美国、韩国、英国，占比分别为 16.1%、15.6% 和 15.4%，加拿大、日本、法国占比也在 13% 左右。财产税是对资本要素征税，由于财产税收入规模小，对调节要素收入分配作用有限。从近年来看，财产积累速度非常快，未来更值得注意的是财产差距的急剧扩大，它会进一步拉大收入差距，所以，财产税的作用应引起高度重视。

另外，对低收入群体能够起到保障作用的税种也没有到位。社会保障税作为政府转移支付的主要资金来源渠道，与其他税种的主要区别在于它对低收入群体能够起到保障作用，充分发挥税收调节居民收入分配公平的功能。目前，许多欧盟国家的社会保障税已经成为超过个人所得税的第一大税种，在收入分配中的作用得到了较为充分的发挥。我国还没有开征社会保障税，社保资金主要由各地采取收费的方式分别征收，缺乏统一的标准和严格的操作规范，政出多门，征收分散，覆盖面窄，社会化程度低，既不利于社会保障资金的筹集和管理，也不利于保障低收入群体，调节收入分配公平作用的发挥。

## 4.3.4 税收征管税源监控效率低下

要充分有效地发挥税收调节居民收入分配的作用，除了要有合理的税制结构和科学的税种设置，还需要有科学有效的税收征管制度和先进的征管方法，否则税收调节居民收入分配的有效性就会大打折扣。税收征管的目的是有效杜绝逃避税行为，更好地实现公平。逃避税行为对居民收入分配的影响首先反映在它降低了税收对居民收入分配的调节效果。税收调节居民收入分配的作用，是在通过征税后，使人们税后收入差异小于税前，并将一部分从富人手中得到的税收转移用于补贴穷人。如果逃避税行为成功，税收的这种作用就不可能实现。其次，逃避税行为的负面效应，还表现在大多数人正常纳税的情况下，一部分人逃避了税收，就可能使税后收入分配差异大于税前。

我国现行税收制度在调节高收入群体收入时有些"失灵"，高收入群体税收处于"逃避"或"管不住"状况已成为各级税务部门面临的主要难题。这就造成原本国家该拿的拿不到，个人应缴的却不用缴，国家与个人口袋分配失衡。由于我国自觉申报纳税还难以有效实施，税收监管和税务信息化建设滞后，税务信息在各部门之间处于分立、割裂格局，大量不同收入来源所得转移到企业或公司名下，税务部门处于信息不对称状态，征管手段落后，无法对纳税人的真实收入进行有效监控，致使高收入群体的多渠道收入来源处于偷逃税状态。加之，税收征管法中对涉税违法行为惩罚力度不够，使税收所具有的调节高收入的作用难以发挥。

# 第 5 章 发达国家税收调节居民收入分配政策措施与经验

税收作为调节居民收入分配差距的有效工具，在世界各国普遍受到重视，各个国家都采取积极的措施来缩小收入分配差距。其中，发达国家通过建立系统有效的税收调节体系，明显缩小了贫富差距，在实现居民收入公平分配和国家稳定方面发挥了积极作用。本章通过总结世界上收入分配差距较小的几个发达国家调节居民收入分配的具体税收政策措施，总结其成功经验，为我国建立有效的税收调节政策提出建议。

## 5.1 发达国家税收调节居民收入分配的具体措施

为解决收入分配差距问题，发达国家都普遍建立了以个人所得税、社会保障税为主体，并辅之以财产税、遗产税和赠与税等税种的税制结构。这种税制结构能够充分发挥对居民收入分配差距的调节作用。以下选取国际上收入分配差距较小的几个发达国家美国、日本、英国和德国，探寻它们的调节居民收入分配的具体税收政策措施，总结其成功经验，以供我们学习和借鉴。

### 5.1.1 美国的主要做法和特点

美国实行的是自由竞争的市场经济制度，由于各种因素的差异，其收入分配矛盾相比其他国家更为突出，在初次分配环节，美国基尼系数高达 0.5 左右，2018 年为 0.483，达到贫富差距社会容忍红线。根据加州大学伯克利分校的伊曼纽尔·赛斯（Emmanuel Saez）的研究，2018年美国最富的 10% 的人均收入是其余 90% 中下层人群人均收入的 9 倍多；而处在收入分布金字塔顶端的最富的 1% 和 0.1% 人群的平均收入是 90% 中下层人群收入的 39 倍和 196 倍[①]。在此情况下，美国利用税收杠杆等手段对居民收入分配进行强有力的干预。

（1）个人所得税和直接税占主体地位，注重调节公平。美国建立了以个人所得税为主体，以遗产及赠与税、社会保险税、个人财产税、个人消费税为辅的税收调节体系。这种以个人所得税为主体，其他税种相配合的税制调节体系在发挥个人所得税重点调节的基础上，充分发挥了各税种调节特点及其相互协调配合的功能，达到了对收入分配调节的目的。2020 年，美国的直接税达到 3.89 万亿美元，占税收比重72.4%，整体维持 70% 以上水平。具体表现在：最高收入群体与最低收入群体的收入差距在税后明显地比税前缩小。低收入群体税后收入与税前收入所占收入的比重有所变化，税后收入的比重明显提高。比如在1991 年，约 50% 的低收入者税后收入所占比重为 16.45%，而税前所占比重仅为 14.9%[②]。占纳税人少数的高收入群体所纳个人所得税占全部个人所得税的主要部分。比如 1991 年约 10% 的最高收入群体缴纳的个人所得税占到了 55% 左右，而约 50% 的低收入群体缴纳的个人所得税只占到了 4.8% 左右[③]。2015 年调整所得（AGI）[④] 最高的 1% 的纳税人缴纳了 39.04% 的个人所得税，而最低的 50% 的纳税人仅缴纳了 2.83%的个人所得税。2015 年美国各收入群体平均有效税率为 14.34%，AGI最高的 1% 纳税人的有效税率为 27.1%，高出平均有效税率近 13 个百分点；AGI 最低的 50% 的纳税人的有效税率为 3.59%，低于平均有效税率近 11 个百分点。最高者与最低者有效税率差距高达 23.51 个百分点，这意味着富人 100 美元收入纳税 27.1 美元，穷人纳税 3.59 美元，

① 李实. 全球化中的财富分配不平等：事实、根源与启示 [J]. 探索与争鸣，2020（8）：17 – 20.

② 姜爱林. 发达国家调节收入分配差距的做法及其对我国的启示和政策建议 [J]. 高校社科动态，2010（1）：16 – 25.

③ 刘乐山. 基于财政视角的中国收入分配差距调节研究 [D]. 西安：西北大学，2006.

④ 调整所得（adjustment gross income，AGI）是在总所得基础上扣除一部分与所得直接相关的成本费用而得到，相应调整所得是净所得的概念，最能体现纳税人的纳税能力，在美国个人所得税制度中具有重要位置。

二者相差 23.51 美元。

（2）个人所得税征收普遍，形成"挣钱就需缴税"的税收理念，成为个税公平的根基。美国个人所得税于 1913 年开征，目前已形成完善的征收体系和税控机制，成为美国最大的税种，收入占比最高，收入地位无可替代。2017 年，美国联邦政府个人所得税收入为 1.92 万亿美元，占联邦税收收入的比重为 47.9%，列居首位，而第二大税种社会保险税占比为 35%，低于个人所得税近 13 个百分点[①]。2020 年，联邦税收占联邦总收入 96.1%，占 GDP 的 15.7%。其中个人所得税占联邦税收比重最高，为 47%，其次是社会保险税 38.3%。美国个人所得税一个很重要的特点就是税基宽，征收普遍，"纳税与死亡同样不可避免"，每一个联邦公民和在美国居住的外国人都是纳税人，包括总统在内的任何人都有纳税义务，美国 100% 的家庭都要纳税，包括联邦、州和地方政府的个人所得税。美国个人所得税征收的普遍性，除了能够保障联邦政府的收入来源，也保证了纳税人覆盖面的最大化和调节范围的最大化，能够很好地解决公平问题。因为在一个群体范围内，如果有些人因享有特权而没有被征税时，纳税的这部分人就会感到不公平，就会产生反感逃避的情绪，偷逃税行为就会大量发生。美国个人所得税的征收率在 90% 以上，宽税基、普遍征收是主要原因之一。

（3）以家庭为单位综合课税，超额累进征收，体现量能负担与公平。美国个人所得税采用综合所得征收为主的模式，纳税人全年各种所得（除了长期资本利得等少数项目外）不分性质、来源、形式等统一加总，即从所有来源所得的收入都必须归为单一的综合的收入，统一扣除后以家庭为单位申报纳税。现行个人所得税税率也已由原五级超额累进税率调整为七级，税率范围在 10% ~ 37% 之间，每档税率的适用范围也有所调整。超额累进税率的设计也是体现调节居民收入分配的政策目标，级次少、级距大、且每档税率适用的所得级距依申报状态不同而不同，收入与税率成正比，也体现对过高收入的调节。同时采用不等额累进的税率表，不仅应税所得累进额不等，连税率的累进数也不等，这样，随着个人应税收入的增加，征税比例就会增大，从而拉开低收入与中高收入者的税率差距，对收入差距的调节作用也就会更加地明显。引

①　梁季. 美国联邦个人所得税：分析、借鉴与思考 [J]. 河北大学学报（哲学社会科学版），2019（1）：40 – 49.

进"累进消失"的办法，即应纳税所得额大于或等于 297350 美元时，全额适用最高一级边际税率计征个人所得税。

虽然个人所得税征收普遍，但由于实现超额累进税率和综合课征，税收主要来源还是占人口少数的富人，而且低收入者的劳动所得占比更高，高收入者的资本所得占比更高。另外，对短期资本利得并入综合所得税基、适用高税率，而长期资本利得分类征税，适用较低税率。这些规定不但实现了劳动所得与资本所得之间的税负平衡，且有效地促进了长期投资，避免短期投机行为。

（4）税前费用扣除标准以贫困线为基准，设定个人扣除标准，照顾低收入阶层，且随物价涨幅而动态调整，体现以人为本理念。美国个人所得税税前费用扣除包括经营费用、非经营费用和基本生活费用。经营费用包括商业费用、银行贷款的利息、专利权使用费、法律、会计和管理咨询服务费、已缴纳的州和地方税、经营亏损和灾害损失、资产折旧、资源折耗、研究与开发成本、租赁费用、公司创办费用、对雇员搬迁的补贴和个人年金计划缴费等。非经营费用是与个人和家庭日常生活有关的教育、生活和住房抵押贷款的利息支出，州和地方个人所得税，灾害和偷窃损失，对医院、学校、教堂的慈善捐赠，医疗费和牙科费用，工作和就业支出等。并且根据不同申报情况制定不同的标准扣除额，纳税人可以在标准扣除额和分项扣除间进行选择。个人宽免是给予纳税人及其抚养人生活费用的补充性扣除，每年按物价指数进行相应调整，并且规定对高收入者的宽免是递减的。由于实行了标准扣除额和个人宽免，且以贫困线作为主要参照标准，这样就免除了一些低收入者和贫困家庭的纳税义务，有利于保障纳税人的基本生存权、社会发展权和照顾弱势群体。比如，2001 年一个 4 口之家的标准扣除为 7600 美元，个人宽免共为 11600 美元，扣除和宽免总额为 19200 美元，这比当年一个 4 口之家的贫困线标准（17960 美元）仅多出 1240 美元。2018 年美国个人所得税的单身个人扣除（个人宽免和标准扣除之和）为 12000 美元，大约相当于一人之家的贫困线的界定标准[①]。

（5）严密的税控监管和惩罚制度，为个人所得税发挥作用提供保障。美国个人所得税实行源泉扣缴和自行预缴制度，源泉扣缴是主要征

---

① 梁季. 美国联邦个人所得税：分析、借鉴与思考 [J]. 河北大学学报（哲学社会科学版），2019（1）：40 – 49.

税方式，美国 90% 以上的个税是通过源泉扣缴完成的，这种扣缴制度提高了个税的征管效率。为了防止偷逃税情况的发生，美国还推行第三方信息报告制度，并采取了严厉的惩罚措施，纳税人取得应税收入的，不管支付人是否具有源泉扣缴税款义务，支付人都应向纳税人和国家税务局提供有关纳税人收入和预扣税款等项目的信息，以便于税务机关及时掌握纳税人相关信息，减少了因为征纳双方信息不对称所带来的偷逃税问题。与之相配合，税收监控和税务稽查也无处不在，充分利用现代信息技术，主要通过网络系统自动完成，该网络连接各银行和企业账户，纳税人的任何收入和消费信息都在税务稽查人员的监督之下。在 2010 年，国内收入局共收到 26 亿条第三方信息，其中 88% 是通过网络电子系统传输的[①]。同时，对纳税人偷逃税款实行严厉的惩罚。

（6）遗产税和赠与税、社会保险税配合个人所得税，调节效果明显。遗产税和赠与税是美国第五大税种，税收收入占税收总额的 0.8% 左右。美国实行的是遗产税和赠与税合并征收，实行累进税率制度，也就是说，个人应税财产越高，征税比例就越大，对个人收入差距调节的力度也越大，最高边际税率达到 55%，调节效果明显，对抑制收入分配不公和缩小贫富差距扩大起到了很大的作用[②]。据统计，100 个人中，最富裕的前 3 个人有纳税义务，遗产税对富人课征的特点凸显。自 2018 年起，美国遗产税和赠与税对免征额和适用税率进行了调整，最高边际税率调整至 40%，免征额从原来 500 万美元提高到 1000 万美元[③]。美国遗产税和赠与税的总体趋势是提高免征额，降低税率，征收对象基本锁定在富人阶层[④]。另外，美国是世界上最早开征社会保险税的国家，社会保险税是美国第二大税种，其社会保险税由工薪税、铁路员工保险税、失业保险税和个体业主税四个税种组成，其中工薪税是主要税种。主要特点：一是课税对象不包括纳税人工资薪金以外的其他收入。二是应税工资薪金通常规定最高限额，超过部分不缴纳社会保险税。三是一般不规定个人宽免额和扣除额。因为社会保险税实行专税专用原则，筹

---

①　刘植荣. 漫议美国个人所得税 [J]. 涉外税务，2011（8）：79 - 80.

②　翟继光. 捐赠个人流通股避税的若干法律问题 [J]. 税法解释与判例评注，2010：78 - 79.

③　禹奎，刘锋. 美国遗产税制度运行及变迁对我国的启示 [J]. 税务研究，2018（9）：70 - 75.

④　曲顺兰，许可. 慈善捐赠税收激励政策研究 [M]. 北京：经济科学出版社，2017.

集的保险基金将全部返还给纳税人。2018 年美国社会保险税占总税收收入比重为 35.2%，2020 年这一比重为 38.3%。社会保险税和个人财产税、个人消费税实行的是比例税率，虽然没有个人所得税累进制的调节作用那么大，但也起到了较好的调节作用。

（7）运用税收手段激励慈善捐赠，弥补二次分配的不足。美国自 1917 年制定了捐赠扣除政策，自此以来不断发展，对捐赠者的鼓励力度较大，其优惠措施主要体现为扣除范围较广，扣除比例较高，允许扣除的捐赠形式较多等。其做法：一是纳税人向公共慈善组织和私人基金会的捐赠可在税前扣除；二是如果是现金捐赠，企业向公共慈善组织和私人基金会捐赠扣除上限为企业应税所得的 10%，超过限额部分的捐赠可以向前结转五年，结转的捐赠扣除要优先于当年的捐赠扣除。个人向公共慈善组织进行的捐赠只要不超过收入的 50% 即可进行税前扣除。自 20 世纪以来，美国享受税收激励的慈善公益机构超过 120 万个，所掌握的资金超出 6000 亿美元①，由于运作比较规范，每年用于慈善资助的额度也保持在较高水平上，对调节收入分配发挥了重要作用。

## 5.1.2 日本的主要做法和特点

日本是世界上贫富差距较小的国家之一，2014 年日本的基尼系数为 0.376，在全球主要经济体中属于较低水平。这离不开其有效的税收调节政策措施，以及健全的社会保障调节、义务教育调节与反贫困调节等在内的公共支出。

（1）各税种相互配合，个人所得税发挥主要调节作用。日本设立了个人所得税、住民税、固定资产税、遗产税和赠与税及其他税的税收体系，不同税种相互协调配合，并发挥各自的优势，其中，个人所得税发挥了重要作用。日本于 1887 年开征个人所得税，是世界上较早开征个人所得税的国家。日本的中央、都道府县和市町村三级政府均对个人所得课税，国税称为个人所得税，地税称为个人住民税。个人所得税成为日本的主要税收收入来源，是日本的第一大税种，2011～2018 年日本个人所得税占中央税收收入的比重稳定在 30% 以上，2014 年最高达

---

① 曲顺兰，高国强. 国外税收调节收入分配的经验与启示［J］. 涉外税务，2011（4）：57 - 60.

到35.33%①。如此大的比重决定了个人所得税成为日本调节居民收入分配差距，维护社会公平的重要政策手段。日本个人所得税约有58%的纳税人边际税率为5%，95%的纳税人边际税率不超过20%，98%的纳税人边际税率不超过23%，仅有0.2%的纳税人适用45%的最高边际税率。

（2）免税扣除和超额累进综合课征办法，体现公平。日本的个人所得税主要实行综合课征模式，对工薪所得、经营所得、财产租赁所得、偶然所得和其他所得按七级超额累进税率计算征收，分别为5%、10%、20%、23%、33%、40%和45%，最低边际税率是5%，最高边际税率45%；对利息所得、红利所得等实行分类征收，采用比例税率。工薪人员的工薪所得扣除标准根据工薪所得的不同规定了不同的最低扣除额和扣除率，如表5-1所示，工薪所得越高扣除率越低。相对于单一扣除标准，这种扣除模式能够有效地调节居民收入差距。在扣除额的规定中，充分考虑了纳税人负担家庭成员的具体情况，包括基本扣除、配偶扣除、配偶特别扣除、抚养扣除、残疾人扣除、老年者扣除、寡妇（鳏夫）扣除、勤工学生扣除和家庭医疗费、保险费、捐款、灾害损失等方面的必要支出和费用等，家庭负担越重，则扣除越多。比如，A和B两人年收入都是500万日元，A为单身，不能享受子女养育、教育等免税扣除，结果要比B多缴个人所得税。日本通过对各类家庭成员的免税扣除，补充和完善了生活安定和社会保障的功能。

表5-1　　　　　　　　日本个人所得税工薪所得扣除比例/额

| 工薪所得 | 扣除比例/额 |
|---|---|
| 0~162.5万（含）日元 | 65万日元 |
| 162.5万~180万（含）日元 | 40% |
| 180万~360万（含）日元 | 30%+18万日元 |
| 360万~660万（含）日元 | 20%+54万日元 |

---

① 胥玲. 日本个人所得税：制度、实践与启示 [J]. 国际税收，2019（9）：29-34.

| 工薪所得 | 扣除比例/额 |
|---|---|
| 660 万~1000 万（含）日元 | 10% + 120 万日元 |
| 1000 万日元以上 | 220 万日元 |

资料来源：根据日本财政部网站相关资料整理所得。

2018 年日本进行了个人所得税改革，其主要内容是调整所得扣除项目。一是调整扣除项目的结构，包括适用于公司职员和公务员等的工资薪金所得扣除项、适用于领取年金人员的公共年金所得扣除项和适用于全部所得类型的基础扣除项。将工资薪金所得扣除额和公共年金所得扣除额分别降低 10 万日元，而将基础扣除额增加 10 万日元，使得原本无法适用于工资薪金所得扣除和公共年金所得扣除的自营业者、非正规就业者等灵活就业人员，由于基础扣除额的下调而减轻税收负担。二是压缩扣除上限。对于工资薪金所得，由此前的年收入超过 1000 万日元设置扣除上限 220 万日元，下调为年收入超过 850 万日元设置扣除上限 195 万日元。对于公共年金所得，由此前的不设置扣除上限，调整为年收入超过 1000 万日元设置扣除上限 195.5 万日元。对于基础扣除额规定，在年收入超过 2400 万日元的情况下逐步降低，至年收入 2500 万日元完全取消基础扣除项。对于承担子女和残疾人士抚养照料责任的家庭，原则上不属于增税的范围①。总体来看，在一般情况下，年工资薪金 850 万日元以上的高所得企业职员和年公共年金 1000 万日元以上或有其他收入来源的高所得老龄人口，将成为增税的对象，在超额累进税率的配合下，所得越高，增税额越高。

（3）源泉扣缴和蓝色申报，提高了征收率。在征收方法上，日本根据所得来源性质的不同而实行源泉扣缴和个人申报两种形式，其中，源泉扣缴是主要形式，它也被称作预提税，是由所得来源单位代扣代缴，可以有效控制税源，减少偷逃率，降低征税成本。从统计数据来看，源泉征收法征得的税收一直都占据着日本个人所得税收入的绝大部分，2008 年这一比重为 81.1%，申报征收收入仅占 18.9%。2011 ~ 2018 年，源泉扣缴收入占比均高于 82%，最高的 2015 年高达 83.60%，

---

① 李清如. 对日本税制新近改革走势的研究 [J]. 国际税收，2019（1）: 9 - 15.

自行申报收入占比稳定在 16% ~18%。日本纳税申报分为"蓝色申报"和"白色申报"两种,"蓝色申报"是纳税人在得到税务机关的资格认证后,采用蓝色申报表向税务机关缴纳税款,蓝色申报可以享受比普通纳税人更多的税收优惠,税务机关也会减少对蓝色申报者的检查次数,蓝色申报者在公共场合也更能得到尊重等。蓝色申报等级制度增强了纳税人守法的自觉性和积极性。

（4）高额的遗产税和赠与税配合,有利于调节高收入。除了个人所得税之外,日本还开征了高额的遗产税和赠与税,通过很高的边际税率和精确的征税制度,来配合个人所得税调节贫富差距。在日本,遗产的法定继承人平均有 3~4 人,以这种具有代表性的家庭结构来计算,得出一个人继承遗产时的基础扣除额为 2500 万日元。20 世纪 90 年代以来,日本遗产税的最高边际税率为 70%,如果按照 70% 的税率经过三代征收遗产税,相当于 97.3% 的税率,能将大宗应税遗产基本征收完毕,故有遗产不过三代之说①。目前,日本遗产税的税率采用的是从 10% ~55% 的六级超额累进税率,最高边际税率为 55%。日本遗产税法规定,配偶的支出、抚养费、残疾人生活支出可以适当扣除。此外,例如债务、公益捐赠、丧葬费和管理费在计算遗产税时也会扣除。其中遗产有 3000 万日元的免征额基数,每增加一个继承人则会在此基数上增加 1000 万日元的免征额。对赠与法定继承人以外的赠与,日本对纳税人每年的赠与进行核算,赠与税的免税额为 110 万日元,税率适用原来的高税率;法定继承人在缴纳赠与税时,可以选择精算征税的方式,免税额为 2500 万日元,在取得购房用的赠与资金时,可追加 1000 万日元,免税额为 3500 万日元,超过免税额的部分一律按 20% 税率缴纳赠与税。

## 5.1.3　英国的主要做法和特点

英国是世界上最早完成工业化比较典型的发达国家,但同样存在着严重的收入分配差距。英国是以直接税为主的税制,直接税收入占税收总额的比重为 60% ~70%。而且通过建立得比较完善的个人所得税、社会保障税、遗产税等税收制度来调节高收入阶层的收入,通过完善的

---

① 刘乐山.基于财政视角的中国收入分配差距调节研究［D］.西安:西北大学,2006.

社会保障制度、义务教育和反贫困措施等来调节低收入阶层的收入，从而使居民收入分配差距的均衡调节取得了很大的成效。

（1）直接税等多税种配合，发挥各自优势，调节效果明显。英国通过个人所得税、遗产税、社会保障税等税收协调配合来调节收入分配差距，调节效果比较明显。英国早在 1799 年就开征了个人所得税，是世界上最早开征个人所得税的国家，经过多年的修改调整，作为第一大税种的个人所得税已相对完善。2017/2018 预算年度中，个人所得税占税收总额 25.8% 左右，但其中 40% 左右的人不用纳税，只占 0.4% 的英国富人却负担着整个国家 1/4 的个人所得税①。个人所得税从根本上体现了对高收入者多课税，对低收入者少课税或者不课税；社会保障税排在第二，其占税收总额比重为 18.7%，也对居民收入分配差距调节起到了重要作用②。英国直接税为主的税制结构的支撑点在个人所得税和社会保障税。在财产税中，房产税、遗产税和赠与税都具有重要的调节收入分配差距的功能，但遗产税和赠与税实行累进税率，规定了必要的扣除额，对获得遗产或赠与财产多者多征税，对获得遗产或赠与财产少者少征税或者不征税，因而对缩小收入分配差距无疑更具调控功能。在英国，遗产税又称"富人税"，针对的是少数富有阶层，被视为缩小贫富差距、实现社会公平的一种手段，其调节力度也比较大。根据英国税务海关总署（HM Revenue and Customs）的统计，在 2021～2022 年度，遗产税收创纪录，达 61 亿英镑，同比增长 14%。

（2）个人所得税综合课征，税前扣除设计完备，有效发挥调高减低作用。英国是世界上最早征收个人所得税的国家，也是目前世界上个人所得税的功能发挥较充分、较成熟制度的国家。英国个人所得税实行综合征收制，即把纳税人在一年内的各种不同来源、不同形式的所得全部累加在一起，按统一的税率征税。其法定税前扣除充分考虑了纳税人年龄因素、婚姻因素和纳税人是否残疾等因素，包括：一是费用扣除，即纳税人为取得所得收入所必须付出的有关费用。二是生计扣除（税收宽免），主要是保证纳税人的基本生活需要，如基础个人宽免、抚养宽

---

① 张旭丽，贾兴飞. 从 ACCA TX（UK）科目看英国个税的特性及对我国的启示 ［J］. 现代审计与会计，2021（9）：33 - 35.
② 石金海，康丽丽，彭飞. 英国个人所得税制的性别区分及对我国启示 ［J］. 地方财政研究，2018（7）：29 - 35.

免、病残者宽免、寡妇宽免和捐款宽免等。基础个人宽免、已婚夫妇宽免等类别还对老年人实行更加优惠的宽免。从 2017 年起将个人所得税费用扣除标准提升至 1.15 万英镑，2019 年又提升至 1.25 万英镑①，最高边际税率的起征点提升至 4.5 万英镑②。另外，英国在 2010 年出台了一项政策，年收入超过 10 万英镑的个人，其个人所得税的免征额随超过部分的大小逐渐递减，收入每超过 2 英镑，免征额减少 1 英镑。这样，收入畸高的人免征额就可能等于零。英国的这项改革是为了避免单纯提高免征额可能对富人有利而实行的（朱青，2013）。

（3）个人所得税实行超额累进税率，调节高收入力度大。英国对应税收入实行三级超额累进税率，1994 ~ 1995 年，税率分别为 20%、24% 和 40%。由于实行超额累进税率，且边际税率较高，对高收入者的调节效果比较明显。比如，1994 ~ 1995 年，1% 的最低收入者税前收入在 3690 英镑以下，税后收入在 3640 英镑以下；10% 的低收入者税前收入在 5270 英镑以下，税后收入在 4980 英镑以下；10% 的高收入者税前收入在 26100 英镑以上，税后收入在 21100 英镑以上；1% 的最高收入者税前收入在 68400 英镑以上，税后收入在 48100 英镑以上。这说明收入越高，税前收入与税后收入的差额就越大，税收累进调节的力度也越大。现行英国个人所得税仍采用超额累进税率，但保持原有对高收入者高税率的基础上，降低了最低收入边际税率，分 10%、20% 和 40% 三档。直到 2010 年，英国个人所得税税级变为四级，新增加了 50% 的高税率（王瑞，2011），2013 年 4 月起又将最高边际税率从 50% 降至 45%。目前，个人所得税税率为 20%、40% 和 45% 三级超额累进税率③，其占全部税收收入比重为 26% 左右，若把社会保险税考虑进去，广义的个人所得税平均比重达到 45% 左右。这种税基大、累进性强的个人所得税对英国社会收入分配起着重要的调节作用。

（4）遗产税和社会保障税税制简单，征管高效，配合个人所得税发挥调节作用。英国是世界上较早开征遗产税的国家之一。1796 年英

147

---

① 李文. 英国个人所得税反避税：立法、范畴及征管策略［J］. 税务与经济，2020（2）：91 - 96.

② 袁建国，胡明生，陶伟. 国外个人所得税改革趋势及借鉴［J］. 税务研究，2017（7）：54 - 58.

③ 卫桂玲. 英国个人所得税制度的特点、作用和借鉴［J］. 理论月刊，2016（7）：168.

格兰和威尔士最先开征遗产税，距今已经有200多年的历史。英国采用的是总遗产税制，即被继承人死亡时对其遗留的所有的遗产总额课征遗产税，其税负大小一般不考虑继承人和被继承人之间的亲属关系以及各继承人纳税能力的差异，纳税义务人是遗嘱执行人或遗产管理人。总遗产税制仅对遗产总额一次性征收，税务机关可控制税源，减少了继承人为少交税款、减轻税负而偷税漏税的机会；税制简单，环节少，便于税务机关的高效征管，降低了征收成本。根据规定，英国居民在全世界各地的所有资产都需要支付遗产税，而非英国籍人士只有在英国国内拥有的资产才需要支付遗产税。目前，遗产税的起征点为32.5万英镑，夫妻两人继承的起征点为65万英镑，税率为40%。如果继承人将所继承遗产的一部分（不能少于10%）赠送给正规的慈善机构，其遗产税的税率则降为36%[1]。英国遗产税要求在被继承人去世以后的6个月之内缴纳完成，如果遗产税逾期就要支付相关利息；如果遗产是房产等不动产的话，那么，遗产税可以在十年内分期支付[2]。

另外，英国实行遗产税和赠与税合并一起征收。继承人既要对死者遗留的财产缴纳遗产税，还要对死者7年内赠与的财产缴纳赠与税，以免通过税前转移财产逃避纳税。

英国社会保障税的纳税人中雇员根据是否包括在国家退休金计划之内分为了两类，每个雇主要缴纳税率为1.5%的国民保险税附加。社会保障税是从雇员的工资薪金中扣缴的，两类适用的税率不一，包含在国家退休金计划之内的雇员、雇主分别适用9%、10.54%的税率，不包含在国家退休金计划之内的雇员、雇主分别适用6.85%、6.3%的税率[3]。

（5）税收、社会保障支出、义务教育支出与反贫困支出等同时发挥作用。税收在"劫富"方面有效，但在"济贫"方面却效用不大。只有使社会保障支出、义务教育支出与反贫困支出等公共支出同时发挥作用，才能取得效果[4]。英国是最早建立社会福利制度的国家，目前已

---

① 姜鲁榕. 英国遗产税：起征点一直在调整. [EB/OL]. (2013 – 10 – 16) [2021 – 07 – 21]. http://world.cankaoxiaoxi.com/2013/1016/286922.shtml.

② 武诗. 别了，中产！[J]. 今日中国论坛，2013（11）：34 – 37.

③ 关于我国开征社会保障税问题的研究. [EB/OL]: http://www.lwlm.com/shuishouyantao/200806/35645p3.htm.

④ 刘乐山，覃曼. 英国调节收入分配差距的财政措施及启示 [J]. 湖南文理学院学报（社会科学版），2006（2）：128 – 130.

建立了比较健全的社会保障制度。早在 1572 年，伊丽莎白女王决定在全国征收济贫税，1601 年颁布《济贫法》，后来又陆续颁布了《老年赡养法》《职业介绍所法》《国民保险法》等一系列重要社会福利法案。1946 年，英国政府采纳了贝弗里奇报告中所提出的建议，推出了《国民保险法》和《国民健康服务法案》。这些法案、措施为调节个人收入分配差距起到了有力的作用。英国的义务教育和反贫困措施都对贫富收入差距的调节起到了积极作用。英国义务教育通常是地方行政当局的职责，但中央政府在义务教育总开支中占 60%，地方税收与捐赠所占的份额分别是 36% 和 4%，通过政府财政措施的调节，低收入家庭的子女能够享有高收入家庭的子女所能享受的教育资源和教育机会①。

## 5.1.4　德国的主要做法和特点

为了调节居民收入分配差距，近几十年来，德国政府采取了包括财政税收在内的多种政策措施，基本达到了调节的预期目标。首先，从立法层面，颁布《劳资协议法》《企业法》《共同决定权法》《职工代表会议法》《家庭劳动法》《公共救助法》《失业救济法》等社会福利法案；其次，推行工资集体协商制度，提高劳动者技能，采取税收、社会保障、义务教育与反贫困等财政措施等具体缩小收入分配差距的措施，取得了明显的效果，其中，税收调节起到了决定性作用。在德国，5%的高收入纳税人拥有 25.1% 的应税所得，但缴纳了近 40% 的所得税。前 50% 的纳税人承担了 90.5% 的所得税负，而他们所拥有的应税所得是 83.2%②。德国税负较高，尽管高税率的税收制度加重了税收负担，但是实践证明其缩小收入差距的效果十分明显。德国的基尼系数在 10 年内下降到 0.28，进入 21 世纪以来，德国的基尼系数一直保持在 0.3 左右，其收入差距较小，且社会保持稳定③。

（1）多税种配合，实行高税率广泛征收个人所得税，体现以富帮

① 刘乐山，覃曼. 英国调节收入分配差距的财政措施及启示［J］. 湖南文理学院学报（社会科学版），2006（2）：128-130.
② 高培勇. 财政税收：调节收入分配的"主角"写在 2001 年税法宣传月［J］. 人民论坛，2011（4）：4-5.
③ 孙敬水，张岚. 德国缩小收入分配差距的基本经验及借鉴［J］. 现代经济探讨，2012（11）：82-87.

穷理念。德国调节居民收入贫富差距的税收工具主要是个人所得税、遗产税、财产税等税种的相互配合。其中，个人所得税是德国整个税收体系的基石，个人所得税收入占整个税收的40%以上。德国个人所得税总的原则是"以富帮穷、富人多缴税、穷人少缴税、低收入者不缴税"。德国个人所得税采用综合累进税制，包括个人收入的全部来源，即综合总收入。在此基础上，给予各种项目的收入扣除额，综合总收入与收入扣除额形成的征税基数，再通过起征点（或免税额）按五级累进税制征收个人所得税。个税实行五级累进税率，最低边际税率为14%到最高边际税率为45%。并根据经济发展状况，比如通货膨胀率等情况，进行不定期的年度调整；其征税范围是以7大类经济收入划分的，包括来自农业和林业经济的收入、来自工商活动的经济收入、来自独立自由职业的经济收入、来自工薪收入、来自资产的收入、来自出租和租赁的收入、来自其他的收入（如投机所得、人身保险所得、分居或离婚给付所得等）。这种划分考虑了按照行业收入和不同工作性质所得，是一种综合的概括划分方法，便于净收入的计算。

（2）个人所得税收入扣除标准不同，体现量能负担原则。德国个人所得税税前收入扣除额包括子女的抚养费及培训费、老年生活费、亲人赡养费（父母无收入或低收入者）、家政服务费、上年亏损额和意外负担额等。个人所得税的类别根据家庭状况加以区分。如单身、已婚等，并以此来采用不同的起征点。2004年，德国个税起征点为单身家庭年收入7664欧元，已婚家庭年收入15328欧元①。2018年个税起征点调整为单身9000欧元/年，夫妻18000欧元/年②。同时为了体现"量能纳税"原则，照顾生活负担大的家庭，规定有些情形可以减少个税，如已婚家庭子女未满18岁或者子女在25岁以下仍上学或无收入的。这种根据实际经济负担提高税基，已婚与未婚不一样，"一家五口"与"一家两口"纳税起点不一样的人性化征收方法，切实发挥了税收的调节作用，照顾了低收入群体。

（3）加强个税征收管理，重点加强对高收入者的监控。德国对个人所得税的征管极其严格，税务部门采取普遍抽查与重点监控相结合的

① 袁炳忠. 德国：个人所得税每年都调整［N］. 经济参考报，2005－08－24.
② 于秀伟，侯迎春. "生育友好型"个人所得税制度的构建——基于德国的经验［J］. 税务与经济，2018（4）：88－93.

办法，对普通工薪阶层采取随机抽查方式，而对高收入者进行重点跟踪监控。一旦怀疑有高收入者进行了虚假申报，便会对其真实收入和银行账户进行审核。如果发现偷逃税款的证据，轻则罚款，重则坐牢，惩罚非常严厉，且追诉期长，并且有媒体给以曝光，使违法者名誉扫地，极具威慑力。在惩罚的同时，对那些遵纪守法的纳税人，则以奖励纳税信用等级的形式提高纳税人的消费信誉和工作机会。这种奖惩分明的征管机制为德国个人所得税征管扫清了障碍。

（4）遗产税和赠与税、社会保障税、财产净值税配合个人所得税，对缩小收入分配差距起到了重要作用。德国对遗产税和赠与税实行累进税制，对获得遗产多者多征税，对获得遗产少者少征税，充分强调了居民收入分配的起点公平[①]。遗产税根据继承人身份的不同设定了不同的税率层次，且采取累进税率形式，最高税率达到了50%，并有一定的税收减免优惠，如表5-2所示[②]。遗产税和赠与税的开征及其累进税制的实施，强有力的对居民收入进行了二次分配，这对缩小居民收入差距无疑起到了重要的调节作用。德国社会保障税是对雇主和雇员一年之内支出、领取的工资总额征收。征税范围覆盖养老、失业、医疗、工伤和护理保险五方面，并针对这五个方面采用不同税率，由雇员雇主各负担50%。

表5-2　　　　　　　　　　　德国遗产税适用税率表

| 遗产继承人 | 累进税率 | 税收减免 |
|---|---|---|
| 配偶、子女、孙子女、祖孙 | 7% ~30% | 配偶、子女、孙子女、祖孙分别为50万欧元、40万欧元、20万欧元、10万欧元 |
| 姐弟、岳父母 | 15% ~43% | 20万欧元 |
| 其他 | 30% ~50% | 20万欧元 |

另外，德国还是征收财产净值税比较成功的国家。财产净值税是以

---

① 孙敬水，张岚. 德国缩小收入分配差距的基本经验及借鉴 [J]. 现代经济探讨，2012 (11)：82 - 87.

② 李永刚. 境外遗产税制度比较及其启示 [J]. 国家行政学院学报，2015 (1)：124 - 127.

应税财产总额减去负债后净值为课税对象征收的一种税。德国净值税的纳税人为居民和外国居民，包括个人和企业法人。课税对象是纳税人拥有的全部应税财产净值，税率是比例税率，个人纳税人是1%，法人纳税人是0.6%。企业缴纳的净值税在计算企业所得额时不得扣除，个人缴纳的净值税也不得从个人所得额中扣除。净值税实行按年征收，分四次预缴。个人纳税人申报纳税一般是夫妇联合申报或家庭联合申报。纳税人及其配偶子女每人享有7万马克的免税额。

（5）社会保障、义务教育和反贫困调节措施，在税收调"高"的基础上，有效地实施了补"低"。德国的社会保障体系主要由社会保障和社会救济以及其他一些社会福利项目构成，其中社会保险是最主要的部分。德国的社会保险主要包括失业保险、养老保险、事故保险和医疗保险四大部分。失业保险金的交纳由雇主和雇员交纳等数额，领取失业金的数额大体相当于失业者最后工作净收入的60%。失业救济当然是低于失业金的。养老保险费、医疗保险费一般是由雇员和雇主各交一半①②，2016年雇员养老保险和医疗保险缴费率分别为9.35%和7.3%，失业保险和强制的长期照护保险（自1995年实施）缴费率分别为1.5%和1.175%，雇员全部缴费率达29.4%③。德国教育普及程度非常高，据历年来的统计，6~16岁的人口中入学率平均达到99%。德国义务教育经费主要由州政府承担，它将教师工资直接划拨到教师个人账户，约占义务教育经费的大约75%，另有少量经费由州政府转移给市镇政府。反贫困调节主要是为缩小国内地区收入分配差距，而通过税收等手段横向分配进行的。具体分为以下几个步骤：第一，通过增值税收入进行预先的平衡，其分配的主要对象是财政能力相对薄弱的一些地区，其主要目的是使财政能力薄弱地区的财政能力达到或近似全国的平均水平；第二，是全国各地区财力水平的平衡，主要是转移支付形式；第三，是联邦进行的补充补助，也就是联邦政府给予贫困地区一定的财

---

① 姜爱林.发达国家调节收入分配差距的做法、启示及其政策建议 [J]. 黄河科技大学学报，2010（1）：16-25.

② 刘乐山.基于财政视角的中国收入分配差距调节研究 [D]. 西安：西北大学，2006.

③ 尔夫冈·施罗德，塞缪尔·格里夫.德国经济发展与社会保障体系建设：历史经验与未来方案 [J]. 社会保障评论，2019（1）：43-54.

政补助拨款，其目标是在第一、第二步基础上，再次平衡各地区之间的财政能力。德国实施的横向分配的具体实施，有效地缩小了德国的地区间收入差距①。

## 5.2　发达国家税收调节居民收入分配成功经验

### 5.2.1　建立以个人所得税为主体，社会保障税、财产税为辅的税制体系

税制体系要发挥调节收入分配差距的作用，体现公平职能，必须由多税并存，相互协调、相互补充，形成有机的税收调节体系。以个人所得税为主体的税制体系能够充分发挥对居民收入差距的调节作用，与其他税制体系相比效果更为明显。纵观发达国家的税收调节实践，它们普遍选择了税负不易转嫁的直接税为主体，都建立了以个人所得税为主体，遗产税和赠与税、社会保障税、财产税等税种相配合的复合税制体系，发挥各税种的调节优势，并取得了很好的调节效果。如日本设立了包括个人所得税、遗产税和赠与税的调节收入分配税制体系。个人所得税是日本的主要税收收入来源，占税收收入的 30% 以上，除此之外，还征收高额的遗产税和赠与税，调节效果非常明显，使日本成为世界上贫富差距最小的国家之一。美国在初次分配环节，基尼系数高达 0.5 左右，达到贫富差距社会容忍红线。建立了以个人所得税为主体，以个人财产税、个人消费税、社会保障税、遗产税、赠与税为辅的税收体系之后，美国的基尼系数降到了 0.4，税后最高与最低收入差距较税前明显缩小。2004 年，英国税前基尼系数为 0.36，税后基尼系数为 0.32，个人所得税对基尼系数的变化效应为 11.1%②。而德国的基尼系数则在 10

153

---

①　孙敬水，张岚. 德国缩小收入分配差距的基本经验及借鉴 [J]. 现代经济探讨，2012（11）：82 - 87.

②　曲顺兰，高国强. 国外税收调节收入分配的经验与启示 [J]. 涉外税务，2011（4）：57 - 60.

年内下降到 0.28①。

除了美国、日本、英国和德国以外，瑞典、芬兰两国个人所得税占税收总收入的比重都在 70% 以上，并且税收收入占 GDP 的比重也比较大②。这种模式下政府的税收杠杆对调节收入分配更有力度，社会保障更有资金保障，所以瑞典、芬兰两国社会贫富差距也比较小。

### 5.2.2 个人所得税是调节居民收入分配差距的主体税种

个人所得税在调节收入分配税制体系占主导地位，且税收收入占绝对比重，这是发达国家共性的东西，通过对高收入者征收个人所得税，降低个人收入水平，减少可支配收入，调整社会收入结构，对调节收入公平分配发挥着独特的作用。美国个人所得税收入占税收总额的 50%，日本为 34%，英国为 26%，德国为 40%。在个人所得税的设计上也有共同之处：一是实行累进税率制度。个人所得税通过实行累进税率，收入越高，适用税率越高，这样可以对高收入者按较高的税率征税，从而改变居民收入分配结构，缩小高收入者和低收入者间的差距。如日本按四级超额累进税率计算征收，美国是五级超额累进税率，英国是四级超额累进税率，德国为五级累进税率。二是税前费用扣除标准的人性化设计。按照纳税人的具体情况，尤其是基本生活需要，规定相应费用扣除额，从根本上体现了对高收入者多课税，对低收入者少课税或者不课税的量能课税原则，这一人性化设计有效地缩小收入差距，达到实现收入公平分配的目的。三是以家庭为单位申报纳税，并针对不同家庭状况制定不同的征税方法。如美国规定，纳税人的身份分为单身、已婚联合申报、已婚单独申报、户主四种类型，纳税人可以根据自己的情况申报，进行不同标准的税额扣除；英国个人所得税允许夫妻可以选择按个人或以家庭为单位缴纳个人所得税；日本则实行了"所得税扣除制度"，对纳税人本人生活所需的最低费用、抚养家属所需的最低费用等免征所得税；德国个人所得税，人们会对家庭负担有一个精确的计算，不仅会区

---

① 孙敬水，张岚. 德国缩小收入分配差距的基本经验及借鉴 [J]. 现代经济探讨，2012 (11)：82 - 87.

② 国家发改委. 瑞典芬兰居民收入分配状况及调节政策. [EB/OL]. (2013 - 12 - 31) [2021 - 07 - 21]. http：//jys. ndrc. gov. cn/dcyj/t20060124_57939. htm.

分单身、已婚无子女、已婚有子女等基本状况，更会对子女的教育费用、家中是否有特殊支出等进行计算等，这些人性化设计，切实发挥了税收的调节作用，照顾了低收入群体①。四是实行源泉扣缴，严格征管，严厉惩罚。如德国对个人所得税的征管极其严格，税务部门采取抽查与重点监控相结合的办法，对工薪阶层采取抽查方式，对高收入阶层采取监控措施，一旦查出问题，坚决从重处罚。这些保障措施的实施在确保税收收入的同时，也加强了个人所得税的调节作用。

## 5.2.3 充分发挥社会保障税的作用

社会保障税作为一种有指定用途的税种，专款专用于社会保障方面，项目受益者一般为低收入阶层。从这一角度说，社会保障税也是税收调节居民收入公平分配的重要工具之一。据国际货币基金组织（IMF）统计，目前全世界170多个国家中至少有132个国家实行了社会保障税制度②。美国是实行社会保障税的典型国家，其社会保障税收入占联邦财政收入的比重高达30%以上，成为仅次于个人所得税的联邦第二大税种③。另外，社会保障税已经成为许多OECD国家，特别是那些欧洲成员国最大的税收收入来源，很多国家的社会保障税费占GDP的百分比在10%以上，最高的法国达到了16.3%④。2002年德国社会保障税收入占税收总额37.4%，法国也接近35%。发达国家社会保障税一般都有多个税目，如美国社会保障税由一般社会保障税、失业保障税和铁路员工保障税组成，三者分别征收；德国社会保障税由养老保障税、健康保障税、失业保障税、工伤保障税以及老年人关怀保障税五个独立部分组成等；税率基本是根据不同项目实行有差别的比例税率，有些国家规定有最高上限额度，多采用按月缴纳，从源课征。社会保障税作为一种再分配性质的目的税，由于其具有直接返还性和专款专用性，能有效地改善收入分配差距。

---

① 周咏南，嵇哲. 以家庭为单位征个税 [N]. 浙江日报，2012 – 03 – 08（5）.

②④ 黄志刚. 基于包容性增长的税收政策探讨 [J]. 现代管理科学，2011（1）：79 – 81.

③ 刘蓉，康楠. 社会保障税的国际比较及借鉴 [J]. 税收经济研究，2011（4）：10 – 15.

## 5.2.4　重视财产税在调节居民收入分配中的作用

财产是个人长期收入积累的结果，在累积中极易出现"马太效应"。财产税、遗产税和赠与税对居民财产积累具有再调节作用，能消除财富过度集中，对缓和分配不公，补充个人所得税的不足具有重大意义。财产税分为一般财产税和净值税两类。一般财产税比例税率在1%左右，实行累进税率的国家，最高税率也不超过3%。有些国家是中央税收，如瑞典、智利；有些国家是地方税收，如美国。在美国，财产税收入规模占全国税收收入的比重为10.44%，但在地方级税收收入中的比重却达到71.4%，2001～2003年，美国各地方政府财产税收入的平均水平提高了10%以上。新西兰和加拿大的这一比例分别为90.1%和94.9%，英国则达到100%。净值税的税率一般为0.5%或1%①。此税多由中央政府征收，也有由地方政府征收的，如瑞士、丹麦等。遗产税和赠与税是以财产所有人死亡后所遗留的财产或生前转移财产为课税对象征收的一种税，是财产税体系中的重要税种。遗产税的实施在一定程度上可避免上代人的财富差距在下代人身上延续，有利于调节居民收入分配，彰显社会公平。因此，遗产税和赠与税成为很多国家避免财富过度集中、调节贫富差距的有效手段。在遗产税和赠与税的税制设计上，大多都采取高额的累进税率形式，以体现调节居民收入分配、实现起点公平的目的。

## 5.2.5　运用税收手段激励慈善捐赠

慈善捐赠是对国民财富的"第三次分配"，作为调节贫富差距的平衡器，有利于资源优化配置，公平收入分配，起到弥补二次分配不足的作用。在发达国家，税收对慈善捐赠有着较强的激励作用，各国税收激励慈善捐赠的方式有四种：税收扣除、税收抵免、税收制定制度和双倍扣除。一般实行累进税率的国家，多采用税收扣除的方式。如美国自1917年制定了捐赠扣除政策以来，对捐赠者的鼓励力度较大，其优惠

---

① 曲顺兰，高国强. 国外税收调节收入分配的经验与启示 [J]. 涉外税务，2011 (4)：57-60.

措施主要体现为扣除范围较广，扣除比例较高，允许扣除的捐赠形式较多等。从个人和公司法人适用的扣除比例可以看出，美国更倾向于鼓励个人的捐赠，这与美国公益性捐赠中 75% 来自个人捐赠密切相关①。日本的社会捐赠税收激励政策在公司和个人两个捐赠主体上，更多倾向于对公司捐赠的激励，尤其是税前扣除方面公司捐赠享受的税收优惠政策更多、力度更大，这也形成了日本以公司捐赠为主导的格局。英国在企业和个人慈善捐赠的税前扣除方面，企业符合条件的捐赠可以全额扣除。另外，美国、英国和日本的遗产税，一方面对捐赠给慈善组织的财富给予税收减免的优惠，另一方面对遗产征收高额的遗产税，通过倒逼机制激励慈善捐赠，从而调节收入分配差距。

## 5.3　发达国家税收调节居民收入分配对我国的启示

通过比较分析上述几个国家税收调节居民收入分配的做法，它们的经验给我们以下启示。

### 5.3.1　逐步建立以所得税为主体的税制结构

税收在调节收入分配差距方面具有极其重要的作用，尤其是所得税为主体的税收体系效果更为明显。纵观收入差距较小的发达国家的税收调节实践，它们都建立了以个人所得税为主体的税制结构，并取得了良好效果。但我国目前的税制结构仍以间接税为主体，真正的双主体税制还没有建立起来，加之赠与税、遗产税、个人财产税、社会保障税等税种还未开征，以致我国税收在调节收入分配方面功能较弱。为此，我国应尽快建立以所得税为主体的税制结构。提高所得税比重，降低流转税比重，逐步开征社会保障税、个人财产税等税种。

157

---

① 曲顺兰，许可．慈善捐赠税收激励政策研究［M］．北京：经济科学出版社，2017.

## 5.3.2　深化个人所得税改革，强化其调节贫富差距作用

深化个人所得税改革，提高个人所得税在收入总额中的比重。

（1）实行混合所得税制。混合所得税制是当今世界各国广泛实行的所得税制模式，它既坚持了量能课税的原则，对纳税人不同来源的收入实行综合计算征收，又坚持了对不同性质的收入实行区别对待的原则，对所列举的特定收入项目按特定办法和税率课征，可以解决所得来源多、综合收入高的人群交税相对少的问题，能够很好地发挥个人所得税对高收入群体的调节作用。

（2）适当调高个人所得税免征额，设计合理的边际税率。随着人们生活成本费用增加，应该适当提高免征额。税率设计时既要考虑国家财政收入的需要又要考虑纳税人负担能力。目前世界上个人所得税改革趋势是降低个人所得税边际税率，减少累进级次。可借鉴美国做法，采用不等额累进税率表，税率从低到高增加越来越快，降低"中段"的累进率以有意培养中等收入阶层。同时引进"累进消失"的安排，即应税所得额达到一定数额时，全额适用最高边际税率征税。

（3）逐步建立以家庭为单位申报纳税的模式。参照德国的经验，可将家庭进行分类，如单身、已婚及家庭成员数量来衡量具体家庭的负担能力来选择不同的征收标准，以家庭成员的总收入为征税依据。税前的费用扣除应当综合考虑纳税人的生活负担情况，除了对收养和抚养孩子的支出、赡养老人的支出、医疗费、残疾人生活费和住房贷款利息等项目进行扣除外，还需要根据经济社会物价等具体情况对专项扣除标准、扣除项进行适时调整。借鉴日本的工薪所得扣除方法，设定最低扣除额和相应的扣除率。

（4）严格征管，防止税收流失。目前的个人所得税 App 对个人收入来源、数额、是否已扣税等信息标注得很清楚，下一步通过大数据、区块链等把每个人的各种所得加起来，有一个统一的算法和程序，应该会更有效的防止税收收入流失。另外，参照德国做法，采取抽查与重点监控相结合的办法，对工薪阶层采取抽查方式，对高收入阶层采取监控措施。强化代扣代缴制度，从源头上控制。

### 5.3.3　加快推进开征社会保障税，完善以房产税为主的个人财产税体系

利用费改税的契机，将我国目前实行的社会保障缴费形式统一改为征收社会保障税，并在全国确立统一的征收标准，有利于社会保障资金的筹集、管理和使用。其规定如下：凡是在我国就业的雇主和雇员，不论其国籍和居住地，都要在我国承担社会保障纳税义务，依法缴纳社会保障税。其中，雇主应纳的税额由雇主自行申报纳税，雇员应纳的税额，由雇主在支付雇员工薪时预先扣除，定期报缴，即代扣代缴。社会保障费改税的实行初期，可以采取税率水平较低的差别险种税率，即区分失业保障、医疗保障、养老保障等实行差别税率，具体社会保障税税率的确定应与目前各项费率相对均衡，不能高于目前费率，而应适度调低税率①。

对财产进行课税，是对纳税人拥有或支配的、税法规定的应税财产就其数量或价值额征收的一类税收的总称。财产税不是单一的税种名称，而是一个税收体系。我国财产税体系应包含房地产税、车船税、遗产税和赠与税。其中房地产税包括房产税、土地增值税、耕地占用税和契税。尽快开征个人房产税，提高房产税所占比重，可采用累进税率，适当提高房产税的负担水平，增强房产税的调控功能。开征遗产税和赠与税是完善财产税体系的重要内容，同时可以激励社会慈善捐赠，是健全收入分配税收调控体系的重要举措。应在借鉴国际经验的同时，充分考虑我国经济社会发展的水平和特点，尽快开征遗产税和赠与税。遗产税和赠与税应并行征收，赠与税作为辅助，以免死者生前大量转移财产，可规定被继承人死亡五年内发生的累计超过 2 万元的赠与财产应缴纳赠与税。遗产税可实行超额累计税率，有利于收入再分配目的的实现。

### 5.3.4　调整慈善捐赠税收政策，弥补二次分配的不足

从国际经验来看，无论是慈善机构和组织，还是企业和个人进行捐

---

① 黄志刚 . 基于包容性增长的税收政策探讨［J］. 现代管理科学，2011（1）：79 – 81.

赠，在免税扣除制度安排上，纷纷向"人性化"靠拢，各国在慈善捐赠税收优惠政策上统一、有效、方便的机制，有利于鼓励企业、个人和非营利组织进行捐赠。比如美国法律规定，慈善组织和机构只要公布其收入和主要负责人的工资报酬，并填写上交国家税务局的表格后，就能享有免税优惠，个人和企业都可以出于减税目的，让税务机关将他们对慈善组织的捐赠从其收入中扣除①。所以，要想使税收激励慈善捐赠发挥作用，就必须"激活"现有的制度，构建税收政策激励驱动机制。一是要提高捐赠扣除标准，尽早与国际惯例接轨，切实保护捐赠人权益；二是在税收优惠政策运用中要一视同仁，扩大慈善机构和组织的受惠范围。同时，在税收优惠政策执行上，要统一步调，避免各地各自为政。

---

① 曲顺兰，许可. 慈善捐赠税收激励政策研究 [M]. 北京：经济科学出版社，2017.

# 第6章 马克思主义公平理论下税收调节收入分配的政策选择

为实现基于马克思主义公平理论的税收政策目标及政策设计和实施的有效衔接，使其更具公平性，本章在前几章理论研究和对现行税收政策评估分析结果的基础上，借鉴发达国家税收调节居民收入分配的成功经验，构建我国税收调节居民收入分配的政策框架：主体层面，包括财税理念、政策目标、政策主体有效统一调整思路；内容层面，包括税收制度、税收激励，相关税种、税收管理等政策实施层面相关要素的具体措施；环境层面，从财政转移支付、社会保障体系、公共服务等对收入分配税收政策的实施进行配套改革的措施。

## 6.1 税收调节收入分配政策调整的基本思路

依据马克思主义公平理论，借鉴发达国家成功经验和"提低、扩中、控高"的收入分配改革目标，调节居民收入分配差距，首先要充分发挥国家在调整收入分配结构中的主导作用，制订收入分配改革具体方案，将理顺收入分配关系纳入经济发展总体战略中，有计划有步骤地调整国民收入分配结构，调整的核心就是要促进共同富裕，把"蛋糕"做大，提高劳动报酬和居民生活水平，加大中等收入群体比重，建设"橄榄型"社会，采取更大力度来贯彻实施"提低、扩中、控高"的目标。然后再通过财税政策手段，在"控高"的同时"提低""稳中"，达到调节过高收入，转移给低收入者，培育中等收入阶层，从而改善整个社会的福利状况。

## 6.1.1 转变财税理念，税收政策调整的核心应放在调节收入分配公平上

税收是国家取得财政收入的最主要形式，也是政府的一个调控工具，是为政府有效地履行职能服务的。在政府所能掌控的几乎所有的经济调节手段中，没有任何别的什么手段能够同税收相媲美（高培勇，2013）。税制本身并无优劣之分，税制设置和税制调整只是为了适应国家不同时期不同的政治经济发展目标而进行的。中国社会科学院人口所所长蔡昉认为，收入分配改善抑或恶化，与政府意愿和政策以及相关制度安排密切相关。有关收入分配和改善民生的政策对缩小差距仍将发挥重要的作用①。收入分配公平是保障和改善民生、实现发展成果由人民共享最重要最直接的方式。经济高质量发展不仅要求发挥税收提升经济效率的作用，同样要求税收实现收入分配的公平调节②。

改革开放以来，我国政府的财税理念与我国经济社会发展所倡导的"效率优先，兼顾公平"的经济发展战略是基本一致的，因此，税制体系设计和税收政策取向基本是以强调税收提高经济资源配置效率为目标的，在此基础上再兼顾收入分配公平问题，但"兼顾"的结果却是"顾不到或顾不好"，使我国税收政策调节居民收入分配的公平性功能受到很大影响。比如，从整体税制体系的设计来看，以流转税为主体的税制模式，税收更多发挥的是筹集财政收入、对资源的配置和稳定经济的作用，在居民收入分配调节上却相对地弱化。

党的十八大报告在提出"收入倍增"目标的同时，明确要求"着力解决收入分配差距较大问题""实现发展成果由人民共享，必须深化收入分配制度改革"。国务院批转发改委《关于深化收入分配制度改革的若干意见》中多次强调税收在加快健全再分配调节机制方面的作用，明确将加大税收调节力度，形成有利于结构优化、社会公平的税收制度。党的十九大把提高人民收入水平放在十分突出的地位。党的十九大报告把2020年实现全面建成小康社会目标之后的第二个百年奋斗目标，

① 蔡昉. 遏制资产性收入分配不公趋势 [N]. 光明日报，2012-05-25 (7).
② 石绍宾，张玲欣. 我国税收调节收入分配差距的主要障碍及完善 [J]. 税务研究，2021 (4)：19-24.

按照 2035 年基本实现社会主义现代化和 21 世纪中叶建成社会主义现代化强国的两步安排，第一步目标就是"人民生活更为宽裕，中等收入群体比例明显提高，城乡区域发展差距和居民生活水平差距显著缩小，基本公共服务均等化基本实现，全体人民共同富裕迈出坚实步伐"。十九届五中全会通过的《中共中央关于制定国民经济和社会发展第十四个五年规划和二〇三五年远景目标的建议》提出全面深化改革，建立现代财税金融体制，完善现代税收制度，健全地方税、直接税体系，优化税制结构，适当提高直接税比重，深化税收征管制度改革。

"十四五"时期是我国开启全面建设社会主义现代化国家新征程、向第二个百年奋斗目标进军的第一个五年。党的十九届五中全会明确提出了建立现代财税体制的目标要求和主要任务，党的二十大报告提出中国式现代化是全体人民共同富裕的现代化等。为当前和今后一个时期深化财税体制改革指明了方向。在这样一个宏观政策背景下，我国政府的财税理念也要及时地转变，按照党的十八大报告提出的"初次分配和再分配都要兼顾效率和公平，再分配更加注重公平"的执政思路和共同富裕的目标下，如何让分配更公平，在再分配环节由原来的强调财政收入、强调经济资源配置效率，转变为在提高效率的基础上，优先照顾到公平，重视和发挥税收在调节收入分配公平中的作用，即"公平优先、兼顾效率"，建立健全有利于高质量发展、社会公平、市场统一的现代税收制度。

如果说以往我们对税收调节功能的认识尚不够充分，因而未能给予其与其功能相称的定位，那么，随着我们确立了税收在调节贫富差距方面的特殊功能并迎来了深化收入分配制度改革浪潮，将税收所具有的调节贫富差距的功能融入于税制体系的建设和税收政策的调整上，从而让现实生活中的税制体系真正担当起调节贫富差距、实现收入分配公平的重任，在当前的中国，可能就是一种既最优又现实的选择。在"公平优先、兼顾效率"的财税理念下，税收作为国家参与再分配的有效手段和宏观调控的重要工具，理应在公平收入分配和促进经济社会协调发展方面发挥更大的作用。包括收入的多少与要素及劳动的效率和贡献多少相对称，政府要能够保证全体社会成员的基本生活需要，有效地限制高收入群体的过高收入。这就要求税制体系设计和税收政策调整的核心应放在调节收入分配公平上，即通过税收等手段，调节偏高收入。

## 6.1.2　坚持公平原则，合理有效地介于国民收入三次分配

社会公平，就是社会各方面的利益关系得到妥善协调，人民内部矛盾和其他社会矛盾得到正确处理，社会公平和正义得到切实维护和实现。从我国改革开放以来经济社会发展目标演进来看，随着经济总量的不断提高，在公平问题上，经历了"兼顾公平——注重公平——更加注重公平"这样一个认识过程，且有不断强化之势，最终达到社会各方面的利益关系得到妥善协调，劳动、知识、技术、管理、资本等一切力量调动起来，让一切创造社会财富的源泉充分涌流，让发展成果更多更公平地惠及全体人民。

公平与效率都是初次分配和再分配所要追求的目标。保证效率是调动经济发展参与者积极性的关键，是建立有效的激励机制的核心。而公平是经济发展的终极目标，也是衡量效率的圭臬。效率和公平在根本上是不矛盾的。在讲求效率的前提下，把蛋糕做大，才可能为公平分配提供物质基础，才会有经济发展成果的共享。而只有确保分配的公平，才能保证效率的达到，并使效率回到自身的归宿（蔡昉，2012）。

合理的收入分配制度是社会公平的体现。解决收入分配领域的矛盾，实现社会公平的希望在于重建或调整适应市场经济体制的政府收入分配调节机制，而一旦涉及收入分配机制的重建或调整，涉及国民收入初次分配、再分配和第三次分配的不同层面，都会涉及财税体制的根本性改革，而税收又担当着重要责任。

税收公平原则是税收最高原则之一，也是各国税收制度设计的基本准则，它是关于税收负担公平地分配于各纳税人的原则，是指国家征税要使每个纳税人的负担与其经济状况相适当，并使各纳税人之间的负担水平保持平衡。公平原则曾被亚当·斯密列于税收四大原则之首。公平包括公正、平等、合理等。公平原则包括横向公平和纵向公平两重含义：横向公平要求经济条件相同或纳税能力相同的纳税人负担数额相同的税收，即以同等的方式对待条件相同的人；纵向公平要求经济条件或纳税能力不同的纳税人负担不同数额的税收，即以不同的方式对待条件不同的人。可见，公平是相对于纳税人的纳税条件和纳税能力来说的，而不是税收本身的绝对负担问题。或者说，税收公平问题不能孤立地看

税负本身，而要联系纳税人的经济能力或纳税能力。税收负担要和纳税人的经济能力或纳税能力相适应，即纳税能力强的多纳税，纳税能力弱的少纳税，无纳税能力则不纳税。

对于政府来说，好的税收政策首先应该是公平的，所以，税收在介入国民收入三次分配过程中，要坚持公平原则，按照"简税制、宽税基、低税率、严征管"的税制改革大方向，最终形成"有利于结构优化、社会公平的税收制度"。也就是说，我国税制的整体设计需要注重分配公平导向，以有效抑制收入分配差距的扩大，助力经济社会健康协调发展和共同富裕。具体来说可从以下三个方面进行：

（1）税收调节国民收入初次分配的公平。坚持马克思劳动价值论，尊重劳动者的劳动并使其能够获得与其劳动付出相匹配的收入，提高劳动报酬在初次分配中的比重。初次分配的目标是在处理好公平与效率的原则下使得劳动、资本、土地、技术、管理和服务等生产要素都能按其贡献获得相应的报酬，只有按贡献分配，即公平的分配，才可能有效率，国家、企业和居民个人都能在初次分配中占有合理的分配比例。初次分配是由市场机制来实现的，政府政策所要做的就是消除垄断、权力、区域、城乡属性、性别属性等与贡献和努力程度无关的因素对居民收入分配产生的影响。劳动收入是初次分配的主体，因而促进初次分配公平的关键是要逐步提高居民收入在国民收入分配中的比重，提高劳动报酬在初次分配中的比重，打破"强资本弱劳动"现象。而要达到这一目标，税收政策大有可为。比如，用来调节价格和资源要素的税种，增值税、消费税等流转类税种和资源税、房地产税、城镇土地使用税等都可以在初次分配中发挥调节作用，但现有制度发挥的调节作用有限，所以，从公平出发，完善税制才能更好发挥税收在初次分配中的作用。

（2）税收调节再分配的公平。按照马克思国民收入再分配原理，二次分配是对初次分配的补充和校正，因而崇尚公平至上原则。税收作为政府宏观调控的重要政策工具之一，在国民收入再分配领域理当承担起干预、调节社会收入分配的重任。通过对富人征收更多的税收，提高基本公共服务均等化水平，缩小社会成员之间的收入和生活保障水平差异，实现富人和穷人在分配上的相对公平。税收对居民收入的调节作用最主要的就是对再分配的调节。具体而言，税收制度的设计和税收政策的调整要有利于提高低收入家庭收入、扩大中等收入群体和合理调节高收入。应实施所得税、财产税、社会保障税等非中性的税收政策，对居民收入分配结果、收入的使用、财富积累与转让等进行全面调节，努力实现税收的纵向公平，致使具有不同负担能力的纳税人能够合理负担税收，满足社会的公平需求和政府的社会公平目标。当然，税收的再分配政策调整还应当注意避免把社会公平绝对化。

（3）税收调节第三次分配的公平。必须坚持"完善社会保障制度，重视发挥第三次分配作用"[①]。第三次分配，即社会的富人运用捐赠、资助慈善事业的行为，回报社会，在第一、第二次分配的基础上，实现更深层次和更大范围内的收入分配调整。这种分配表现在通过多种途径和多种方式的捐赠活动，很多富人的财产被直接或间接地转移到穷人手中，在客观上起到国民收入再分配的作用。税收对国民收入三次分配的调节程度，直接影响慈善捐赠及税收对慈善捐赠的激励作用[②]。李静毅（2013）[③] 认为，税收政策可以对慈善捐赠产生调节机制。这种调节作用就相当于一个可以"控制社会公益资源流向公益组织的'阀门'"，通过各种直接或间接组合手段，对慈善捐赠者的捐赠行为和慈善组织的公益行为给以肯定、鼓励和支持，从而达到有效引导社会公益资源流动的目的。税收调节第三次收入分配的公平，就是加强税收政策的导向作用，通过制度安排来激励引导，包括建立完善的鼓励公益捐赠的税收激励机制，完善现行企业所得税和个人所得税中有关慈善捐赠额度税前扣除政策，降低慈善捐赠的交易成本，调动企业和个人的慈善捐赠积极性，鼓励和引导社会公众、企业，尤其是先富起来的人更多地参与慈善事业；通过对慈善组织从事慈善活动免税优惠可促使慈善组织正确有效地履行公益慈善责任，为慈善组织、慈善捐赠事业提供可靠的资金来源，大力发展以慈善公益组织为主导，按照"道德原则"对社会资源和社会财富进行的第三次分配[④]。

---

① 中共中央关于坚持和完善中国特色社会主义制度 推进国家治理体系和治理能力现代化若干重大问题的决定 [N]. 人民日报，2019 – 11 – 06（001）.

②④ 曲顺兰，许可. 慈善捐赠税收激励政策研究 [M]. 北京：经济科学出版社，2017.

③ 李静毅. 中国民间公益事业发展与财税政策选择 [D]. 北京：财政部财政科学研究所，2013.

## 6.1.3  健全税制体系，加快推进以调节收入分配为导向的直接税体系建设

完备的税制体系可以充分发挥税收职能作用，在这个过程中，每个税种的共同任务虽然都是取得财政收入，但除此之外，每个税种也都有其特殊的角色定位，即担负着不同的任务。相对来说，直接税较之间接税，具有更大的收入分配调节作用。间接税较之直接税，则具有更大的财政收入作用。所以逐步增加直接税并相应减少间接税在整个税收收入中的比重，从而逐步提升我国税收调节贫富差距的功能并使其同取得财政收入的功能兼容，是今后税收政策调整的方向。《中共中央关于全面深化改革若干重大问题的决定》强调要完善税收制度，提出要深化税收制度改革，完善地方税体系，逐步提高直接税比重。推进增值税改革，适当简化税率。调整消费税征收范围、环节、税率，把高耗能、高污染产品及部分高档消费品纳入征收范围。逐步建立综合与分类相结合的个人所得税制。加快房地产税立法并适时推进改革，加快资源税改革，推动环境保护费改税。十九届四中全会要求"健全以税收、社会保障、转移支付等为主要手段的再分配调节机制，强化税收调节，完善直接税制度并逐步提高其比重"①。2020 年，中共中央、国务院印发的《关于新时代加快完善社会主义市场经济体制的意见》又进一步明确了我国税制改革的方向和目标，即深化税收制度改革，完善直接税制度并逐步提高其比重。

（1）加快推进以调节收入再分配为导向的直接税体系的建设，使我国税制结构中直接税与间接税的比例尽快趋于均衡。由于直接税特别是累进的个人所得税、社会保障税以及遗产税和赠与税具有较强的收入再分配功能，直接税收入比重过低，尤其是来自所得税类的比重过低，必然会影响税制社会公平功能的正常发挥，影响我国社会经济全面、协调、可持续发展以及共同富裕的进程。所以，在保持居民税负不变、宏观税负水平基本稳定的前提下，改革现有的税制结构，完善直接税体系，提高直接税收入的比重，降低间接税收入的比重，就成了我国目前

---

① 中共中央关于坚持和完善中国特色社会主义制度 推进国家治理体系和治理能力现代化若干重大问题的决定 ［N］. 人民日报，2019 - 11 - 06（001）.

及今后一段时间深化税制改革和实现共同富裕的一项重要任务。凯恩斯在《就业、利息与货币通论》中主张，由以间接税为主改为以直接税为主，由固定税率和比例税率为主改为以累进税率为主，同时征收高额遗产税，以消除分配不公，刺激有效需求。高培勇认为，逐步增加直接税并相应减少间接税在整个税收收入中的比重，最终实现直接税与间接税的均衡布局①。按照党的十九届五中全会的部署，适时、适当提高直接税的比重，通过增直接税减间接税，增直接税费减间接税费，可以有助于持续推进减税降费改革②。

（2）尽快建立一个完善的以个人所得税为主体，以财产税和社会保障税为两翼，其他税种相互协调配合的调节居民收入分配的税制体系。当一个经济体的发展水平较低时，其间接税的比重最大，所得税的比重较小，财产税比重就更小了。随着经济发展水平的提高，GDP和社会财富不断增长，间接税比重下降，所得税和财产税比重上升，这是一般规律（许善达，2013）。其中，个人所得税改革是调节居民收入分配的聚焦点（高培勇，2011），要发挥税收调节居民收入分配的作用，必须进行相应的调整，使个人所得税在税制中的地位和收入构成占比中成为直接税体系中的主体税种，并通过个人所得税、财产税和消费税的改革完善，社会保障税和遗产税与赠与税的开征，提高各个税种在税收收入总额中所占的比重，以达到从多方面、多环节、强力度地对个人收入，特别是对高收入群体的调节，更好地发挥税收对居民收入再分配的调节作用。

（3）完善分税制，重建地方主体税种和地方税制体系。分税制是指将国家的全部税种在中央和地方政府之间进行划分，借以确定中央财政和地方财政的收入范围的一种财政管理体制。其实质就是根据中央政府和地方政府的事权确定其相应的财权，通过税种的划分形成中央与地方的收入体系。1994年，我国实行了以分税制为主要内容的财政体制改革，划分了中央税、地方税和中央地方共享税，初步建立了地方税体系。其中，增值税收入按75∶25在中央与地方财政之间分享，所得税（包括企业所得税和个人所得税）收入按60∶40在中央与地方财政之间

---

① 高培勇.“十二五”时期财税改革面临空前挑战［J］.财贸经济，2010（11）：5–6.

② 高培勇 2020 年 12 月 20 日在中国财富管理 50 人论坛 2020 年会上的发言：《适时适当提高直接税的比重》。

分享。作为地方第一大税种、占地方税收收入 50% 以上的营业税在地方财政收入中起到了举足轻重的作用。2013 年 8 月 1 日起，"1+7"试点行业"营改增"在全国范围推开，按照中央部署，"十二五"期间力争全面完成"营改增"改革。2016 年 5 月 1 日起，在全国范围内全面推开"营改增"试点，也就是说，分税制以来，作为地方唯一主体税种的营业税完全退出历史舞台，而作为地方主要收入来源的营业税全部收入纳入增值税框架体系之后转作中央与地方共享税收入。"营改增"全面到位后，为了"保持中央与地方财力格局总体不变"，财政部实施了增值税分享的过渡方案，将分享比例由中央与地方 75∶25 调整为 50∶50，目前仍然保持增值税由中央与地方分享这一基本架构，以调动地方政府的积极性①。目前，支撑财力的主要税种多为中央税和中央地方共享税，其中，消费税、车辆购置税、关税和船舶吨税为中央税，增值税、企业所得税和个人所得税为中央地方共享税。2018 年，中央税和中央地方共享税收入占全部税收收入的比重约为 82.2%，严重了影响了地方税收入，降低地方财政收入在财政总收入的比重，影响到地方财政用于提高低收入群体和基础设施、教育和保障水平，所以，分税制财政体制的深度调整和优化已势在必行。

169

　　党的十八届三中全会已为分税制体制改革定出了基本格调，《中共中央关于全面深化改革若干重大问题的决定》明确建立事权和支出责任相适应的制度。提出适度加强中央事权和支出责任，国防、外交、国家安全、关系全国统一市场规则和管理等作为中央事权；部分社会保障、跨区域重大项目建设维护等作为中央和地方共同事权，逐步理顺事权关系；区域性公共服务作为地方事权。中央和地方按照事权划分相应承担和分担支出责任。中央可通过安排转移支付将部分事权支出责任委托地方承担。对于跨区域且对其他地区影响较大的公共服务，中央通过转移支付承担一部分地方事权支出责任。保持现有中央和地方财力格局总体稳定，结合税制改革，考虑税种属性，进一步理顺中央和地方收入划分。2016 年，国务院印发了《关于推进中央与地方财政事权和支出责任划分改革的指导意见》，对推进中央与地方财政事权和支出责任划分改革作出总体部署，为建立科学规范的政府间关系和财税体制改革创造

---

① 冯俏彬，李贺. 从地方税到地方收入：关于新一轮中央与地方收入划分的研究 [J]. 财经智库，2019（3）：66-81.

了基础性条件。

2020 年，中共中央、国务院印发了《关于新时代加快完善社会主义市场经济体制的意见》又强调要加快建立现代财税制度，优化政府间事权和财权划分，建立权责清晰、财力协调、区域均衡的中央和地方财政关系，形成稳定的各级政府事权、支出责任和财力相适应的制度。适当加强中央在知识产权保护、养老保险、跨区域生态环境保护等方面事权，减少并规范中央和地方共同事权。按照这一基调，完善省以下分税制改革，可通过省直管县、乡财县管和乡镇综合配套改革，把五个政府层级框架扁平化为三个层级，在中央—省—市（县）三个层级框架下，按照"一级政权，一级事权，一级财权，一级税基，一级预算，一级产权，一级举债权"的原则，构建财权与事权相适应、财力与事权相匹配、中央与省两级自上而下转移支付加必要的横向转移支付的财税体制，以保证地方在保障低收入群体方面的财力需要。

同时，"营改增"后，地方政府急需重建主体税种和地方税制体系。在实行分税制的国家，充作地方税主体税种的，要么是对居民个人征收的财产税，要么是位于零售环节的流转税。房地产税具有数量多、价值大、不可移动、不可隐匿与长期可持续性等特点，是典型的财产税，属于直接税，税负不易转嫁，具有地方受益性强、分布均衡、透明度高、税基稳定等优势，具有成为地方税主体税种的可能，所以，应积极稳妥扩大试点范围，并逐步培育其筹资功能，有利于地方政府增加财产税收入，完善地方税体系，以弥补"营改增"改革给地方带来的财力影响，也符合我国税制结构优化中提高直接税比重的要求。

## 6.2　税收调节收入分配政策调整的具体措施

### 6.2.1　优化税制结构，推进间接税为主向直接税为主转型

从前面的分析可以看出，税收对居民收入分配的调节效果主要取决于税制结构。一般来说，直接税主要以所得税、社会保障税和财产税为

主体税种，特别是个人所得税的主导地位，税收负担难以转嫁，对居民收入分配的调节作用效果显著；而间接税主要以增值税、消费税、营业税为主体税种，税收负担容易转嫁，其主要是发挥保障财政收入的功能，对居民收入分配调节的作用有限。美国个人所得税和企业所得税占总收入比 60.4%，社会保险税 36.49%；加拿大所得税占比 76.79%，商品服务税占比 13.58%；日本个人所得税和企业所得税占比 51.3%，消费税占比 30.41%；2018 年，我国直接税收入占比为 33.8%，与间接税收入的比约为 1∶2①。华生（2013）认为，我国直接税几乎没有，个人所得税比重太少，直接的财产税也几乎没有。我们没有遗产税和赠与税，也没有资本利得和固定资产保有税。相反，间接税比重过大，占绝对多数。要解决贫富差距问题，关键在于调结构，所谓间接税向直接税的转变，总体上不增加税负，是转变结构。蔡昉（2013）认为，目前中国间接税比重过高，直接税比重过低，税制不具有累进性质，不能起到调节居民收入分配的效果。刘国光认为，在财政收入方面，提高直接税收的比重，降低间接税收的比重；在直接税方面，提高资本财产与非劳动所得的税负，考虑家庭负担，降低中低收入者的所得税负极其重要②。胡怡建（2019）认为，目前，我国间接税比重较高，而直接税比重较低。要更好地发挥税收在国家治理中的收入分配作用，首先应优化税制结构，通过提高直接税比重，降低间接税比重，提高个人在收入分配和财富积累中的纳税比重，降低企业在生产经营中的纳税比重，来提高我国税收的累进性③。

2020 年，中共中央、国务院《关于新时代加快完善社会主义市场经济体制的意见》（以下简称《意见》）提出，深化税收制度改革，完善直接税制度并逐步提高其比重。将我国目前以间接税为主的税制结构，转变为以直接税为主的税制结构，主要原因在于相比间接税，直接税具有天然的优势。一是透明性强，税收归宿清楚，不易转嫁。这个优点，增加了人们的税收敏感性，有利于培养纳税人权利意识，有利于监

① 闫少谭.关于加快构建适应高质量发展的现代税收制度研究［J］.税务研究，2020（3）：161-120.

② 刘国光.是"国富优先"转向"民富优先"还是"一部分人先富起来"转向"共同富裕"［J］.探索，2011（4）：54-57.

③ 胡怡建.更好发挥税收在国家治理中作用的思考［J］.税务研究，2019（4）：3-7.

督政府更好地用税，使纳税人、税务机关和财政机关在"纳税、收税、用税"上协调一致，真正体现税收"取之于民，用之于民""让人民的钱更好地为人民谋利益"；二是现代直接税一般是累进税，有免征额的规定，对于维持基本生活需要部分的财产或所得可在税前扣除，并且随着税基的扩大，边际税率不断提高，较好地考虑到负担能力，因此，累进税更为公平，更有利于政府进行居民收入分配的调节，有利于缩小贫富差距。所以，为了更有利于缩小贫富差距，更有利于监督政府公正而廉洁高效地使用税款，按照十八届三中全会关于收入分配改革的精神，以及《意见》的要求，在经济增长的同时实现居民收入同步增长，让改革发展成果更多更公平惠及全体人民，适应我国实现共同富裕的改革目标，将目前以间接税为主的税制逐步调整为直接税为主，充分发挥税收的经济杠杆作用应该成为我国税制改革的重要方向。

提高直接税比重的具体措施有增税和减税，即降低间接税，开征财产税和提高所得税。

（1）推进增值税改革，适当简化并降低增值税税率。近年来，适应国家宏观经济政策的要求，税制改革的主要对象集中在以增值税为代表的间接税方面，主要目标定位于减轻企业税负和激发市场活力，增值税税率经历了三次调整。全面"营改增"后，增值税税率在17%和13%两档基础上，新增设了11%和6%两档税率。一般货物17%的基本税率，农副产品等涉及农民基本生活用品享受13%的低税率，交通运输业适用11%的税率，研发和技术服务、文化创意、物流辅助和鉴证咨询等现代服务业适用6%的税率。2017～2018年，增值税改革主要以减税并档为主，根据2018年《政府工作报告》中提出"改革完善增值税制度，按照三档并两档方向调整税率水平，重点降低制造业、交通运输等行业税率"。2017年7月1日起，取消13%税率，将农产品、天然气等增值税税率从13%下调至11%。2018年5月1日起，增值税税率下调1个百分比，形成16%、10%、6%三档税率。2019年，为了进一步减轻制造业和小微企业负担，将制造业等行业16%的税率降至13%，将交通运输业、建筑业等行业10%的税率降至9%，保持6%一档的税率不变。目前我国增值税税率分为13%、9%、6%三档，即销售交通运输服务、邮政、基础电信、建筑、不动产租赁服务，销售不动产，转让土地使用权以及销售或进口中列举的农产品等货物税率为9%；其余货物及加工修理修配劳务、有形动产租赁服务和进口税率为 13%；销售无形资产（除土地使用权）为 6%。

目前增值税基本税率仍然偏高。因为增值税征收是在一个完整的链条封闭式管理下进行，而且税负具有转嫁性，这样增值税应税产品不管流转多少个环节，最后到消费者手中，至少要承担税率规定的税收负担，比如一件 113 元的商品价格中就含有 13 元的增值税。从税率级次来看，2022 年的统计数据（不含零税率）显示，152 个实施增值税国家采用一档税率的国家或地区 62 个，采用两档税率的国家或地区 36 个，采用三档税率的国家 37 个，采用四档税率的国家 11 个[①]。从税率看，我国目前 13% 的基本税率明显低于欧盟成员国水平，如德国（19%）、法国（20%）、荷兰（21%）等；但仍高于不少亚太地区国家，如日本（8%）、韩国（10%）、越南（10%）、菲律宾（12%）[②] 等。下一步增值税改革应继续向推进税率级次三档并两档、降低基本税率，简化税制方向迈进。一是整合目前多档税率，简并为两档税率，即一档标准税率和一档低税率。低税率的适用范围是与民生需求高度相关的货物劳务，以及人力投入成本比例较高的服务行业。二是下调税率。为了提高税率的普遍适用性，体现行业间的税负公平，标准税率应适当降低，全面摸底测算目前货物和劳务不同行业增值率水平，按最低增值率水平设置标准税率。

（2）消费税改革。包括调整优化消费税征收范围、征收环节和税率，把高耗能、高污染产品及更多高档消费品、奢侈品及高档服务产品纳入征收范围；提高税率，当前尤其需要提高像烟草、白酒行业等的消费税税率，使消费税改革真正能够实现以税收促进新发展理念的实施。同时，加快消费税征收环节由生产后移至消费的改革，并将消费税逐步划转到地方，以充实地方税，构建地方税体系。

（3）个人所得税改革。在调节居民收入分配方面，个人所得税被认为是最有效、最直接的手段和工具，也是直接税中分量最重的税种。个人所得税改革方向是进一步明确立法的宗旨和原则，适当提高个人所得税收入规模，彻底走向以家庭合并申报为基础的综合课征模式，设定

① 杨小强. 从各国实践看增值税立法选择 [N]. 中国税务报，2023 – 01 – 18.

② 应有强. 增值税税率结构的国际比较与我国简并方案的设想及测算 [J]. 经济研究参考，2019（11）：83 – 92.

更多让低收入群体受益的专项附加扣除项目，加大对高收入群体资本利得征税，在拓宽税基的同时降低最高边际税率，由45%降到35%或30%。完善税收优惠和加成征收制度，例如对特殊高端科技人才免税等，进一步增强其收入调节功能。同时，加强对高收入行业和高收入群体的监管，加大税收征管力度，减少税收流失。

（4）加快房地产税立法和遗产税与赠与税的开征。房地产税属于财产税，是直接税。如果房地产税开征，以其巨大的规模，必然带来直接税比重大幅提高。但由于涉及要解决不同产权性质的界定，要整合现有与房地产相关的房产税、土地增值税、耕地占用税、城市维护建设税、契税等税种，要设定房地产税征收标准，公平的选择、社会认知及接受程度等一系列问题，短期内出台的可能性不大，但从长远来看，推进房地产税立法，以调节收入分配，提高直接税比重，充实地方税，构建地方税体系是大势所趋。同时，遗产税和赠与税也属于直接税，适时开征遗产税和赠与税，对调节高收入群体，提高直接税比重和充实地方税都能起到重要作用。

## 6.2.2 改革个人所得税，加强对高收入群体的税收征管与重点监控

1. 实行以家庭为基础的综合所得税制度

虽然2018年8月31日新修改的《个人所得税法》及其实施条例，在工资薪金所得费用扣除标准、专项附加扣除、四项所得综合征税、税率级次差距等方面都作了很大的调整，向综合税制改革迈出了关键性的一步，体现了降低中低收入负担，增加高收入负担，缩小收入分配差距的理念。但现行个人所得税对调节收入差距影响比较大的以个人为基础的分类征税模式没有做相应的调整，仍然实行的是有限综合课征与分类课征相结合，纳税主体主要还是工薪阶层，覆盖人群占全国总人口比重太小，部分畸高收入人群的收入游离在体制外，不利于发挥个人所得税的收入调节功能。长期以来，关于所得税制征税模式理论界争论已久，但一直是争而未决，目前，国内主流的观点是实行综合所得税制。高培勇（2011）认为，个人所得税改革是调节居民收入分配的聚焦点，个人所得税改革的目标应是综合所得税制。刘克崮（2020）认为，个人

所得税改革应以"宽税基、低税率、简税制、严征管"为原则，普遍纳税，适用低税率。多数纳税人适用 3% 和 1% 的低档税率，或 10% 的中低档税率，在确保居民税费负担总体不增、不高的前提下，增加税制的累进性①。许多学者（安体富、贾康和刘佐）认为，要实现公平税负，必须把个人所得税从现在简单的侧重工薪调节分类，转变到以综合为主的税制，特别是把真正高收入阶层的收入综合在一起，超额累进征税。《决定》中关于完善税收制度中提到，逐步建立综合与分类相结合的个人所得税制，是指作为一个过渡期，可率先对大部分个人所得实行综合课征，对个别收入进行分类征收，实行"以综合征收为主，分类征收为辅"的征收模式，待征管条件成熟再全面推进综合所得税制，这也是有些学者的观点。2018 年的个人所得税改革，虽然首次将工资薪金、劳务报酬、稿酬和特许权使用费 4 项劳动性所得实行了综合征税，但纳税人的非劳动所得，如股息、利息、红利所得，财产转让所得、财产租赁所得等还没有纳入综合征税范围，所以，目前这种综合征税还是有限综合的征收模式。这种征税模式，一是按纳税人个人征收，家庭负担重的纳税人，其税负负担过重；二是实行有限综合与分类课征，还有很多所得在综合所得范围之外，单独征收，各项所得适应的税率不同，费用扣除标准也不同，因而使来源渠道多，综合收入高的纳税人有办法不纳税或少纳税，而所得来源少，收入相对集中的纳税人则多纳税，不能全面完整地体现纳税人的真实纳税能力，造成了纳税人税负的严重不公平。

美国学术界认为，综合所得可以全面反映个人负担税收的能力，有利于公平分配；同时，综合所得对各种所得同等对待，也符合税收"中性"或效率原则②。此外，综合所得也有利于扩大税基，保证个人所得税的大众性、主导性和社会调节功能。所以，建议实行以家庭为基础的综合所得税制度，在征税方面以家庭为单位征收，以保证对家庭人员多、从业人员少的纳税人的公平待遇，保障低收入家庭的生活水平，这也是个人所得税征税模式的国际惯例。马克思在指出劳动者在体力上和智力上的差异的同时，还指出了劳动者家庭情况的差异。"一个劳动者

---

① 刘克崮，张斌. 个税改革要以调节收入分配为目标 [J]. 中国新闻周刊，2020 (43).

② 王德祥，刘中虎. 美国的个人所得税制度及其启示 [J]. 世界经济研究，2011 (2)：65 – 68.

已经结婚，另一个则没有；一个劳动者的子女较多，另一个的子女较少，如此等等。因此，在劳动成果相同、从而由社会消费品中分得的份额相同的条件下，某一个人事实上所得到的比另一个人多些，也就比另一个人富些，要避免所有这些弊病，权利就不应当是平等的，而应当是不平等的。"① 实行家庭综合征收模式要求税务机关、企业、银行、证券公司、财产登记机构等纳税人的相关信息共享，及时掌握纳税人各种收入来源和家庭状况信息，对税务机关的征管水平也有很高的要求。而且，大数据在税务系统以及各部门的推广与使用，已经为以家庭为单位的各项所得综合征收提供了技术支持。从目前来看，时机已经成熟。当务之急是为保证以家庭为基础的综合所得税制度的顺利实施，国家还需要在加强税收征管能力建设的同时，建立以家庭为基础的信息系统，以常住人口为依托，建立常住人口登记管理体系和常住人口家庭信息系统。

2. 以人为本，合理确定费用扣除标准

所谓合理，在我国是指个人所得税的费用扣除标准能够基本反映我国城镇居民维持日常基本生活开支和家庭各方面开支的需要，并要考虑通货膨胀的影响，而不是越低越好，或是越高越好。但如果费用扣除制度不完善，则会影响个人所得税的覆盖面，从而影响其调节收入分配能力的发挥。近年来，我国个人所得税的扣除标准随经济社会发展、物价水平和居民生活成本的提高相应进行调整。2011 年 9 月 1 日修订实施的个人所得税法及其实施条例，将工薪所得税费用扣除标准由每月 2000 元提高到 3500 元。2018 年 10 月 1 日新修订的个人所得税法及实施条例，又将工资薪金、劳务报酬、稿酬和特许权使用费 4 项综合所得费用扣除标准由每月 3500 元提高到每月 5000 元（全年 6 万元），这是在征求民意基础上的一个折中的标准。杨志勇认为，"减税是提高居民可支配收入的最直接有效的做法，而提高工资薪金所得费用减除标准（免征额），可增加低收入群体的可支配收入，提高他们的消费能力"。朱青认为，"提高免征额的办法在减轻中低收入者税收负担的同时也减轻了高收入者的负担，而且对高收入者的减负力度更大"。石绍宾认为，要建立基本减除费用标准的动态调整机制。基本减除费用标准应基本围绕人民工资水平上下波动或略高于平均水平，或参照国际做法，将基本减

① 曲顺兰. 税收调节收入分配：基本判断和优化策略 [J]. 马克思主义与现实，2011 (1)：195－199.

除费用标准与 CPI 挂钩，保障中低收入群体的利益。

本书认为，个人所得税中的扣除额和减免等规定用于低收入阶层，能减少低收入者的纳税额，具有调节收入再分配的功能。其费用扣除调整应考虑两个方面：首先是一般性个人生计扣除，包括衣、食、住、行等方面的开支。从长期来看，这项扣除应在现有每月 5000 元标准的基础上，同物价上涨，个人基本生活费用增长等趋势相适应，进行适当调整；其次是个人家庭方面的扣除，也即专项附加扣除，要将纳税人家庭负担情况也考虑进去。2018 年的改革，首次增加了子女教育支出、赡养老人支出、继续教育支出、大病医疗支出、住房贷款利息和住房租金等专项附加扣除，更体现了税收公平。除此之外，这一标准的调整还应考虑不同时期低收入群体的实际收入水平和日常基本生活开支，引入儿童抚养成本扣除、教育扣除，抚养残障人员扣除，并注意与住房、医疗、养老、教育和最低生活保障等制度分工协调，尽量能使低收入群体受益。所以，下一步应继续提高中低收入群体的扣除额，建立专项附加扣除标准定期调整机制，扩大专项附加扣除范围，防止个人所得税沦为逆向调节的工薪税。

3. 要拓宽税基和覆盖面，适当降低最高边际税率

要全面梳理个人所得税改革的目的是筹集财政收入还是调节收入分配公平，应以调节收入分配公平为主，没有一定规模的个人所得税覆盖面和规模，难以发挥调节作用，因此，一是要拓宽税基和覆盖面。现行个人所得税纳入综合所得的部分，如工资薪金所得、劳务报酬所得、稿酬所得、特许权使用费所得等劳动所得，都是中低收入群体透明化的收入，由单位代扣代缴，是逃不掉的，这也是目前个人所得税的主要收入来源。但部分群体的其他收入来源或隐性收入并未涵盖其中，比如直播带货等新型个人收入所得以及部分渠道收入等由于个人所得税法没有具体的操控和规定，因此缴纳相关税款相对较少等问题。另外，相比工资薪金、稿酬所得、劳务报酬等劳动所得，一些非劳动收入所得，比如金融资产所得、资本性所得和财产性所得等仍然按 20% 的比例税率计税，出现非劳动所得税负低于劳动所得税负的情况，无法体现个人所得税累进性特点和鼓励劳动所得等特点，形成对劳动所得的税收歧视。所以，个人所得税应通过大数据等高科技手段，将这部分游离在征税系统之外的高隐性收入群体资本利得、财产性所得纳入综合所得征税范围，扩大

177

综合所得税基和覆盖面，增强个人所得税调节财产性所得的能力。比如，美国的个人所得税就将股利、利息、租金等财产性所得与劳动所得同等对待。二是适时、适度、合理、分步降低最高边际税率，逐步将劳动所得、资本所得与经营所得的税率相衔接。我国综合所得适用的最高边际税率高达45%，美国为37%，加拿大为33%，新加坡为22%，俄罗斯为13%。一般来说，过高的边际税率会增加纳税人偷逃税的动机，且高收入群体更有能力进行偷逃税，容易造成税额流失，失去对高收入群体的约束①。同时，也会制约高素质人才的聚集。我国个人所得税综合所得最高税率45%，即一个人的劳动所得最高档部分，个人所得税100万元要交45万元；而同样由资本、财产来源形成的收入或所得，只需要交20%，也就是20万元的个人所得税；如果按企业所得税税率25%，只需要交25万元就可以，所以，个人所得税对劳动所得的最高边际税率确实高了，不能体现鼓励劳动所得的导向，可适当降低个人所得税最高边际税率，将目前的45%降到35%或者30%。三是对税率级距进行适当的简并，扩大低税率级距，适当降低中等收入群体的税收负担。可考虑将现有综合所得的7级超额累进税率调整为6级，第1级不变，第2级和第3级全年应纳税所得额合并为新的第2级，适用税率10%，后面级次依次调整为3级、4级、5级、6级，各级原全年应纳税所得额不变，适用税率依次调整为20%、25%、30%、35%。

4. 加强税收征管，加大对高收入群体多种收入来源的监控力度

（1）优化税收征管环境，提高税收征管信息化水平。

再好的税制也需要强势的税收征管来保证，税收调节收入分配公平功能的弱化除了税制本身缺陷外，与我国现行税收征管也有很大的关系。随着经济的发展和收入分配的多元化，居民个人收入来源渠道增多，收入形式日趋多样化，特别是高收入人群，其灰色收入、隐形收入以及垄断部门高收入等相对低收入人群更多，也更具有偷逃税和纳税筹划的能力和动力。但相应的经济活动信用化程度和个人收入、个人财产等信息资源共享平台的发展还没有达到最高要求，为税收征管带来了障碍。我国个人所得税的征收原则是，低收入者不缴税，中等收入者少缴税，高收入者多缴税。但由于征管手段的局限，个人所得税中除代扣代

---

① 石绍宾，张玲欣. 我国税收调节收入分配差距的主要障碍及完善［J］. 税务研究，2021（4）：19－24.

缴的工资收入外，其他收入尤其是高收入者的收入难以严格征缴。因此，必须逐步优化税收征管环境。一是提高经济活动的信用化程度，建立纳税人信用档案体系。利用大数据，在全国范围内建立纳税人信用档案体系，收集有关个人纳税信用不良记录，并与银行、证券、海关、企业等多部门信息共享，使纳税信用等级低的纳税人在信用贷款、信用卡使用、出国出境、就业、消费等方面受到限制。这需要有完善的信息共享服务平台，还要有完备的税收信用立法的保障。由于纳税人信用档案体系的建立涉及个人信用信息的采集以及个人隐私的保护，需要以政府的法律手段助推社会信用法律体系的构建。二是建立全国大集中式个人税费数据系统。刘克崮（2020）认为，应充分运用云计算、大数据等信息技术手段，强化信息共享、部门协同配合，促进涉税信息资源科学配置和有效利用。同时，建立第三方信息定期报告制度，建立全国统一互联的自然人大数据系统，便于信息比对和核查。三是依法明确税务机关获取涉税信息的权利和相关部门提供涉税信息的义务，多部门协作，加快构建涉税信息共享机制。数字经济条件下，交易方式不断推陈出新，交易信息种类繁多。税务部门要顺应数字经济发展趋势，加强与信息部门的配合与联动，全面跟踪和掌握涉税交易数据。这就需要在《税收征管法》中明确税务机关获取涉税信息的权利和保障，以及相关部门提供涉税信息的义务。利用大数据、云计算和人工智能等现代科技信息技术，加大税收征管信息化向外围拓展的范围和力度，包括与银行、证券公司、工商、海关、公安、法院、交通、审计、外汇管理、房地产管理及其他政府部门、企业和服务部门等的联网与协同，建立涉税信息共享平台，共享各类涉税数据和信息，使税务部门的税收监控网络无处不在。

（2）加大对高收入群体多收入来源的监控力度。

近年来，各级税务机关一直致力于加强对高收入群体收入的监控和个人所得税的征管，着力发挥个人所得税调节收入分配的作用，高收入群体自行纳税申报管理也取得了积极成效。按税法要求，自 2006 年开始，我国年所得 12 万元以上纳税人应在次年的 3 月 31 日前进行自行纳税申报，首次申报人数达 162.8 万人，2009 年比 2006 年，自行申报纳税人数增长 13.3%，2010 年比 2009 年增长 17%。但是，由于高收入群体所得来源渠道不一，所得形式多种多样，在公民纳税意识普遍不高的情况下，依靠高收入群体自觉申报纳税存在很大问题，其个人所得税的征收管理依然面临较大的困难。根据 2018 年新修改的《个人所得税法》，2019 年 1 月 1 日起，纳税人无须再办理年所得 12 万元以上自行纳税申报。2020 年 1 月 1 日起，自然人电子税务局，即 Web 网页端、手机 App 端平台上线，个人通过个人所得税手机 App 或者 Web 网页端可进行相关信息登记、申报征收、查询申诉等事项，税款月度由扣缴单位代扣代缴后，年度终了系统自动汇算清缴，纳税人可查询收入纳税明细。这说明个人所得税信息化程度取得了很大的进步，但主要还是掌控的由单位代扣代缴的收入，比如工资薪金、劳务报酬、稿酬、特许权使用费 4 项综合所得明细，无法将高收入群体的其他来源收入都纳入其中，这部分收入还是需要纳税人年终自行申报。另外，电子税务局在实施过程中还出现了被无关单位"录用""被入职"，成为不法单位和个人的"避税"工具的情况，也就是说个人 App 上每月都有的收入，但并非本人实际取得的收入被莫名扣税引发申诉等问题，需要进一步改进和优化。如何监控高收入群体的收入，加强高收入群体个人所得税的征管，直接关系到个人所得税调节居民收入分配公平的效果。所以，应在现有纳税人监控网络的基础上，建立高收入行业、高收入纳税人的重点监控管理体系，对其实施重点监控和跟踪管理，并定期对高收入行业和纳税人个人所得税情况进行重点检查。同时，利用税务部门与各单位联网和信息共享平台的优势，对高收入群体的资本所得、财产转让所得、财产租赁所得、股权转让所得、股息利息红利所得等非劳动所得进行重点监控，发现问题及时处理，必要时可对典型案例进行曝光，并加大打击偷逃个人所得税的力度，使个人所得税真正成为有效调节居民收入分配的"良税"。此外，还应加强税法的宣传教育，提高公民的纳税意识，养成自觉的纳税行为。

### 6.2.3 建立完整的财产税体系，适当时期开征遗产税和赠与税

目前，在我国房产、车辆等已成为个人财产的主要部分，因而应建立完善的以房产税为主体税种，包括城镇土地使用税、车船税、车辆购置税、遗产税和赠与税在内的财产税体系，以改变我国目前财产税体系残缺不全的局面，真正发挥财产税调节收入再分配的作用，也相应地增

加了直接税在税收总额中的份额。2013 年 11 月，党的十八届三中全会审议通过的《中共中央关于全面深化改革若干重大问题的决定》提出，完善地方税体系，加快房地产税立法并适时推进改革，逐步提高直接税比重。关于完善地方税体系，加快房地产税立法又在 2018 年和 2019 年连续两次在政府工作报告中被强调。2020 年 12 月，财政部部长刘昆在《人民日报》撰文提出，"十四五"时期，健全以所得税和财产税为主体的直接税体系，按照"立法先行、充分授权、分步推进"的原则，积极稳妥推进房地产税立法和改革。2021 年 3 月，《中华人民共和国国民经济和社会发展第十四个五年规划和 2035 年远景目标纲要》又重申"推进房地产税立法，健全地方税体系，逐步扩大地方税政管理权"的改革目标。2020 年我国财产税占税收收入比重为 15.7%，其中，保有环节财产税占比 3.8%，流转环节财产税占比 11.9%，房产税 1.8%；2019 年的美国财产税占税收收入比重为 15.7%，保有环节财产税 15%，流转环节财产税 0.6%，房产税 14.8%；同期英国这一比例分别为 12.9%、11.8%、0.9% 和 11.8%；2018 年日本这一比例分别为 12.1%、9.9%、2.2% 和 9.9%。我国流转环节财产税收入占比高出其他主要经济体约 10 个百分点，保有环节则明显低于多数主要经济体。尤其是我国房产税收入占比仅为 1.8%，远低于其他主要经济体，美国和英国更是超过 10%[①]。高培勇认为，财产税应定位为富人税。中国贫富差距、收入分配差距的调节要着眼于基础环节——财产存量，正因为如此，国家把健全财产税写入"十四五"规划中。目前，作为增加直接税比重和"营改增"后地方主体税种的构建，改革和完善房产税，扩大其征税范围应该是改革的方向。

1. 改革和完善房产税

2013 年 10 月 27 日，国务院发展研究中心首次向社会公开了其为十八届三中全会提交的"383"改革方案总报告，其中就包括房产税的全面推开。该报告中提出，要扩大房产税试点范围，尽快完善相关制度，一定过渡期后全面推开，并明确为区县级政府主体税。《中共中央关于全面深化改革若干重大问题的决定》也提出加快房地产税立法并适时推进改革。《中华人民共和国国民经济和社会发展第十四个五年规划和

① 梁季，陈少波. 完善我国直接税体系的分析与思考［J］. 国际税收，2021（9）：33 - 42.

2035 年远景目标纲要》又重申推进房地产税立法。这都预示着"十四五"时期房地产税立法改革在稳步推进中。另外，近年来，随着全国统一的不动产登记信息管理基础平台实现全国联网，为推进房产税改革扫除了关键技术障碍。

从理论上讲，房产税作为地方性税种，是完善地方税体系的基础，也是调节居民存量财富的关键。由于其受益性强、分布均衡、透明度高、税基稳定等方面的优势，具有成为市县级地方税主体税种的可能，所以，应加快立法，逐渐培育房产税的筹资主体功能，以弥补我国目前一些地方税种缺失，地方税体系不完善对地方财力的影响，并在调节居民收入分配上发挥作用。从房产税的收入用途看，房产税收入应主要用于改善当地地方的公共基础设施、市政设施，而地方投融资体系同样是为地方基础设施、市政设施进行融资和投资，因此两者之间存在着目标的一致性和异曲同工的作用。在当前地方投融资体系缺乏资金来源的情况下，地方可以逐渐将房产税用于投融资平台的运转①。

1986 年，国务院发布了《中华人民共和国房产税暂行条例》，2011年 1 月 8 日，国务院对该条例作了修改，而该条例的实施细则由各省、自治区、直辖市人民政府自行制定，送财政部备案。2011 年，我国重庆市和上海市开始试行了房产税，主要目的是控制房价，但实施效果并未达到预期。上海市的做法是对增量房征税，2011 年 1 月 27 日，上海市市政府印发的《上海市开展对部分个人住房征收房产税试点的暂行办法》规定：适用税率暂定为 0.6%，应税住房每平方米市场交易价格低于上海上年度新建商品住房平均销售价格 2 倍（含 2 倍）的，税率暂减为 0.4%。上年度新建商品住房平均销售价格，由上海市统计局每年公布。上海市税务局 2022 年 1 月 17 日发布的《上海市 2021 年税收收入统计情况》显示，2021 年上海市房产税收入为 2219808 万元，仅占2021 年上海地方税收总收入（187036868 万元）的 1.19%。

我国房产税的改革与完善应按"立法先行，充分授权，分步推进"的原则，加快推进房产税立法和实施，在保障基本居住需求的基础上，对个人住房征收房产税，即基本生活住房不征税，超过了基本的标准，就要按照评估值计税，累进税率征收，要增加房产保有环节的税收负

---

① 马海涛，李升. 我国分税制财政体制改革的再认识 [J]. 经济与管理评论，2013（4）：5 - 15.

担，减轻房产流转环节的税收负担，并加强税收征管力度。这样，税基宽泛，能够保证收入来源，对保有环节累进征税，可以起到调节财富分配的作用。但要推进这一改革当前急需解决的是个人住房信息的采集、房产价值的评估以及具体征收环节等技术层面的问题。

改革和完善房产税，可采取以下步骤：

（1）扩大房产税的税基。配合房产登记部门，对城镇居民自有住房、农村的非住宅和非农业用房屋纳入征收范围，廉租房、生活用唯一住房等给予优惠。

（2）房产税的征收要以房地产的现值或市场评估值为计税依据。在市场经济条件下，房产的市场价值，会随着时间和市场行情的变化而变化的，体现房产的真实价值，能体现纳税人真实的税收负担能力。对于房产市场价值的具体评估，可以借鉴印度尼西亚的做法。印度尼西亚的财产税计税依据是统一以单位面积作为财产的估价标准。该方法是将土地分为不同的区域，每一区域由税务部门认定每平方米的平均价格。位于区域内的所有土地的价值均由土地面积乘以每平方米认定价格得出[1]。房屋价值的估计根据成本法，使用税务部门确定的成本表。财产总价值为土地和房屋价值的总和。这一做法对于习惯用每平方米多少钱来衡量建筑物特别是住宅价格的中国有较好的借鉴意义。

（3）适当提高房产税的税收负担水平，增强房产税的调控功能，可采用累进税率。房产税税率的设置要体现针对性和可操作性，将住宅划分为别墅、大户型等类型，对别墅可全额适用最高边际税率征税。为了保障居民基本生活住房需要，在对居民住房征收房产税时，可以设置一定的起征点，即人均免税面积，达不到起征点的不征税，超过部分作为计税依据。上海市试点房产税人均免税面积为 60 平方米，基本符合我国的实际情况，易于被大众理解和接受[2]。

2. 适时开征遗产税和赠与税

遗产税是在被继承人去世后，对其所遗留的财产净值所征收的一种税，它属于一般财产税，可以综合考虑财产所有者的各类财产，从而较

① 朱为群，曾军平，董文秀 . 中国财产税的公平性分析 [J]. 经济与管理评论，2012（6）：86 – 92.

② 李宝锋 . 基于 CGE 模型的我国税收调节居民收入分配问题研究 [D]. 沈阳：辽宁大学，2019.

好地体现税收公平。征收遗产税，一方面可以使富裕群体减少将巨额财富留给后代的意愿，可将部分财富捐赠给社会公益事业；另一方面即便是将巨额财产留给后代，通过遗产税的调整也可以将遗产总额调低在富有阶层人士的财产中，在金融资产、个人房地产所占比例较大的情况下，这类财产的收益比较高，是造成收入分配差距的重要因素，而目前我国的财产税系中并没有调节这两项财产的财产税①。发达国家普遍采用遗产税和赠与税以履行税收公平职能作用，使得税收在促进代际财产公平方面得以进一步延展。目前，世界上已有 100 多个国家（地区）开征了遗产税，发挥着遗产税对财产积聚形成有效抑制进而促进收入公平分配的作用。另外，发达国家还将遗产税、赠与税与慈善捐赠的税收优惠制度相结合，从税收层面鼓励和引导社会公益与慈善捐赠行为，利用第三次分配进一步强化税收促进收入分配公平的作用②。

对于遗产税和赠与税的开征问题理论界也争论多年，形成了征与不征的两种截然不同的观点。托马斯·皮凯蒂（2013）提出，当下一个人财富的多少不仅由劳动所得决定，更由继承的财富决定，而资本收益率持续高于经济增长率的趋势，将不断加剧收入不平等。因此可以通过在全球范围内实行累进的资本税来抑制贫富分化和收入不平等③。宋晓梧认为开征遗产税时机早就到了，我们国家的亿万富翁数量都已赶上美国了，有各种方式富起来的群体，这是遗产税开征一个最基本的条件。关键是要不要下决心开始征收，现在国家贫富差距问题已经凸显，有了一批提前富起来的人，因此，开征遗产税对调解收入分配有重大意义。刘浩认为，贫富人群在竞争起点上存在财产能力、教育能力等方面的不公平，竞争结果中还存在再分配乏力和财产税调节缺失的问题。在这方面，遗产税可以起到定向调节和校正的作用。他认为，我国把扩大中等收入者比重作为分配政策的既定目标，因此中等及以下家庭的遗产赠与不应在课税之列。

刘尚希则认为条件尚不具备。他认为，到没到征收遗产税的时机，

① 朱为群，曾军平，董文秀. 中国财产税的公平性分析 [J]. 经济与管理评论, 2012 (6)：86 - 92.

② 赵桂芝，李亚杰. 促进收入分配公平的税收制度完善 [J]. 税务研究, 2021 (4)：31 - 35.

③ 计金标，庞淑芬. 关于发挥税收促进社会公平功能的思考 [J]. 税务研究, 2017 (4)：3 - 8.

首先要搞清楚征收遗产税的目的，然后考虑在现有条件下能否达到这个目的。现在我国房产税征收都面临很多困难，更何况遗产税，动产、不动产、字画等各种东西都包含在遗产税里面，这些东西如何衡量价值，对在现有条件下征收遗产税所能起的作用不太乐观。杨志勇认为，遗产税的主要目的不是增加税收收入，遗产税相比较调节分配，主要在于鼓励大家做慈善，呼吁捐钱的作用更突出，在这方面的象征意义更明显，近年来，开征遗产税的国家和地区或大幅度降低税率，或暂停甚至取消遗产税的现象值得我们关注，开征遗产税或遗产税税率较高的国家和地区，与不开征遗产税或税率较低的国家和地区相比，总是处于不利地位。财富从前者转移到后者的情况屡见不鲜。遗产税要有效发挥在调节收入再分配中的作用，不能不面对遗产税的这些动向，同时要立足国情。

本书认为，随着经济的发展，个人财产的增加与积累，作为调节居民个人收入分配的重要税种，遗产税和赠与税的适时开征尤其必要。根据《2012 胡润财富报告》，截至 2011 年底，中国①的千万富豪人数第一次突破 102 万人，比上一年增加了 60000 人，涨幅 6.3%；其中亿万富豪人数已达 63500 人，比上一年增加了 3500 人，涨幅 5.8%。每 1300 人中有 1 人是千万富豪。而到了 2020 年这一财富集聚的情况更加严重，据《2020 方太·胡润财富报告》显示，中国（包括我国的香港、澳门、台湾地区）拥有 600 万人民币资产的"富裕家庭"数量已经达到 501 万户，比上年增加 7 万户，总财富达 146 万亿元。这 146 万亿元中，拥有亿元人民币资产的"超高净值家庭"数量达到 13 万户，比上年增加 3000 户，总财富为 94 万亿元，占比 64%，比上年扩大 4 个百分点；拥有 3000 万美金资产的"国际超高净值家庭"数量达到 8.6 万户，比上年增加 2100 户，总财富为 89 万亿元，占比 61%，比上年扩大 5 个百分点。这 146 万亿元的总财富中，预计有 17 万亿元将在 10 年内传承给下一代，42 万亿元将在 20 年内传承给下一代，78 万亿元将在 30 年内传承给下一代。针对这样的财富状况，应该通过遗产税和赠与税对这些高收入群体进行调节。开征遗产税和赠与税是完善财产税体系的重要内容，是健全收入分配税收调控体系的重要举措，也将为激发年轻一代的勤劳意

① 我国的香港、澳门和台湾地区的数据不包括在内。

识、奋斗向上、创新创业乃至引导慈善捐赠创造有益的制度环境。

根据我国经济社会发展的实际情况并借鉴国际经验，在遗产税税制设计中应注意以下几个问题：

（1）实行总遗产税制。我国遗产税可考虑选择简便易征、操作性强的总遗产税，即以被继承人死亡后的遗产总额为课税对象，对被继承人死亡时遗留的财产总额进行各种扣除后，就其超过免税额的部分综合课征。遗产继承人或遗产管理人为纳税义务人。在遗产的处理上秉承先征遗产税，再将税后遗产分配给继承人或受赠人。税基选择应实行宽税基的原则，尽可能地包括所有财产和遗产。

（2）计税依据的确定。财产总额依据财产现值或评估价值确定，扣除项目可包括被继承人死亡之前，依法应补缴的各项税款、罚款、滞纳金、未偿还的具有确凿证据的各项债务、被继承人丧葬费用、遗产管理费用等。

（3）实行超额累进税率。对遗产征税实行超额累进税率，有利于收入再分配目的的实现。

（4）遗产税和赠与税应并行征收。作为遗产税的必要补充，同时征收赠与税，可以防止纳税人生前大量转移财产，可规定被继承人死亡5年内发生的累计超过两万元的赠与财产应缴纳赠与税。

（5）鼓励生前捐赠。应制定和完善激励高收入者生前向各种公益、慈善事业捐赠的各项税收政策，应规定较高的慈善捐赠等项目税前扣除额，倒逼富人把更多的财产用于慈善捐赠，以引导高收入者收入向低收入者转移，在一定程度上缩小收入差距。许多国家的经验表明，当经济发展到一定水平，从而调整收入差距成为国家税收的主要职能时，开征遗产税和赠与税并对捐赠实行税收优惠有助于促进捐赠[①]。

当然，遗产税是世界各国普遍认为征收难度很大的税种之一。要对遗产征税，需要了解居民个人有多少遗产，什么遗产，遗产所处的位置，是否属于应税遗产等有关信息，资产数据收集难度比较大，税收征管成本相对较高，这就需要政府协调，企业、银行、财政、税务、房产管理等相关部门积极配合，财产登记、评估、数据采集、信息、监控一体化来进行。

---

① 曲顺兰，许可．慈善捐赠税收激励政策研究［M］．北京：经济科学出版社，2017.

## 6.2.4　改革和完善消费税，适时开征社会保障税

### 1. 改革和完善消费税

消费税是目前公众普遍认可的良税，它属于后端调节性税种，在引导居民合理消费行为的基础上，又可以调节居民收入水平。我国消费税是 1994 年税制改革新设置的税种。二十多年来，随着我国经济社会的发展和居民收入水平和消费水平的提高，消费税征税范围和税率也进行了几次相应的调整，如对烟酒类消费品税率的调整、将电池涂料、高档护肤品、高尔夫球及球具、高档手表、游艇纳入征税范围，以及取消农用拖拉机、收割机、手扶拖拉机专用轮胎、普通化妆品消费税等，上调成品油消费税税率，下调高档化妆品消费税税率等，但调整的目的基本上还是合理引导消费、促进环境保护和节约资源，调节收入分配没有作为主要目的，其征税范围还存在一些问题。在财税理念注重公平的情况下，消费税的改革势在必行。《中共中央关于全面深化改革若干重大问题的决定》在深化财税体制改革，完善税收制度的内容中，已为消费税改革确定了基本方向，提出调整消费税征收范围、环节、税率，将能耗、高污染产品及部分高档消费品纳入征收范围。所以，从调节收入分配角度来讲，可以进行消费税改革，扩大奢侈品征税范围，提高奢侈品消费税税率。

为进一步发挥消费税对高收入群体的调节作用，在现有税制的基础上，综合考虑居民收入水平和消费结构的变化，可以适当调整消费税的征收范围，除已征的高档消费品外，可以将部分高档奢侈消费品、新兴高档消费品以及高档娱乐消费行为，如高档住宅、私人飞机、高级皮毛与皮革制品、高档电器、高档家具、高级进口保健品、高档健身器具、高档视听设备、古玩字画、高档消费行为，如出境旅游、高尔夫娱乐消费行为、高档娱乐设施等奢侈品和奢侈消费行为纳入消费税征税范围，可以引导社会公众合理适度消费，也可以通过消费税的税负转嫁作用使富裕人群承担更多的税负，体现高收入者多纳税的原则。而对一些目前已成为一般生活用品的消费品，比如普通化妆品、摩托车、啤酒、黄酒等从消费税征税范围中剔除，这将有利于优化对于居民消费结构的经济手段引导，也间接地调节和优化了相关的收入再分配。

## 2. 开征社会保障税

社会保障税又称"社会保险税",是指以企业工资支付额为课税对象,由职工和雇主分别缴纳,税款主要用于各种社会福利开支的一种税。社会保障税于 1935 年开征于美国,目前已成为西方国家的主要税种之一。社会保障税在一个国家的社会稳定和经济发展中发挥着"安全阀"和"减震器"的作用,它既可以实现社会发展的稳定,又可以在全社会范围内对国民收入分配进行再次的适度调节,防止出现严重的两极分化。高税收、高福利的国家能够获得本国居民认同的主要原因之一,就是这个国家完善的福利制度有效地增强了居民对税收"取之于民,用之于民"的认同感和对国家的归属感。从欧洲国家的实践可以看出,同样是市场经济国家,在社会保障税占国民收入比重较高的北欧国家,收入不平等程度都较低,相反,社会保障税占国民收入比重较高的其他欧洲国家,收入不平等程度都较高。社会保障制度的发展程度很大程度上决定了一国的收入分配状况。

社会保障对低收入群体的瞄准性更高,它可以通过改变当前居民支出结构来影响储蓄和消费行为,实现收入在代际间的再分配,从而在熨平经济波动、推动经济发展和维护社会稳定方面具有不可替代的作用。社会保障税比目前的社会保障收费具有更高的法律约束力和规范性,有利于扩大社会保障覆盖面,增加基金来源,有利于社保基金的统一调度和安全管理,也有利于为社会保障提供稳定的资金来源,可以弥补个人所得税、消费税、财产税等税种"劫富"难"济贫"的不足。

我国现阶段城市的企事业单位和个人已负担基本养老保险与基本医疗保险等社会保障费,且已由税务部门征收,因而可以在此基础上开征社会保障税。纳税人为各种形式的企业、机关事业单位与职工以及个体工商户,由单位和个人分别缴纳,单位应纳税额由单位自行申报纳税,个人应纳税额由单位在支付工薪时代扣代缴;课税对象为纳税人的工资薪金或生产、经营所得,即企事业单位发放的职工工资总额、职工取得的薪金收入、私营企业主与个体工商户的纯收益额等是社会保障税的课税对象;税率采用比例税率的形式,按养老、失业和医疗三个税目分别确定不同的比例税率,然后再分解为企业与个人应该负担的部分。从目前来看,社会保障税税率的确定不宜与目前各项费率相差过多,更不能高于目前费率,而应适度调低税率。另外,还要注意扩大社会保障税的覆盖面，在解决城镇社会保障的同时，应积极创造条件，结合农村经济特点和农民的承受能力，开征社会保障税，解决农村的社会保障问题。

## 6.2.5 完善慈善捐赠税收激励政策

作为国民收入分配的重要组成部分，同调节收入分配的其他手段相比，慈善捐赠具有其独有的特点和优势：一是通过利益的直接转移，在起点、过程和结果等社会生活中的各个环节起到了调节分配的作用，有利于缩小贫富差距。二是具有救助灵活、涉及范围广的优点，同时运行成本也较低。三是慈善捐赠本身有助于增进人与人之间的信任，这样的互动能形成一种良性循环，促进社会的和谐与文明进步[1]。从理论上讲，慈善捐赠税收激励对全社会是一种帕累托改进，将会促进资源有效配置，当税收激励达到一定程度时，就可以实现捐赠者自愿多捐赠的效果。但从我国目前来看，慈善捐赠还处于较低的水平，没有起到公平居民收入分配的作用，运用税收手段激励慈善捐赠，可降低慈善捐赠成本，引导富人财富向穷人转移，弥补二次分配的不足。2013 年，十八届三中全会颁布的《中共中央关于全面深化改革若干重大问题的决定》提出，要完善慈善捐助减免税制度，支持慈善事业发挥扶贫济困积极作用，从而形成合理有序的国民收入分配格局。国务院批转发展改革委、财政部、人力资源社会保障部制定的《关于深化收入分配制度改革的若干意见》也强调，要大力发展社会慈善事业，积极培育慈善组织，简化公益慈善组织的审批程序。要落实并完善慈善捐赠税收优惠政策，对超过所得税税前扣除限额的部分企业公益捐赠支出，可以结转递延扣除等措施。2014 年国务院印发的《关于促进慈善事业健康发展的指导意见》对企业和个人的捐款的可扣除限额都给予了明确的规定，并在企业所得税和进口税收方面都提出了要求，提出要研究完善慈善组织企业所得税优惠政策，不仅要惠及捐赠者，还要惠及符合条件的公益慈善组织。2016 年《中华人民共和国慈善法》（以下简称《慈善法》）的颁布使慈

189

---

① 曲顺兰，张莉. 税收调节收入分配：对个人慈善捐赠的激励 [J]. 税务研究，2011 (3)：33-35.

善范围进一步扩大，慈善捐赠得到了应有的保障与尊重①。2017 年党的十九大报告将完善慈善事业制度列入社会保障体系建设中，提出要完善社会救助、社会福利、慈善事业、优抚安置等制度。2019 年十九届四中全会提出，要统筹完善社会救助、社会福利、慈善事业、优抚安置等制度，重视发挥第三次分配作用，发展慈善等社会公益事业。2020 年十九届五中全会进一步明确，发挥第三次分配作用，发展慈善事业，改善收入和财富分配格局，完善财税等激励政策。2022 年党的二十大报告提出要引导、支持有意愿，有能力的企业、社会组织和个人积极参与公益慈善事业。这标志着慈善捐赠被越来越重视，充分发挥慈善捐赠在调节收入分配中的作用，调整和完善我国慈善捐赠税收激励政策已成当务之急。

一直以来，我国并没有一套统一、系统、完整的有关慈善组织税收激励体系，税收优惠政策分散在《公益事业捐赠法》《个人所得税法》《个人所得税法实施条例》《企业所得税法》《企业所得税法实施条例》中，此外，还有很大一部分规定在财政部、国家税务总局发布的部门规章和规范性文件中，也有一部分临时性的政策法规和文件在执行。相关法律法规分散，层次较低，缺乏对慈善组织及捐赠者慈善捐赠进行激励的指导思想和总体规划，不同的法律法规和不同部门制定的措施不衔接，有些则是相互矛盾，在执行中难以操作，阻碍了税收激励应有功能的发挥。

2016 年颁布的《慈善法》对慈善捐赠税收激励进行了详细的规范，标志着我国慈善事业税收激励政策有了真正的法律依据。但《慈善法》中大部分涉及税收激励的条款大都是原则性表述，比如，慈善组织以及其取得的收入依法享受税收优惠；自然人、法人和其他组织捐赠财产用于慈善活动的，依法享受税收优惠；境外捐赠用于慈善活动的物资，依法减征或者免征进口关税和进口环节增值税；受益人接受慈善捐赠，依法享受税收优惠；慈善组织、捐赠人、受益人依法享受税收优惠的，有关部门应当及时办理相关手续等。只有第八十条是比较具体的税收激励政策规定，即企业慈善捐赠支出超过法律规定的准予在计算企业所得税应纳税所得额时扣除的部分，允许结转以后三年内在计算应纳税所得额

---

① 曲顺兰，李惠斌. 马克思分配正义语境中的税收调节理论及其现实指导意义 [J]. 北京行政学院学报，2016（7）：75 – 84.

时扣除。

所以，财政、税务主管部门应尽快根据《慈善法》的规定，细化各项税收促进措施的具体细则和操作规程，并在程序上加以规范，以使税收激励政策真正落实和发挥其应有的作用。另外，《慈善法》颁布以后，现行《企业所得税法》及实施条例的有些规定与之不一致或相矛盾的，也应尽快按《慈善法》规定对现行相关政策进行调整，使其促进措施真正落地，以加大政策扶持力度，让捐赠人真正得到实惠。比如《慈善法》第三十五条规定，捐赠人可以通过慈善组织捐赠，也可以直接向受益人捐赠。但现行《企业所得税法实施条例》第五十一条则规定，企业所得税法第九条所称公益性捐赠，是指企业通过公益性社会团体或者县级以上人民政府及其部门，用于《中华人民共和国公益事业捐赠法》规定的公益事业的捐赠。

（1）完善非营利组织税收激励政策。明确非营利组织法律地位，加强认证管理，降低公益性慈善组织免税进入门槛，建立健全非营利组织的信息披露和监督管理制度，明确非营利组织经营性收入税收政策；对非营利组织跨国公益行为给予税收支持；加强对非营利组织的管理，防止滥用慈善捐赠税收优惠政策，并确保其资金合理使用和组织合法运营。同时，应遵循依法支持、同等鼓励的原则，改变"对人不对事"的做法，对向同类型、同性质的非营利组织提供捐赠的个人或企业，应该给予同等的税收待遇。

（2）提高慈善捐赠税前扣除限额，允许慈善捐赠向后结转。从国际经验来看，各国对捐赠者大都实行税前扣除，或者是全额扣除，或者是限额扣除，但对超过限额部分，可向后结转递延扣除，以保证全部捐赠全额都可以得到扣除，这样对捐赠者的吸引力比较大。根据国际经验和税收激励慈善捐赠的目的，应提高我国税收扣除限额，企业所得税扣除限额应规定为年度利润总额的 30% 以内的部分准予扣除，个人所得税扣除限额应规定从现行 30% 提高到 50%，对超过慈善捐赠限额的部分可允许向以后纳税年度递延扣除，向后递延五年，允许向后结转一定的年限也是国际通行做法。

（3）明确实物捐赠和劳务捐赠的相关税收激励政策。现实生活中，实物捐赠占了慈善捐赠的相当比重，比如 2019 年全年，我国共接收境内外款物捐赠 1701.44 亿元人民币，其中，现金捐赠总量 1044.49 亿元，占捐赠总量的69.20%，物资捐赠总量达464.95亿元，占捐赠总量的30.80%[①]。现行《企业所得税法》和《个人所得税法》只是规定了货币捐赠的税前限额扣除办法，却没有专门针对实物捐赠或其他有形或无形财产捐赠制定明确的税收激励政策，也没有建立实物捐赠或其他内容捐赠的价值评估机制，捐赠者往往会被实物捐赠和劳务捐赠的税前扣除计算所困扰。所以，要尽快出台实物捐赠和劳务捐赠的税收扣除办法，并相应制定实物作价和劳务捐赠的统一核算标准和价格认定的具体规定，同时在政策上区分现金捐赠和实物捐赠，以防止实物捐赠被滥用。

（4）税法中应明确有关捐赠的各项税收政策，使捐赠人真正得到实惠，切实保护捐赠人权益。税法中应将企业和个人捐赠的税前扣除规定具体化，比如企业或个人的捐赠扣除应当在捐赠发生的纳税期进行，以次、月为纳税期的应当在捐赠发生的年度内以当年应纳税所得额为基数计算可扣除额，年终进行汇算清缴。在税前扣除存在最高比例限制的情况下，对一次捐赠数额达到或超过年应纳税所得额一定比例的可考虑加成扣除或在以后年度中递延扣除，切实给捐赠者更大优惠。

## 6.3 税收调节收入分配政策的配套措施

居民收入分配不公是我国当前急需解决的问题，税收应发挥其应有的作用。但税收不是万能的，它只是国家调节居民收入分配政策体系中的重要组成部分，由于外部环境和税收本身的原因，其调节作用还受到一定条件的制约。所以，不能把所有居民收入分配的功能都强加在税收身上，居民收入分配差距的解决还需要包括税收在内的各项政策制度的相互补充、相互配合、共同发挥作用。包括政府公共支出政策、工资政策和就业政策等。伯德和德·武尔夫（Bird & De Wulf，1972）曾经这样写道："税收不可能使穷人变富，要改变其收入低于某一合理的最低水平的那些人的收入状况，就必须主要通过预算的支出来解决，其中包括诸如住房、医疗保健、教育等服务的直接提供，或者干脆通过转移收

---

① 1701亿元！2019年我国慈善捐赠总额创新高［N］. 中国青年报，2020 – 09 – 19.

入方法，或者通过创造就业政策。"

## 6.3.1　进一步完善财政转移支付制度

财政转移支付是以各级政府之间所存在的财政能力差异为基础，以实现各地公共服务水平均等化为主旨，而实行的一种财政资金转移或财政平衡制度①。转移支付主要有纵向转移支付、横向转移支付、纵向与横向转移的混合三种，包括政府间的转移支付，即中央对地方和地方政府间的转移支付，政府对个人或家庭的转移支付比如社会保障、养老金、住房补贴等，政府对国有企业提供的补贴等支付。政府间转移支付实际上是财政资金在各级政府之间，特别是在中央与地方政府之间的一种再分配形式，通常是作为各级政府间权责关系和利益关系的一种协调机制而存在的。它是中央政府或上级政府调控经济，实现资源在全国范围内或地区范围内优化配置、收入在地区间再分配的手段②。其中，中央对地方转移支付包括一般性转移支付和专项转移支付。

一般性转移支付，包括均衡性转移支付、民族地区转移支付、调整工资转移支付、县级基本财力保障机制奖补资金、农村税费改革转移支付、资源枯竭城市财力性转移支付、教育转移支付、社会保障和就业转移支付、医疗卫生转移支付、农林水转移支付等，主要是为缩小地区间财力差距，逐步实现基本公共服务均等化，由中央对地方的财力补助，不指定用途，地方可自主安排支出，具有均衡地方财力的作用。专项转移支付是指中央财政为实现特定的宏观政策及事业发展战略目标，以及对委托地方政府代理的一些事务或中央地方共同承担事务进行补偿而设立的补助资金，需专款专用。专项转移支付重点用于教育、医疗卫生、社会保障、环境保护、支农等公共服务领域。由于政府转移支付主旨是实现各地公共服务水平均等化，培育欠发达地区发展能力，将财政资金无偿转移给居民和其他受益者，加大困难人群兜底保障，提高了转移对象的可支配收入水平，而用于转移支付的资金又主要来源于收入水平较高的地区、企业和个人所交纳的税收，所以，转移支付能够体现收入再分配的作用，有助于实现社会公平。西方学者研究认为，政府转移支付

①②　郝书辰，曲顺兰. 财政学［M］. 北京：经济科学出版社，2006.

对缩小收入配差距的作用要优于税收①。罗伯特·J·兰普曼认为②，税收制度对于富人和穷人的收入分配只起轻微的调节作用，而政府支出在这方面所起的作用要明显得多。科姆和兰伯特根据美国 1994 ~ 2004 年的数据研究认为③，税收和转移支付大约减少 30% 的收入不平等，其中税收的贡献份额为 15%，而转移支付为 85%。中国 90% 以上的再分配效应是通过公共转移支付来实现的，税收和社会保障缴费在再分配中的作用不到 10%④。个人所得税仅使基尼系数缩小 0.0137，转移性支出使城镇居民的基尼系数绝对值缩小了 0.0899。政府转移性支出的再分配效应是个人所得税的 6.56 倍⑤。

我国的财政转移支付制度是在 1994 年分税制的基础上建立起来的，是一套由税收返还、财力性转移支付（1999 年改为一般性转移支付）和专项转移支付三部分构成的，以中央对地方的转移支付为主。包括安体富（2007）在分析转移支付时认为，中央对地方转移支付可以分为一般性转移支付、专项转移支付和税收返还。我国转移支付经过了多年的不断过渡与改革，财政转移支付制度不断完善，转移支付力度也在不断加大，转移支付的结构有了很大的改善，一般性转移支付逐渐占据主体地位，专项转移支付占比越来越低。2011 年中央对地方转移支付 34821.58 亿元，其中一般性转移支付 18299.93 亿元，占比 52.5%，其中均衡性转移支付占 21.47%，专项转移支付 16521.65 亿元，占比 47.5%，税收返还 5078.38 亿元⑥。而 2019 年中央对地方的转移支付数额达到 74960.53 亿元，其中，一般性转移支付 67232.2 亿元，占比 89.6%，专项转移支付 7728.33 亿元，占比 10.4%，税收返还 11251.78

① 彭腾，詹博．论我国政府转移支付调节收入差距的失灵［J］．江汉大学学报（社会科学版），2013（10）．

② 罗伯特·J．兰普曼．新帕尔格雷夫经济学大辞典［M］．北京：经济科学出版社，1998：32－54．

③ 常世旺，杨德强．贫富差距调节与税制结构优化［J］．财政研究，2011（8）：29－32．

④ 解垩．税收和转移支付对收入再分配的贡献［J］．经济研究，2018（8）：116－131．

⑤ 郭庆旺，陈志刚，温新新，吕冰洋．中国政府转移性支出的收入再分配效应［J］．世界经济，2016（8）：50－68．

⑥ 中央财政加大对地方转移支付力度 促进区域协调发展［EB/OL］．（2012－03－06）［2021－07－21］．http：//news.cntv.cn/20120309/110517.shtml．

亿元①。2020 年中央对地方的转移支付数额 84376. 26 亿元，其中，一般性转移支付 70493. 17 亿元，占比 83. 5%，专项转移支付 7890. 94 亿元，占比 9. 4%，特殊转移支付 5992. 15 亿元（主要用于公共卫生体系建设和重大疫情防控救治体系建设、应急物资保障体系建设、疫情防控救治等方面），税收返还 11275. 64 亿元②。若排除因疫情产生的特殊转移支付，2020 年一般性转移支付占比为 89. 9%。转移支付对调节地区、城乡、不同居民收入差距起到了非常重要的作用。但目前我国的财政转移支付还很不规范，还存在很多问题，影响了收入再分配功能的发挥。比如，我国的转移支付制度是与分税制改革配套的，在政府间财政事权与支出责任划分尚不够清晰的情况下，转移支付项目承载的事权纷繁、庞杂，扮演了"小马拉大车"的角色。一般性转移支付与专项转移支付相互交织，出现了一般性转移支付"专项化"、专项转移支付"大项套小项"的情况等③。这些问题的存在，导致政府转移支付调节收入分配差距效果失灵，甚至出现负调节。彭腾等通过大量数据分析认为，我国城乡居民含转移性收入的收入差距大于不含转移性收入的收入差距，转移性收入对城乡居民收入相对差距扩大程度最高的 2010 年达到了 26. 2%，最低的 2008 年也达到了 21. 2%④。卢盛峰认为中国现行转移支付机制在调节居民间收入分配差距方面的效果依然有限，因此在增加政府转移支付投入的同时，进一步提高扶贫和再分配资金的贫困瞄准效率尤为重要⑤。

随着政府职能的转变，各届政府高度重视转移支付制度的调整和完善，并采取了一系列的政策措施，在调节居民收入分配，实现公共服务均等化方面取得了很好的效果。"十二五"规划纲要提出："围绕推进基本公共服务均等化和主体功能区建设，完善转移支付制度，增加一般

---

① 关于 2019 年中央对地方转移支付决算的说明 [EB/OL]. （2020 – 07 – 06）[2021 – 07 – 21]. http：//yss. mof. gov. cn/2019qgczjs/202007/t20200706_3544613. htm.

② 关于 2020 年中央对地方转移支付决算的说明 [EB/OL]. （2021 – 06 – 29）[2021 – 07 – 21]. http：//yss. mof. gov. cn/2020zyjs/202106/t20210629_3727281. htm.

③ 郑德琳，刘继东. 我国转移支付制度改革在国家治理中的功能定位、基本原则与关键问题 [J]. 预算管理与会计，2020（3）：58 – 60.

④ 彭腾，詹博. 论我国政府转移支付调节收入差距的失灵 [J]. 江汉大学学报（社会科学版），2013（5）32 – 35.

⑤ 卢盛峰，陈思霞，时良彦. 走向收入平衡增长：中国转移支付系统"精准扶贫"了吗？[J]. 经济研究，2018（11）：49 – 64.

性特别是均衡性转移支付规模和比例，调减和规范专项转移支付。"国务院批转的发改委等部门制定的《关于深化收入分配制度改革的若干意见》也指出："要加快健全以税收、社会保障、转移支付为主要手段的再分配调节机制。健全公共财政体系，完善转移支付制度，调整财政支出结构，大力推进基本公共服务均等化。"《中共中央关于全面深化改革若干重大问题的决定》提出："财政是国家治理的基石和重要的支柱，科学的财税体系是优化资源配置、维护市场统一、促进社会公平、实现国家长治久安的制度保证。"同时提出"完善一般性转移支付增长机制，重点增加对革命老区、民族地区、边疆地区、贫困地区的转移支付。中央出台增支政策形成的地方财力缺口，原则上通过一般性转移支付调节。清理、整合、规范专项转移支付项目，逐步取消竞争性领域专项和地方资金配套，严格控制引导类、救济类、应急类专项，对保留专项进行甄别，属地方事务的划入一般性转移支付"。同时还提出，"适度加强中央事权和支出责任，国防、外交、国家安全、关系全国统一市场规则和管理等作为中央事权；部分社会保障、跨区域重大项目建设维护等作为中央和地方共同事权，逐步理顺事权关系；区域性公共服务作为地方事权。中央和地方按照事权划分相应承担和分担支出责任。中央可通过安排转移支付将部分事权支出责任委托地方承担。对于跨区域且对其他地区影响较大的公共服务，中央通过转移支付承担一部分地方事权支出责任"①。《国务院关于改革和完善中央对地方转移支付制度的意见》提出了改革和完善转移支付制度的总体思路，为改革转移支付制度提供了明确指引和根本遵循。经过这几年的一系列改革，转移支付结构有了很大的改善，转移支付管理的规范性和透明度显著提高，一般性转移支付逐渐占据主体地位，专项转移支付效率明显提高，对老少边穷地区的转移支付连续多年大幅增加，为缩小收入分配差距发挥了重要作用。

　　党的十九届五中全会明确提出要"完善再分配机制，加大税收、社保、转移支付等调节力度和精准性"。"十四五"规划纲要提出要完善财政转移支付制度，优化转移支付结构，规范转移支付项目；完善财政转移支付支持欠发达地区的机制，逐步实现基本公共服务均等化；加大

---

　　① 中共中央关于全面深化改革若干重大问题的决定 [N]. 人民日报，2013 – 11 – 16.

税收、社会保障、转移支付等调节力度和精准性，发挥慈善等第三次分配作用，改善收入和财富分配格局①。2021 年 8 月，习近平总书记强调，促进共同富裕，总的思路是，坚持以人民为中心的发展思想，在高质量发展中促进共同富裕，正确处理效率和公平的关系，构建初次分配、再分配、三次分配协调配套的基础性制度安排，加大税收、社保、转移支付等调节力度并提高精准性，扩大中等收入群体比重，增加低收入群体收入，合理调节高收入，取缔非法收入，形成中间大、两头小的"橄榄型"分配结构，促进社会公平正义，促进人的全面发展，使全体人民朝着共同富裕目标扎实迈进②。所以，党中央和国务院已明确了转移支付制度的改革方向，下一步应做好以下方面：

1. 改革分税制财政体制

我国分税制财政体制是 1994 年设立的，主要包括事权划分、收入划分、支出及财政转移支付制度。即根据中央和地方事权范围和支出责任，按税种划分收入，将税种划分为中央税、中央地方共享税和地方税，建立中央税收和地方税收体系，再通过中央对地方转移支付制度和税收返还来调节地区间的横向不均衡，其中，事权划分是首要的、基础的环节，是财权和财力配置与转移支付制度设计的前提。只有各级政府间事权划分合理，支出责任才可能合理化，才能形成"财权与事权相适应、财力与事权相匹配"财政体制③。但由于当时分税制改革的主要目的是缓解中央财政危机，因此无论是事权和支出责任、财权划分、财力保障，还是预算体制等方面的改革并不彻底，导致了"财权上移和事权下移"的现象。例如，1993 年地方一般公共预算收入占全国一般公共预算收入的比重由 77.98% 下降到 2017 年的 52.99%，但地方一般公共预算支出占全国一般公共预算支出的比重则由 1993 年的 71.74% 上升到 2017 年的 85.32%。分税制改革后，筹钱发展便成为地方政府尤其是基层政府压力最大的事④。2016 年 5 月全面"营改增"进一步扩大共享收

---

① 中华人民共和国国民经济和社会发展第十四个五年规划和 2035 年远景目标纲要 [EB/OL]. (2021-03-6). 新华网.

② 习近平. 扎实推动共同富裕 [J]. 求是, 2021 (20).

③ 贾康. 中国财税体制改革的经验和愿景展望 [J]. 中国经济报告, 2019 (1): 24-31.

④ 甘家武, 张琦, 舒求, 李坤. 财政事权和支出责任划分改革研究：兼论分税制财政体制改革 [J]. 云南财经大学学报, 2019 (4): 3-10.

入后，我国分税制财政体制面临着巨大而深刻的挑战：一是地方税务局的税源严重萎缩，其职能和地位将明显弱化；二是继续恶化地方政府财权事权不匹配的现状，会诱发地方政府的恐慌情绪；三是地方政府更加依赖中央转移支付，可能会加快地方政府增加土地财政和"跑部钱进"的步伐，甚至使预算外和制度外收入膨胀，乱收费现象泛滥。因此，伴随着地方主体税种的补充完善和地方税体系的建立，分税制财政体制的深度调整和优化已势在必行。

（1）借助新一轮财税改革，进一步推进省以下分税制改革，加强县级政府提供基本公共服务的财力保障。可通过省管县、乡财县管等方式，把财政的实体层次由现在的五级扁平化为中央、省、市县三级，县级政府的财力由省级政府负责，对一般乡镇实行乡财县管，在保持乡镇资金所有权和使用权、财务审批权不变的前提下，采取"预算共编、账户统设、集中收付、采购统办、票据统管"的管理模式。做到每一级政府政权体系在事权上明确职责范围，哪些事情该做，哪些事情不该做，并具体落实到支出责任的明细单上，使省以下分税制真正实现。

（2）厘清各级政府的事权范围和支出责任。国外比较成功的转移支付制度都是基于各级政府间事权范围和支出责任的明确界定，只有明确中央政府与地方政府的事权与支出责任，各级政府才能较为容易地计算本级财政收入与财政支出间的差额，才能为上级转移财力与下级接受财力提供基本核算依据。新一轮财税体制改革的一项重要任务就是建立事权和支出责任相适应的制度。随着市场经济向纵深发展，许多事情越来越宏观化，比如环境生态的保护、道路交通的统一规划、教育投资的基础化、疫情的防御和救治、药品和食品安全、社会保障和就业、跨地区的基础设施建设、国土资源保护等，这些原本具有较强区域性特点的公共服务不再是地区事务，需要中央统一规划、统一调控。所以，政府间的事权应逐步上移，适当增加中央政府的支出责任，保障市场更加统一、公平和基本公共服务的全国均等化。

关于中央与地方事权和支出责任划分，2016年8月出台了《国务院关于推进中央与地方财政事权和支出责任划分改革的指导意见》，2018年2月出台了《基本公共服务领域中央与地方共同财政事权和支出责任划分改革方案》，为推进各级政府财政事权和支出责任划分做了具体规划和部署，标志着我国财政事权和支出责任划分改革已进入实际性阶段,下一步的关键是要积极推进部署省以下相关领域的改革,比如,教育、医疗卫生、环境保护、交通运输、水利等基本公共服务领域,并取得突破性成果。

(3)按照事权和财力相适应原则划分中央和地方财政收入。保持中央和地方财力格局总体稳定的前提下,结合改革后各级政府财政事权和支出责任划分的实际,动态调整共享税的分成方式和比例。调整的方式主要是增值税分成比例的调整,分成比例根据中央和地方承担的事权,中央财政作一定的让渡,适当向地方倾斜,提高地方财政的分成比例。其他的税收收入归属可以在原有的基础上保持不变,以维护分税制财政体制的连续性和稳定性。今后新开征的税种,则根据税种的属性进行分配,把事权和财力结合起来划分中央和地方的财政收入。这样既能保障中央宏观调控所需财力,又能基本上保障地方政府既得利益。同时,在坚持税权总体仍集中在中央的基础上,适度扩大地方税权。继续在中央保留税种立法权、开征权以及监管权的前提下,根据税种属性,通过立法授权,适当扩大省级地方政府的税种管理权限。

2. 完善转移支付制度

(1)进一步厘清各类转移支付功能定位,规范项目设置,强化协调配合,特别是要重视均衡性转移支付的规模。财政部 2011 年发布了《2011 年中央对地方均衡性转移支付办法》,2022 年为了进一步规范中央对地方均衡性转移支付分配、使用和管理,推进基本公共服务均等化,财政部修订了《中央对地方均衡性转移支付办法》。均衡性转移支付资金分配选取影响财政收支的客观因素,考虑人口规模、人口密度、海拔、温度、少数民族等成本差异,结合各地实际财政收支情况,按照各地标准财政收入和标准财政支出差额及转移支付系数计算确定,并考虑增幅控制调整和奖励情况。凡标准财政收入大于或等于标准财政支出的地区,不纳入均衡性转移支付分配范围。均衡性转移支付包括重点生态功能区转移支付、产粮大县奖励资金等内容,所以,均衡性转移支付是落后地区和主体功能区的重要财力来源,它可以使高收入地区的一部分收入转移到低收入地区,帮助低收入地区发展和建设,以缩小地区之间的收入差距问题。所以,按照《中共中央关于全面深化改革若干重大问题的决定》要求,中央财政应加大一般性转移支付调节力度,特别是要重点增加用于教育、医疗卫生、社会保障和就业等民生方面以及对革命老区、民族地区、边疆地区、贫困地区、农村的转移支付，以解决民生问题和基本公共服务均等化方面最需要财力支持的区域财力问题，使这些地区的公民可以享受到与其他地区大致相同的公共服务水平，消除在教育、卫生、环境保护、公共设施、科技进步等公共产品和公共服务方面与发达地区的巨大差距。

对于均衡性转移支付制度本身，应改变以财政供养人口为基准进行的转移支付办法，引入明确的均衡标准，运用科学的方法计算各地基本财政能力，提高转移支付的均等化效果，推进基本公共服务均等化和主体功能区建设。在整个转移支付体系中，专项转移支付只能是次要的、辅助的形式，应合理确定专项转移支付项目和规模，规范其支付的对象，健全定期评估和退出机制，精准支持地方落实国家重大战略任务。

（2）逐步取消税收返还，合并到一般性转移支付中。税收返还是1994年分税制改革的一项重要内容，并在1994年的分税制财政体制改革及后续的分税改革中，作为过渡性措施而发挥着作用，具体包括"两税"返还、所得税返还及成品油价格和税费改革税收返还。税收返还的目的主要是以共享税的增加和费改税的形式增加了中央的税收收入，改变了原有的中央与地方的收入分配格局，为了顺利推进改革，维护原有地方既得利益的①。

税收返还是基于地方既得利益的"从哪里来回哪里去"的就地返还，并且中央对地方上划的税收按基期年如数返还，并逐年递增，经济越发达、税收收入增长越快的东部地区，其税收返还的数额也越大，这样它的投资力度也越大，地方经济增长也越快，它的税收返还就越来越多，中西部则相反，经济发展越慢，税收返还越少，这样不仅没有起到调节地区财力差异的作用，反而加大了贫富差距，同实现公共服务均等化目标相违背，从这个意义上说税收返还不符合中央财政转移支付的制度要求。金双华（2013）通过实证分析认为，税收返还与基尼系数的关系不密切，说明税收返还不仅使地区均衡能力很弱，而且还具有较强的扭曲性财政激励效应。虽然这几年税收返还占整个中央财政转移支付比例逐年走低，但仍然占很大比例，影响转移支付调节收入分配差距效果，因此，应逐步取消地方的税收返还，将其并入具有公共服务均等化

---

① 徐博. 关于分税制下税收返还问题的思考 [J]. 财政研究，2010 (4)：69–71.

性质的一般转移支付中①。这样不仅减少了税收返还的逆均等化效果，又增加了一般性转移支付的资金来源，提升了其公共服务均等化的功能，能有效地缩小地区间居民收入分配差距。

（3）科学划分各级政府事权，进一步完善财政转移支付的法定程序。政府事权划分的重点要放在强化中央政府的职能与支出责任上。将一部分社会保障责任、关系国家安全的支出责任和一部分司法支出责任上移，由中央政府统一安排资金支出。在明确政府间事权和支出责任的基础上，分税分收入，再引入财政转移支付等调节手段，这样才能真正发挥转移支付均衡各地财政能力的作用。进一步健全、完善包括财政转移支付的决策程序、审批程序、支付程序、监督程序、法律救济程序和责任追究等程序。以保证财政转移支付程序的民主化，公开化，使我国财政转移支付有法可依，有法必依。尽量减少个体或权力在财政转移支付程序过程中的作用，以有效控制因缺乏法定程序而造成的权力寻租现象的发生，使财政转移支付资金的供给和使用进一步规范。

（4）抓紧制定《财政转移支付法》，为财政转移支付的有效运行提供法律和制度保障。为加强财政转移支付的立法工作，我国应在总结国内外财政转移支付立法方面经验的基础上，充分征求社会各界的意见和建议，制定《财政转移支付法》，以法律的形式明确财政转移支付的目标、原则、分配方法、主体之间的权利义务、管理监督、违法处罚等内容，保障财政转移支付资金的使用效率。这样，我国的财政转移支付制度才会有法可依，有法必依。应设立专门的机构负责财政转移支付工作，以确保财政转移支付的运行公正透明与合理。结合我国国情，全国人大财经委员会专门负责研究财政转移支付的规模、程序，并监督财政转移支付的执行情况，会同国务院及财政部门提出改进措施和建议。

## 6.3.2 建立更加公平可持续的社会保障制度

社会保障是指以国家或政府为主体，依据法律规定，通过强制手段对国民收入再分配，形成社会保障基金，对公民在暂时或永久失去劳动能力以及由于各种原因发生生活困难时给予物资帮助，以保障其基本生

---

① 黄萍. 我国财政转移支付制度存在的问题和对策分析 [J]. 市场研究，2019（1）：35－37.

活需要的制度。狭义的社会保障包括老年保险、疾病保险、残障保险、生育保险、工伤保险、失业保险、遗嘱保险、职业病保险和家庭补助九个方面。广义的社会保障是指现代国家以社会保险、社会救助和社会福利等为主要内容构建起来的社会安全保障体系，主要包括社会保险、社会救助、国家财政资助的福利、家庭津贴以及社会保障的其他补充项目。社会保障作为一种再分配手段，任何社会成员的基本生活发生困难时，都可以均等地获得社会保障的机会和权利。而且社会保障通过法律手段强制征集保障基金，能够保障充足的资金来源，再分配给低收入或丧失收入来源的社会成员，帮助他们渡过难关，这在一定程度上弥补了个人收入分配上的不公平，税收只能"抽肥"，而社会保障则能够"补瘦"，从而与税收等手段配合，能够实现居民收入分配差距的调节。在马克思的社会保障思想中，社会保障制度的建立和完善，可以在一定程度上缩小收入差距。社会保障经常被人们形象地称为"人民生活的安全网""收入分配的调节阀""经济运行的减震器""社会发展的稳定器"①。

我国社会保障制度从新中国开始创设到改革开放后的重构，经历了一个不断完善的过程。目前社会保障制度体系实施的是"4+2"的模式，主要包括社会保险、社会救助、社会福利、慈善事业四大部分，另外还有住房保障和优抚安置等保障内容。其中，社会保险是社会保障制度的核心部分，包括养老保险、医疗保险、失业保险、工伤保险和生育保险等项目。社会保障制度作为市场经济体制的重要组成部分，以"调低""补瘦"，追求社会公平正义为基本原则，是政府调节居民收入分配、消除贫困、维护社会稳定、实现经济可持续发展、促进社会公平和增进国民福利的重要基础性政策。因此，社会保障制度历来是我国各届政府关注的重点，也是近年来改革的一个重点领域。党的十七大报告提出的"努力使全体人民老有所养"，"要加快推进建立覆盖城乡居民的养老保障体系，逐步实现由城镇为主向城乡统筹、由城镇职工为主向覆盖城乡居民的重大转变"，党的十八大报告提出，要以增强公平性、适应流动性、保证可持续性为重点，全面建成覆盖城乡居民的社会保障体系。党的十八届三中全会发布的《中共中央关于全面深化改革若干重大

① 刘扬．调节我国居民收入分配差距的财政政策研究［D］．北京：中国财政科学研究院，2013.

问题的决定》提出，建立更加公平可持续的社会保障制度。党的十九大报告指出，"加强社会保障体系建设。按照兜底线、织密网、建机制的要求，全面建成覆盖全民、城乡统筹、权责清晰、保障适度、可持续的多层次社会保障体系"[1]。2021 年 2 月 26 日，在中央政治局第二十八次集中学习时，习近平总书记强调："社会保障是保障和改善民生、维护社会公平、增进人民福祉的基本制度保障，是促进经济社会发展、实现广大人民群众共享改革发展成果的重要制度安排，是治国安邦的大问题。要加大再分配力度，强化互助共济功能，把更多人纳入社会保障体系，为广大人民群众提供更可靠、更充分的保障，不断满足人民群众多层次多样化需求，健全覆盖全民、统筹城乡、公平统一、可持续的多层次社会保障体系，进一步织密社会保障安全网，促进我国社会保障事业高质量发展、可持续发展。"[2] 可以说，这为我国社会保障制度确定了未来的建设方向和改革目标：一是要公平性，二是要可持续性，而且二者相辅相成，缺一不可。

实现公平是社会保障制度的本质要求。社会保障制度从建立之日起，就有互助互济、保障公平的固有特性。党的十八大以来，中国共产党不仅将社会保障制度的功能界定为"保障人民生活、调节社会分配的一项基本制度"，而且采取更加有力的政策措施，推进社会保障制度整合以促进社会公平[3]。实现更加公平的社会保障，核心是实现社会保障制度的全覆盖，不留死角，即每个人都享有社会保障的权利，要根据社会保障制度的不同类型实现全面覆盖，不分身份、不分地域、不分行业、不分城乡，以养老、医疗、最低生活保障为重点，通过不同的制度安排及相互衔接，对所有劳动者和社会成员都能实现社会保障的制度性全覆盖，在不同保障制度的安排下，不同社会群体都能得到基本保障。

实现社会保障资金数量和效率的可持续。可持续是指"既能满足当

---

① 习近平. 决胜全面建成小康社会 夺取新时代中国特色社会主义伟大胜利 [M]. 北京：人民出版社，2017.

② 习近平在中共中央政治局第二十八次集体学习时强调 完善覆盖全民的社会保障体系 促进社会保障事业高质量发展可持续发展 [EB/OL]. (2021 - 02 - 27) [2021 - 07 - 21]. http://www.gov.cn/xinwen/2021 -02/27/content_5589187. htm.

③ 丁建定. 中国共产党百年社会保障政策：时代目标与实践取向 [J]. 社会保障评论，2021 (2)：20 - 34.

代人的需求，又不会对后代人满足其需求的能力构成危害"。要实现更加可持续的社会保障，不仅包括社会保障资金数量的可持续，还包括保障资金效率的可持续，当前的社会保障不能超越经济和社会发展的承载能力，真正使社会保障的当前保障与长远保障有机结合。这就要求社会保障立足于制度建设，注重社会保障资金的充裕和长期平衡，统筹兼顾，在着力解决现实突出问题和历史遗留问题的同时，探索建立长效机制，实现社会保障制度长期稳定运行。

那么，如何建立更加公平可持续的社会保障制度？党的十八大把社会保障全民覆盖作为全面建成小康社会的重要目标来对待，要求坚持全覆盖、保基本、多层次、可持续方针，以增强公平性、适应流动性、保证可持续性为重点，全面建成覆盖城乡居民的社会保障体系。党的十八届三中全会进一步提出建立更加公平可持续的社会保障制度的改革目标，并作出了具体规划：坚持社会统筹和个人账户相结合的基本养老保险制度，完善个人账户制度，健全多缴多得激励机制，确保参保人权益，实现基础养老金全国统筹，坚持精算平衡原则①。推进机关事业单位养老保险制度改革。整合城乡居民基本养老保险制度、基本医疗保险制度。推进城乡最低生活保障制度统筹发展。建立健全合理兼顾各类人员的社会保障待遇确定和正常调整机制。完善社会保险关系转移接续政策，扩大参保缴费覆盖面，适时适当降低社会保险费率。研究制定渐进式延迟退休年龄政策。加快健全社会保障管理体制和经办服务体系。健全符合国情的住房保障和供应体系，建立公开规范的住房公积金制度，改进住房公积金提取、使用、监管机制②。

2014年在全国范围内建立统一的城乡居民基本养老保险制度，实施城乡统一的社会救助制度，并强调社会救助制度与其他社会保障制度相衔接。2015年开始建立独立于机关事业单位之外、资金来源多渠道、保障方式多层次、管理服务社会化的养老保险体系，全面建立了困难残疾人生活补贴和重度残疾人护理补贴制度。2016年开始在全国范围内建立起统一的城乡居民医保制度。2017年完善和促进医疗救助和大病保险制度之间的有效衔接。2018年全面推进生育保险和职工基本医疗保险合并实施，建立基本养老保险中央调剂基金；建立了残疾儿童康复

① 社会保障制度改革的重点任务有哪些？[N]. 新长征（党建版），2014 – 01 – 05.
② 尹蔚民. 建立更加公平可持续的社会保障制度 [N]. 人民日报，2013 – 12 – 20.

救助制度；建立了基础养老金正常调整机制、个人缴费档次标准调整机制和缴费补贴调整机制，开展个人税收递延型商业养老保险试点。2020年提出健全老有所养、幼有所育的政策体系，统筹推进城乡养老托育发展，支持普惠性服务发展，扩大多方参与、多种方式的服务供给，拓宽普惠性服务供给渠道等。这些改革旨在提升社会保障制度实施效果，推进针对低收入群体的社会保障制度建设，更好发挥社会保障制度调节收入分配的作用。所以，下一步深化社会保障制度改革应重点考虑建设更加公平、更可持续和更有效率的社会保障体系。

1. 加快推进社会保险制度改革

社会保险是社会保障制度的核心，也是有效调节居民收入分配差距的重要手段和工具。要建立更加公平可持续的社会保障制度应将重点放在社会保险制度改革上，通过相关政策措施，改革目前社会保险制度实施过程中出现的问题。

（1）在精算平衡的基础上，坚持基本养老保险制度的社会统筹与个人账户相结合。完善个人账户制度，健全完善多缴多得的激励机制，确保参保人权益不受影响，实现基础养老金全国统筹，并逐渐定型①。在此制度基础上，以健全机制、明确责任、确保参保人权益为主要内容，进一步健全完善个人账户制度。适度提高个人缴费水平并最终达到与单位缴费均衡、坚持个人账户权益全额归己但不再由制度承担长寿责任②。整合养老保险管理机构、信息系统和经办流程，以基础养老金为载体实现全国统筹，采取全国统一费率，最大限度地实现全国范围互助共济③，以更高层次的社会统筹来更充分地体现社会公平，更有效地利用社会保障资金造福人民群众，提高人民的幸福指数。对养老保险基金收支平衡进行精算预测，为养老保险制度可持续稳定运行提供可靠依据④。

（2）推进机关事业单位养老保险制度改革。吴亦明认为，社会保障制度改革要体现公平，就要革除现有社会保障和福利制度中逆向调节

① 杨燕绥. 中国社会保障进入体系建设阶段［J］. 中国人力资源社会保障, 2013（12）：13－14.

② 郑功成. 面向 2035 年的中国特色社会保障体系建设——基于目标导向的理论思考与政策建议［J］. 社会科学文摘, 2021（4）：49－52.

③ 高和荣. 底线公平：社会保障制度建设的内在根据［J］. 社会科学辑刊, 2016（3）：129－133.

④ 尹蔚民. 建立更加公平可持续的社会保障制度［N］. 人民日报, 2013－12－20.

的不合理体制。长期以来，我国养老保险"双轨制"，使本就不公平的收入分配雪上加霜，所以，要破除养老保险"双轨制"，按照与企业总体一致的社会统筹与个人账户相结合的基本养老保险制度模式，改革机关和事业单位养老保险制度，真正实现机关事业单位社会保障制度与企业职工基本养老保险的接轨与并轨，促进机关事业单位工作人员与企业之间的人才自由流动。同时建立体现机关事业单位特点的职业年金制度。

（3）加快扩大各项社会保障制度的覆盖面。社会保障是利用大数法则，实现社会统筹共济，参保人数越多，积累的资金规模也就越大，调节居民收入分配作用效果也就越强。因此，应制定《社会保障中长期行动纲要（2021—2035）》，扩大社会保障覆盖面，有步骤地推进社会保险应保尽保、社会救助应救尽救、社会福利及相关服务应享尽享计划的实施[1]，重点是把更多的农民工、个体劳动者、非公有制经济组织从业人员、灵活就业人员、城镇居民等群体纳入制度覆盖范围，扩大各项社会保险的覆盖范围，以保障他们享受社会保障的基本权益。同时，应将若干重要项目拓展到农村，逐步落实农民的基本保障权益，进一步缩小城乡之间的收入分配差距，促进农业农村发展和全社会共同富裕。

（4）加大整合城乡居民基本养老保险制度、基本医疗保险制度力度。把现行的新型农村社会养老保险和城镇居民社会养老保险整合为统一的城乡居民基本养老保险制度，把现行的新型农村合作医疗制度和城镇居民基本医疗保险制度整合为统一的城乡居民基本医疗保险制度，在制度结构、基金管理、资金筹集及待遇发放等方面与城镇企业职工社会养老保险和医疗保险制度一致，为缩小各类人员的社会保障待遇、最终整合为统一的社会保障制度提供条件，基本实现城乡居民在制度上的公平和公共资源上的共享。

同时，应以基本养老保险和基本医疗保险为重点，稳步提高以老年农民为主体的城乡居民基本养老保险和基本医疗保险待遇水平，稳定职工基本养老保险和医疗保险待遇的适度水平，严格控制、努力缩小群体间的基本保障待遇差距，并制订缩小这两个群体基本保障待遇差距的目标和行动计划，朝着基本养老金制度和基本医疗保障制度全民统一

---

① 郑功成. 面向 2035 年的中国特色社会保障体系建设——基于目标导向的理论思考与政策建议［J］. 社会保障评论，2021（1）：3 – 23.

的方向奋进①。

（5）进一步完善社会保险关系转移接续政策，扩大参保缴费覆盖面，适时适当地降低社会保险费率。我国目前社会保险关系转移接续还存在很多问题，应适应劳动力自由流动和劳动者就业流动性增强的需要，以统筹城乡和异地就医结算为重点，进一步完善现有社会保险关系转移接续政策。在扩大参保缴费覆盖面、增强基金平衡能力的前提下，适时适当地降低社会保险费缴费率，有效平衡国家、单位和个人的负担②③。

2. 加快建立健全保证社会保障制度可持续发展的体制机制

加快建立健全保证社会保障制度可持续发展的体制机制是建立更加公平可持续的社会保障制度的保障措施。

（1）健全社会保障财政投入制度，完善社会保障预算制度。明确政府所承担的社会保障责任，更好发挥公共财政在民生保障中的作用，要从调整财政支出结构入手，提高社会保障支出在整个财政支出中的比重；要通过实施预算管理，增强社会保障资金管理使用的透明度和约束力。

（2）建立健全合理兼顾各类人员的社会保障待遇确定和正常调整机制。以职工和居民收入为基础合理确定社会保障水平，建立综合考虑经济增长、居民收入增长、物价变动水平等主要因素的正常调整机制，实现居民社会保障待遇与经济社会发展相联系的持续、有序、合理增长。

（3）加快社会保障费改税，开征社会保障税。将社会保障资金的筹集纳入法治化和规范化轨道，加快社会保障费改税，开征社会保障税，以保证社会保障资金来源的稳定性和可靠性。

（4）加强社保基金投资管理和监督，推进基金市场化、多元化投资运营。在确保当期养老金发放和保证基金安全的前提下，积极稳妥推进基金的市场化、多元化投资运营，健全基金监管体制和信息公开制度，加强对社保基金的法律监督、行政监督和社会监督，确保社保基金

---

① 何文炯，潘旭华. 基于共同富裕的社会保障制度深化改革 [J]. 江淮论坛，2021（3）：133-140.

② 尹蔚民. 建立更加公平可持续的社会保障制度 [N]. 人民日报，2013-12-20.

③ 社会保障制度改革的重点任务有哪些？ [N]. 新长征（党建版），2014-01-05.

的安全、保值增值和有效使用。

（5）加快推进渐进式延迟退休年龄政策。综合考虑我国人口结构、就业结构变化趋势和社会保障可持续发展要求，采取与此相适应的渐进式调整延迟退休年龄办法，逐步完善职工退休年龄政策。

（6）健全社会保障管理体制和经办服务体系。根据社会保障制度新的改革发展变化，及时调整社会保障行政管理体制，着力整合行政管理职能，提高行政管理效率。适应数字化转型，加强社会保障经办管理服务规范化、标准化、信息化建设，优化经办服务流程，建立标准统一、全国联网的社会保障管理信息系统，尽早形成"基础数据全面共享＋专业信息分工负责"的格局，创新服务方式，并真正实现精确管理和便捷服务①。

3. 加快推进与我国经济发展水平相适应的多层次社会保障体系建设

建立和完善多层次的社会保障体系是进一步完善社会保障调节机制的基础性工作，也是充分发挥社会保障调节收入分配差距功能的关键因素。

（1）推进城乡最低生活保障制度统筹发展。首先要完善城乡最低生活保障制度，对城市居民要做到应保尽保，对农村居民要将符合条件的贫困人口全部纳入最低生活保障范围，对经济困难的高龄、独居、失能等老年人建立健全补贴制度、困难残疾人生活补助和重度残疾人护理补助制度。在不断完善城乡最低生活保障制度的同时，要把着力点逐步转向城乡统筹，推进城乡最低生活保障制度的整合和待遇衔接。

（2）进一步改革和完善住房保障制度。建立健全符合我国国情的、建立在市场配置与政府保障相结合基础上的住房保障和供应体系，积极探索保障性住房建设、管理、分配的有效方式，包括廉租房、公租房、经济适用房等，更加公平有效地解决低收入群体的住房保障问题，以满足困难家庭的基本生活需求。建立公开规范透明的住房公积金制度，改进住房公积金提取、使用、监管机制，着力提高住房公积金使用效率。

（3）发展补充社会保险与商业保险制度。通过制定实施一些免税、延期征税等优惠政策，来加快发展企业年金、职业年金等补充社会保险

---

① 尹蔚民. 建立更加公平可持续的社会保障制度 [N]. 人民日报, 2013 – 12 – 20.

和各类商业保险制度，从而构建多层次、多形式的社会保障体系①。以政府购买服务方式替代财政直接补贴，引导市场主体发展养老服务与儿童、残疾人福利事业。

（4）建立健全针对特殊群体的服务保障制度。包括：一是为积极应对人口老龄化的到来，应加快建立社会养老服务体系和发展老年服务产业，从政策上支持非营利组织参与特殊群体的服务保障项目中，更好地满足老年人特殊的服务保障需求。建立长期护理保险制度，为养老服务发展提供有效制度支持。二是建立健全农村留守儿童、妇女、老年人关爱服务体系，重点围绕留守人员的基本生活保障、教育、就业、卫生健康、思想情感、心理咨询等方面实施有效的体贴与关爱服务。三是建立健全残疾人权益保障制度，在制度环境上大力营造尊重残疾人的良好社会氛围，让残疾人平等享有各种社会权益，并为其自食其力创造有利条件。四是建立健全儿童福利制度。建立基本儿童服务制度，赋予所有儿童均能在常住地平等享受托幼服务的法定权益。将健康保障纳入儿童福利范畴，将儿童免疫、体检、健康服务等纳入其中，实行全免费或减免费用政策。建立儿童津贴制度，发出鼓励生育的政策信号。健全困境儿童分类保障制度，完善工作机制、保障机制和监管机制，加强政策制度创新和服务体系建设。

4. 进一步完善社会救助体系，激励慈善事业发展

在调节居民收入分配方面，社会救助和慈善捐赠比社会保险的力度更大。社会救助的对象一般是低收入者、流浪人员和各种弱势群体，它是直接地对其收入进行再分配，能明显地提高低收入者的收入水平，因此，可以有效地缓解两极分化，缩小收入分配差距。

（1）建立完善的社会救助和服务体系。加大对社会救助的财政投入，扩大救助范围，从覆盖低保、特困人员向低收入人口扩展，使社会救助能覆盖更多低收入人口，用以保障弱势群体的基本生活，可将部分救助项目从覆盖户籍人口扩展到常住人口，最终实现常住地申领救助，直接、及时地改善弱势群体的困境，增加其收入水平，调节居民收入分配差距，缓解社会矛盾。另外，可通过政府购买服务的方式积极发展服务型社会救助，逐渐实行收入豁免制，提升救助对象就业能力，推行以

---

① 社会保障制度改革的重点任务有哪些？[N]. 新长征（党建版），2014-01-05.

工代赈，创造灵活就业机会等，以此避免救助陷阱。

（2）鼓励慈善捐赠，发挥非政府组织的作用。非政府组织在社会救助方面发挥着越来越重要的作用，我国应借鉴发达国家的经验，积极营造诚信的社会环境，加强慈善捐赠、受赠以及慈善机构运作的透明度；加大对非营利为目的社会福利机构和慈善团体的政策支持力度，建立社会救助基金作为社会保障制度的补充；给予捐赠方以适当的税收等方面的优惠政策，鼓励和刺激慈善捐赠和民间救助。形成多形式多渠道的社会救助体系，直接惠及低收入者和困难群体，提高其收入水平，使其保证最基本的生存需要。

# 主要参考文献

［1］安体富，任强．税收在收入分配中的功能与机制研究［J］．税务研究，2007（10）．

［2］安体富，王海勇．公平优先 兼顾公平：财税理念的转变和政策的调整［J］．税务研究，2006（2）．

［3］蔡萌，岳希明．我国居民收入不平等的主要原因：市场还是政府政策？［J］．社会科学文摘，2016，42（6）．

［4］常世旺，杨德强．贫富差距调节与税制结构优化［J］．财政研究，2011（8）．

［5］陈铁山．财税政策调控收入分配差距的功能和局限性［J］．税务与经济，2011（4）．

［6］陈学明．马克思的公平观与社会主义市场经济［J］．马克思主义研究，2011（1）．

［7］崔执树．马克思公平观的发展轨迹及其当代意义［J］．科学社会主义，2011（1）．

［8］邓远军．中国所得课税管理研究［M］．北京：中国财政经济出版社，2006．

［9］丁建定．中国共产党百年社会保障政策：时代目标与实践取向［J］．社会保障评论，2021（2）．

［10］段伟伟．共享发展：马克思主义公平正义观的时代体现［J］．人民论坛，2019（3）．

［11］甘家武，张琦，舒求，李坤．财政事权和支出责任划分改革研究：兼论分税制财政体制改革［J］．云南财经大学学报，2019（4）．

［12］高和荣．底线公平：社会保障制度建设的内在根据［J］．社会科学辑刊，2016（3）．

［13］高培勇．规范政府行为：解决中国当前收入分配问题的关键

[J]. 财贸经济，2002（1）.

[14] 高培勇. 论完善税收制度的新阶段 [J]. 经济研究，2015（2）.

[15] 高培勇. 以税收改革突围收入分配改革 [J]. 税收征纳，2014（2）.

[16] 谷成. 基于收入分配的税收政策选择 [J]. 社会科学战线，2010（11）.

[17] 郭家华. 基于公平收入分配视角的税收政策选择 [J]. 商业时代，2010（4）.

[18] 郭庆旺，陈志刚，温新新，吕冰洋. 中国政府转移性支出的收入再分配效应 [J]. 世界经济，2016（8）.

[19] 郭庆旺，吕冰洋. 论税收对要素收入分配的影响 [J]. 经济研究，2011（6）.

[20] 郭庆旺，吕冰洋，岳希明. 税收对国民收入分配调控作用研究 [M]. 北京：经济科学出版社，2014.

[21] 郭庆旺. 税收与经济发展 [M]. 北京：中国财政经济出版社，1995.

[22] 国家税务总局税收科学研究所. 西方税收理论 [M]. 北京：中国财政经济出版社，1997.

[23] 郝书辰，曲顺兰. 财政学 [M]. 北京：经济科学出版社，2007.

[24] 何文炯，潘旭华. 基于共同富裕的社会保障制度深化改革 [J]. 江淮论坛，2021（3）.

[25] 洪银兴. 兼顾公平与效率的收入分配制度改革 40 年 [J]. 经济学动态，2018（4）.

[26] 胡怡建. 更好发挥税收在国家治理中作用的思考 [J]. 税务研究，2019（4）.

[27] 黄桂香，黄华清. 税收政策影响慈善捐赠行为的经济学分析 [J]. 价格月刊，2008（2）.

[28] 黄萍. 我国财政转移支付制度存在的问题和对策分析 [J]. 市场研究，2019（1）.

[29] 黄志刚. 基于包容性增长的税收政策探讨 [J]. 现代管理科

学，2011（1）.

[30] 霍军. 收入分配差别与税收分配调节 [J]. 税务研究，2002
（6）.

[31] 吉富星，鲍曙光. 中国式财政分权、转移支付体系与基本公
共服务均等化 [J]. 中国软科学，2019（12）.

[32] 计金标，庞淑芬. 关于发挥税收促进社会公平功能的思考
[J]. 税务研究，2017（4）.

[33] 贾康，程瑜，于长革. 优化收入分配的认知框架、思路、原
则与建议 [J]. 财贸经济，2018（2）.

[34] 贾康. "十二五"：中国税制改革展望 [J]. 国家行政学院学
报，2011（4）.

[35] 贾康. 我国收入分配格局和企业负担问题辨析 [J]. 经济学
动态，2018（3）.

[36] 贾康. 中国财税体制改革的经验和愿景展望 [J]. 中国经济
报告，2019（1）.

[37] 江胜珍. 马克思公平思想研究的两条主线及反思 [J]. 湖南
社会科学，2012（6）.

[38] 姜涌. 马克思的劳动正义与诺齐克的持有正义 [J]. 理论学
刊，2016（4）.

[39] 蒋震，安体富，杨金亮. 从经济增长阶段性看收入分配和税
收调控的关系 [J]. 税务研究，2016（4）.

[40] 解垩. 税收和转移支付对收入再分配的贡献 [J]. 经济研究，
2018（8）.

[41] 金双华. 财政转移支付制度对收入分配公平作用的研究 [J].
经济社会体制比较，2013（5）.

[42] 靳环宇. 论慈善事业对收入分配关系的调整 [J]. 求索，
2012（9）.

[43] 孔涵. 新时代迈向共同富裕的路径分析——基于马克思收入
分配理论的视角 [J]. 攀登，2021（1）.

[44] 匡浩宇. 个人所得税、居民收入结构与再分配调节——基于
省级面板数据的实证检验 [J]. 经济体制改革，2021（4）.

[45] 匡小平，吴智峰. 我国收入差距过大原因及财税调节对策

[J]. 税务研究, 2009 (2).

[46] 李宝锋. 基于 CGE 模型的我国税收调节居民收入分配问题研究 [D]. 沈阳：辽宁大学, 2019.

[47] 李本贵. 调节个人收入分配的税收政策研究 [M]. 北京：中国税务出版社, 2004.

[48] 李稻葵. 个人所得税恶化了收入分配 [J]. 新理财 (政府理财), 2010 (12).

[49] 李惠斌. 如何理解公平正义 [J]. 红旗文稿, 2007 (2).

[50] 李惠斌. 社会主义初级阶段与按劳分配问题 [J]. 马克思主义与现实, 1998 (1).

[51] 李惠斌. 一种分配正义理论是否可能 [J]. 学术研究, 2010 (8).

[52] 李惠斌. 一种马克思主义的分配正义理论是否可能 [J]. 中共中央党校学报, 2010 (12).

[53] 李惠斌, 周凡, 朱昔群. 马克思主义经典著作基本观点研究 60 年中的主题转换 (下) [J]. 理论视野, 2010 (4).

[54] 李静毅. 中国民间公益事业发展与财税政策选择 [D]. 北京：中国财政科学研究院, 2013.

[55] 李林木, 汤群群. 1994 年税制改革以来我国直接税的收入分配效应 [J]. 税务研究, 2010 (3).

[56] 李楠, 潘学良. 维护社会公平正义：理论基础、现实困境与路径选择 [J]. 马克思主义研究, 2016 (10).

[57] 李启英. 以马克思恩格斯公平理论为指导解决社会和谐中的矛盾 [J]. 当代经济研究, 2007 (10).

[58] 李清如. 对日本税制新近改革走势的研究 [J]. 国际税收, 2019 (1).

[59] 李绍荣, 耿莹. 中国的税收结构、经济增长与收入分配 [J]. 经济研究, 2005 (5).

[60] 李实. 全球化中的财富分配不平等：事实、根源与启示 [J]. 探索与争鸣, 2020 (8).

[61] 李实, 杨修娜. 中国中等收入人群到底有多少？[R]. 中国发展高层论坛研究报告, 2021 (4).

[62] 李实，岳希明，史泰丽.中国收入分配格局的最新变化：中国居民收入分配研究 [M].北京：中国财政经济出版社，2018.

[63] 李实，张平.中国居民收入分配实证分析 [M].北京：社会科学文献出版社，2000.

[64] 李实.中国特色社会主义收入分配问题 [J].政治经济学评论，2020（1）.

[65] 李文，王佳.我国财产性收入的税收调节：对公平的偏离及优化取向 [J].税务研究，2020（3）.

[66] 李文.英国个人所得税反避税：立法、范畴及征管策略 [J].税务与经济，2020（2）.

[67] 李永刚.境外遗产税制度比较及其启示 [J].国家行政学院学报，2015（1）.

[68] 李永友，张子楠.转移支付提高了政府社会性公共品供给激励吗？[J].经济研究，2017（1）.

[69] 厉以宁.股份制与现代市场经济 [M].南京：江苏人民出版社，1994.

[70] 梁季，陈少波.完善我国直接税体系的分析与思考 [J].国际税收，2021（9）.

[71] 梁季.美国联邦个人所得税：分析、借鉴与思考 [J].河北大学学报（哲学社会科学版），2019（1）.

[72] 列宁全集：第23卷 [M].北京：人民出版社，1958.

[73] 列宁全集：第5卷 [M].北京：人民出版社，1959.

[74] 刘斌.马克思主义公平分配观的形成及其核心思想研究 [J].当代经济研究，2005（3）.

[75] 刘成龙，牛晓艳.增值税税率简并的价格效应与收入分配效应 [J].税务研究，2018（8）.

[76] 刘克崮，张斌.个税改革要以调节收入分配为目标 [J].中国新闻周刊，2020（43）.

[77] 刘乐山.基于财政视角的中国收入分配差距调节研究 [D].西安：西北大学，2006.

[78] 刘丽坚，姚元.论税收对个人收入分配的调节 [J].税务研究，2008（9）.

215

［79］刘蓉，康楠. 社会保障税的国际比较及借鉴［J］. 税收经济研究，2011（4）.

［80］刘尚希. "十四五"时期提高税收制度适配性的几点思考［J］. 税务研究，2021（5）.

［81］刘尚希，应亚珍. 个人所得税：如何发挥调节作用［J］. 税务研究，2004（3）.

［82］刘维彬，黄凤羽. 我国个人所得税的税收负担及其优化［J］. 税务研究，2020（9）.

［83］刘扬. 调节我国居民收入分配差距的财政政策研究［D］. 北京：财政部财政科学研究所，2013.

［84］刘怡，聂海峰. 间接税负担对收入分配的影响分析［J］. 经济研究，2004（5）.

［85］刘渝琳，王志珏. 收入分配理论的拓展：福利性第三次收入分配的研究述评［J］. 经济问题探索，2014（1）.

［86］卢盛峰，陈思霞，时良彦. 走向收入平衡增长：中国转移支付系统"精准扶贫"了吗？［J］. 经济研究，2018（11）.

［87］陆宁，彭毓蓉，甘家武. 调节收入分配差距过大的财税政策［J］. 税务研究，2009（2）.

［88］吕冰洋. 我国税收制度与三类收入分配的关系分析［J］. 税务研究，2010（3）.

［89］罗楚亮，李实，岳希明. 中国居民收入差距变动分析（2013—2018）［J］. 中国社会科学，2021（1）.

［90］马国强，王椿元. 收入再分配与税收调节［J］. 税务研究，2002（2）.

［91］马海涛，李升. 我国分税制财政体制改革的再认识［J］. 经济与管理评论，2013（4）.

［92］马洪，孙尚清. 经济与管理大辞典［M］. 北京：中国社会科学出版社，1985.

［93］马克思恩格斯全集：第25卷［M］. 北京：人民出版社，2001.

［94］马克思恩格斯全集：第26卷［M］. 北京：人民出版社，1958.

［95］马克思恩格斯全集：第 2 卷 ［M］. 北京：人民出版社，
1995.

［96］马克思恩格斯全集：第 3 卷 ［M］. 北京：人民出版社，
1960.

［97］马克思恩格斯全集：第 3 卷 ［M］. 北京：人民出版社，
1975.

［98］马克思恩格斯全集：第 23 卷 ［M］. 北京：人民出版社，
1972.

［99］马克思恩格斯全集：第 19 卷 ［M］. 北京：人民出版社，
1963.

［100］马克思恩格斯全集：第 5 卷 ［M］. 北京：人民出版社，
1958.

［101］马克思恩格斯全集：第 9 卷 ［M］. 北京：人民出版社，
1958.

［102］马克思恩格斯全集：第 4 卷 ［M］. 北京：人民出版社，
1958.

［103］马克思恩格斯全集：第 19 卷 ［M］. 北京：人民出版社，
1972.

［104］马克思恩格斯全集：第 21 卷 ［M］. 北京：人民出版社，
1965.

［105］马克思恩格斯全集：第 18 卷 ［M］. 北京：人民出版社，
1964.

［106］马克思恩格斯全集：第 18 卷 ［M］. 北京：人民出版社，
2006.

［107］马克思恩格斯全集：第 16 卷 ［M］. 北京：人民出版社，
1964.

［108］马克思恩格斯全集：第 46 卷：上册 ［M］. 北京：人民出版
社，1980.

［109］马克思恩格斯全集：第 46 卷：下册 ［M］. 北京：人民出版
社，1980.

［110］马克思恩格斯文集：第 8 卷 ［M］. 北京：人民出版社，
2009.

[111] 马克思恩格斯文集：第 3 卷 [M]．北京：人民出版社，2009.

[112] 马克思恩格斯选集：第 1 卷 [M]．北京：人民出版社，2012.

[113] 马克思恩格斯选集：第 2 卷 [M]．北京：人民出版社，1972.

[114] 马克思恩格斯选集：第 3 卷 [M]．北京：人民出版社，1995.

[115] 马克思恩格斯选集：第 3 卷 [M]．北京：人民出版社，1972.

[116] 马克思恩格斯选集：第 1 卷 [M]．北京：人民出版社，1995.

[117] 马克思恩格斯全集：第 16 卷 [M]．北京：人民出版社，1958.

[118] 马克思．资本论：第 2 卷 [M]．北京：人民出版社，2004.

[119] 马克思．资本论：第 3 卷 [M]．北京：人民出版社，2004.

[120] 马克思．资本论：第 1 卷 [M]．北京：人民出版社，2004.

[121] 马源平．收入分配论 [M]．西安：陕西人民出版社，1992.

[122] 孟玉新，王艳艳．税收调节收入分配功能的政策选择 [J]．价格理论与实践，2007 (7)．

[123] 倪红福，龚六堂，王茜萌．"营改增"的价格效应和收入分配效应 [J]．中国工业经济，2016 (12)．

[124] 聂海峰，岳希明．行业垄断对收入不平等影响程度的估计 [J]．中国工业经济，2016 (2)．

[125] 欧文．E. 休斯．公共管理导论 [M]．北京：中国人民大学出版社，2001.

[126] 彭飞，范子英．税收优惠、捐赠成本与企业捐赠 [J]．世界经济，2016 (7)．

[127] 曲顺兰，崔红霞．慈善捐赠税收政策文献述评及研究展望 [J]．经济与管理评论，2013 (6)．

[128] 曲顺兰，高国强．国外税收调节收入分配的经验与启示 [J]．涉外税务，2011 (4)．

[129] 曲顺兰，李惠斌．马克思分配正义语境中的税收调节理论及其现实指导意义 [J]．北京行政学院学报，2016 (4)．

[130] 曲顺兰，曲晓彬．税收调节居民收入分配：理论分析与目标定位 [J]．经济与管理评论，2014 (3)．

[131] 曲顺兰．税收调节税收收入分配：基本判断及优化策略 [J]．马克思主义与现实，2011 (1)．

[132] 曲顺兰，武嘉盟．慈善捐赠企业所得税政策效果评价 [J]．税务研究，2017 (3)．

[133] 曲顺兰，许可．慈善捐赠税收激励政策研究 [M]．北京：经济科学出版社，2017．

[134] 曲顺兰，许可．居民收入分配与税收政策研究国内外文献述评 [J]．山东经济，2011 (6)．

[135] 曲顺兰，张莉．税收调节收入分配：对个人慈善捐赠的激励 [J]．税务研究，2011 (3)．

[136] 曲顺兰．中国税制 [M]．北京：经济科学出版社，2008．

[137] 任保平．马克思主义的社会保障经济理论及其现实性 [J]．当代经济研究，1999 (4)．

[138] 石金海，康丽丽，彭飞．英国个人所得税制的性别区分及对我国启示 [J]．地方财政研究，2018 (7)．

[139] 石绍宾，张玲欣．我国税收调节收入分配差距的主要障碍及完善 [J]．税务研究，2021 (4)．

[140] 孙蚌珠．马克思、恩格斯关于收入分配领域的公平观及其现实意义 [J]．思想理论教育导刊，2005 (11)．

[141] 孙飞．马克思主义税收思想及其现实意义 [J]．当代经济研究，2006 (6)．

[142] 孙敬水，张岚．德国缩小收入分配差距的基本经验及借鉴 [J]．现代经济探讨，2012 (11)．

[143] 孙玉栋．论我国税收政策对居民收入分配的调节——基于主体税制的税收政策视角 [J]．财贸经济，2009 (5)．

[144] 谭贵全．马克思主义的社会公平观及其对构建社会主义和谐社会的启示 [J]．马克思主义与现实，2009 (1)．

[145] 谭韵．论税收对收入分配的内在调节机制 [J]．贵州财经学

院学报，2009（3）.

　　[146] 汤兆云. 马克思社会保障公平思想及其启示 [J]. 马克思主义研究，2017（3）.

　　[147] 唐婧妮. 中国、东盟增值税比较与改革 [J]. 涉外税务，2010（3）.

　　[148] 田杨群. 经济增长与收入分配互动研究 [D]. 武汉：武汉大学，2004.

　　[149] 田玉敏，张雅光. 试论调节收入分配差距的税收对策 [J]. 工业技术经济，2006（9）.

　　[150] 田志伟，胡怡建，朱王林. 个人所得税、企业所得税、个人社保支出与收入分配 [J]. 财经论丛，2014（11）.

　　[151] 田志伟，汪豫. 中国税制的居民收入分配效应研究 [J]. 国际税收，2020（7）.

　　[152] 万莹，陈恒. 2019 年我国增值税减税改革的政策效应：基于 CGE 模型的分析 [J]. 当代财经，2020（4）.

　　[153] 万莹. 个人所得税累进性与地区收入差别调节 [J]. 改革，2008（11）.

　　[154] 万莹，史忠良. 税收调节与收入分配：一个文献综述 [J]. 山东大学学报（哲学社会科学版），2010（1）.

　　[155] 汪昊，娄峰. 中国财政再分配效应测算 [J]. 经济研究，2017，52（1）.

　　[156] 汪昊. "营改增"减税的收入分配效应 [J]. 财政研究，2016（10）.

　　[157] 汪昊. 中国劳动和资本税收负担及分配效应 [J]. 经济研究，2023（4）.

　　[158] 王格芳. 马克思《哥达纲领批判》对社会发展进程的预见 [J]. 理论学刊，2009（7）.

　　[159] 王晓晨，梁家玮. 深化个人所得税制度改革探讨 [J]. 审计观察，2021（6）.

　　[160] 闻媛. 我国税制结构对居民收入分配影响的分析与思考 [J]. 经济理论与经济管理，2009（4）.

　　[161] 沃尔夫冈·施罗德，塞缪尔·格里夫. 德国经济发展与社会

保障体系建设：历史经验与未来方案［J］. 社会保障评论, 2019 (1).

［162］吴云飞. 我国个人收入分配税收调控研究［M］. 上海：复旦大学出版社, 2001.

［163］吴忠民. 公平正义是改革发展的出发点和落脚点——中国共产党公平正义观的形成及基本内容［J］. 当代世界与社会主义, 2014 (2).

［164］习近平. 决胜全面建成小康社会 夺取新时代中国特色社会主义伟大胜利［M］. 人民出版社, 2017.

［165］习近平. 习近平谈治国理政［M］. 北京：外文出版社, 2014.

［166］习近平. 习近平谈治国理政（第三卷）［M］. 北京：外文出版社, 2020.

［167］习近平. 扎实推动共同富裕［J］. 求是, 2021 (20).

［168］谢娜. 我国慈善捐赠税收优惠政策现状、问题及调整［J］. 中国经贸导刊, 2012 (26).

［169］胥玲. 日本个人所得税：制度、实践与启示［J］. 国际税收, 2019 (9).

［170］徐进. 论商品税对个人收入分配的调节作用［J］. 当代经济研究, 2006 (12).

［171］薛钢, 明海蓉, 付梦媛. 我国税收影响劳动要素收入份额的实证研究［J］. 税务研究, 2021 (4).

［172］闫少譞. 关于加快构建适应高质量发展的现代税收制度研究［J］. 税务研究, 2020 (3).

［173］燕洪国. 论税收调节收入分配的作用空间与局限性［J］. 涉外税务, 2010 (6).

［174］阳芳, 何冬明, 毕晓云. 个人所得税调节收入分配效应研究：基于 2006—2011 年三次个税改革的比较［J］. 价格理论与实践, 2018 (7).

［175］杨虹. 调节居民收入分配的税收制度研究［M］. 北京：中国税务出版社, 2010.

［176］杨宜勇, 顾严, 李宏梅. 我国收入分配问题及"十一五"时期的对策［J］. 宏观经济研究, 2005 (11).

[177] 应有强. 增值税税率结构的国际比较与我国简并方案的设想及测算 [J]. 经济研究参考, 2019 (11).

[178] 于秀伟, 侯迎春. "生育友好型"个人所得税制度的构建——基于德国的经验 [J]. 税务与经济, 2018 (4).

[179] 余志成. 社会保障税的理论基础 [M]//邓大松, 李珍主编. 社会保障问题研究（2005）——养老基金管理与生活质量国际论坛论文集. 北京: 中国劳动社会保障出版社, 2006.

[180] 禹奎, 刘锋. 美国遗产税制度运行及变迁对我国的启示 [J]. 税务研究, 2018 (9).

[181] 袁贵仁. 论马克思主义公正观 [J]. 求索, 1992 (4).

[182] 袁建国, 胡明生, 陶伟. 国外个人所得税改革趋势及借鉴 [J]. 税务研究, 2017 (7).

[183] 岳希明, 徐静. 我国个人所得税的居民收入分配效应 [J]. 经济学动态, 2012 (6).

[184] 岳希明, 张斌, 徐静. 中国税制的收入分配效应测度 [J]. 中国社会科学, 2014 (6).

[185] 岳希明, 张玄. 优化税收收入分配效应的思考 [J]. 税务研究, 2021 (4).

[186] 曾国安. 20世纪70年代末以来中国居民收入差距的演变趋势、现状评价与调节政策选择 [J]. 经济评论, 2002 (5).

[187] 曾军平. 公平分配、规则架构与财税政策选择 [J]. 税务研究, 2015 (7).

[188] 张车伟, 赵文. 国民收入分配形势分析及建议 [J]. 经济学动态, 2020 (6).

[189] 张贤萍, 邱月华. 新时代分配公平的税制优化路径研究 [J]. 税收经济研究, 2021 (1).

[190] 张晓芳. 关于我国居民收入分配再分配的实证研究 [D]. 长春: 吉林大学, 2011.

[191] 张晓丽, 蔡秀云, 王佳赫. 税收激励慈善捐赠事业的效率评析 [J]. 税务研究, 2015 (12).

[192] 张啸尘. 马克思的公平观及其对和谐社会的启示 [J]. 马克思主义与现实, 2008 (3).

［193］张旭丽，贾兴飞．从 ACCA TX（UK）科目看英国个税的特性及对我国的启示［J］．现代审计与会计，2021（9）．

［194］张永忠．税收宏观调控与税收调节之不同及其推论［J］．天府新论，2010（3）．

［195］赵桂芝，李亚杰．促进收入分配公平的税收制度完善［J］．税务研究，2021（4）．

［196］赵桂芝．中国税收对居民收入分配调控研究［D］．沈阳：辽宁大学，2006．

［197］赵万江．社会主义收入分配理论与社会主义初级阶段收入分配制度［D］．北京：中国社会科学院，2002．

［198］赵云伟．从劳动到正义：马克思正义思想的逻辑演进［J］．毛泽东邓小平理论研究，2017（3）．

［199］赵志君．收入分配与社会福利函数［J］．数量经济技术经济研究，2011（9）．

［200］郑德琳，刘继东．我国转移支付制度改革在国家治理中的功能定位、基本原则与关键问题［J］．预算管理与会计，2020（3）．

［201］郑功成．面向 2035 年的中国特色社会保障体系建设——基于目标导向的理论思考与政策建议［J］．社会保障评论，2021（1）．

［202］周文兴．中国：收入分配不平等与经济增长——公共经济与公共管理的制度创新基础［M］．北京：北京大学出版社，2005．

［203］Adam A，Kammas P，Lapatinas A. Income Inequality and the Tax Structure：Evidence from Developed and Developing Countries［J］．Journal of Comparative Economics，2015，43（1）．

［204］Allen Wood. Karl Marx［M］．Routledge and Kegan Paul，1981：136.

［205］Branko Milanovic. Do More Unequal Countries Redistribute More? Does Median Voter Hypothesis Hold?　［J］．World Bank Working Paper，1999，22（8）．

［206］Charles T. Clotfelter. Charitable Giving and Tax Policy in the U. S.［J］．the Centre for Economic Policy Research，2012（5）．

［207］Fuest C，Peichl A，Siegloch S. Do Higher Corporate Taxes Reduce Wages? Micro Evidence from Germany［J］．American Economic

Review, 2018 (2).

[208] Gerlinde Verbist, Redistributive Effect and Progressivity of Taxes: An International Comparison Across the EU Using ERROMOD, EUROMOD Working Paper (2004) No. EM5/04.

[209] Haufler A. , A. Klemm and G. Schjelderup, Economic Integration and the Relationship between Profit and Wage Taxes [J]. Public Choice, 2009, 138 (3 −4).

[210] Herwig Immervoll et al. , Household Incomes and Redistribution in the European Union Quantifying the Equalizing Properties of Taxes and Benefits [J]. IZA Discussion Paper, No. 1824, 2005.

[211] James Mirrlees, Optimal Taxation and Public Production I: Production Efficiency and II: Tax Rules [J]. American Economic Review, 61, 1971.

[212] Joseph A. Pechman, Distribution of Federal and State Income Taxes by Income Classes [J]. The Journal of Finance, 27 (2), 1972.

[213] Kakwani, N. C, Measurement of Tax Progressivity: An International Comparison, Economic Journal, 1977.

[214] K. Nielsen. Equality and Liberty: A Denfense of Radical Equalitarianism [M]. Rowman and Allanheld, 1985: 311.